コーパスと日本語史研究

ひつじ研究叢書〈言語編〉

第 102 巻　感動詞の言語学　　　　　　　　　　　　　　　　　友定賢治 編
第 103 巻　場所の言語学　　　　　　　　　　　　　　　　　　岡智之 著
第 104 巻　文法化と構文化　　　　　　　　　　　　　　秋元実治・前田満 編
第 105 巻　新方言の動態 30 年の研究　　　　　　　　　　　　　佐藤髙司 著
第 106 巻　品詞論再考　　　　　　　　　　　　　　　　　　　山橋幸子 著
第 107 巻　認識的モダリティと推論　　　　　　　　　　　　　木下りか 著
第 108 巻　言語の創発と身体性　　　　　　　　　　　児玉一宏・小山哲春 編
第 109 巻　複雑述語研究の現在　　　　　　　　　　　岸本秀樹・由本陽子 編
第 110 巻　言語行為と調整理論　　　　　　　　　　　　　　　　久保進 著
第 111 巻　現代日本語ムード・テンス・アスペクト論　　　　　工藤真由美 著
第 112 巻　名詞句の世界　　　　　　　　　　　　　　　　　　西山佑司 編
第 113 巻　「国語学」の形成と水脈　　　　　　　　　　　　　　釘貫亨 著
第 115 巻　日本語の名詞指向性の研究　　　　　　　　　　　　新屋映子 著
第 116 巻　英語副詞配列論　　　　　　　　　　　　　　　　　鈴木博雄 著
第 117 巻　バントゥ諸語の一般言語学的研究　　　　　　　　　湯川恭敏 著
第 118 巻　名詞句とともに用いられる「こと」の談話機能　　　　金英周 著
第 119 巻　平安期日本語の主体表現と客体表現　　　　　　　　高山道代 著
第 120 巻　長崎方言からみた語音調の構造　　　　　　　　　　松浦年男 著
第 121 巻　テキストマイニングによる言語研究　　　　　岸江信介・田畑智司 編
第 122 巻　話し言葉と書き言葉の接点　　　　　　　　　石黒圭・橋本行洋 編
第 123 巻　パースペクティブ・シフトと混合話法　　　　　　　山森良枝 著
第 124 巻　日本語の共感覚的比喩　　　　　　　　　　　　　　武藤彩加 著
第 125 巻　日本語における漢語の変容の研究　　　　　　　　　鳴海伸一 著
第 126 巻　ドイツ語の様相助動詞　　　　　　　　　　　　　　髙橋輝和 著
第 127 巻　コーパスと日本語史研究　　　　近藤泰弘・田中牧郎・小木曽智信 編
第 128 巻　手続き的意味論　　　　　　　　　　　　　　　　　武内道子 著

ひつじ研究叢書
〈言語編〉
第127巻

コーパスと
日本語史研究

近藤泰弘・田中牧郎・
小木曽智信 編

ひつじ書房

まえがき

　本書は、国立国語研究所の共同研究プロジェクトの１つである「通時コーパスの設計」（基幹型プロジェクト）の成果報告書として刊行するものである。また、それと同時に、日本で最初の本格的な歴史的・通時的コーパスである『日本語歴史コーパス』についての概説書でもあることを意図している。コーパスについての基本的な情報が網羅されているものであり、今後、『日本語歴史コーパス』を用いた研究を行っていく際の重要な指針となるように編んだつもりである。

　共同研究プロジェクト「通時コーパスの設計」は、国立国語研究所・言語資源研究系のプロジェクトとして、2009 年（平成 21 年）から開始されたものであり、現在も引き続き活動を行っている。本プロジェクトは、国立国語研究所の従来のコーパス事業の基本の上に、江戸時代以前の古典語を中心に、日本語の史的研究に用いることができる本格的な通時的・歴史的なコーパスを構築するための様々な問題についての研究をすることを目的としている。コーパスの対象とする典籍の選定、電子化のフォーマット、形態素解析の方法、マークアップの標準化、そして、コーパスを使った日本語研究のあり方についてなど、幅広く歴史的コーパスについての研究を行ってきた。実際のコーパスの作成・実装については、国立国語研究所コーパス開発センターがその開発を行っている。その結果、作成されたのが現在、公開されている『日本語歴史コーパス　平安時代編』『日本語歴史コーパス　室町時代編Ⅰ狂言』である。

　これまで、本プロジェクトでは、どのようなコーパスを作るべきかということについて考察し、そのコーパス構築を試行することを重ねてきた。また、古典籍コーパスの応用として、国立情報学研究所の東ロボ計画との連携を行い、古典語データを用いて、大学入試

v

問題を解析する研究も行われている。また、オックスフォード大学の事業である『上代日本語コーパス』(OCOJ)計画とは、当初より緊密な協力関係を持ち、相互に情報を交換しつつ研究を行ってきた。今回、本書にも OCOJ についての論考を掲載しているのはそのためである。その他、プロジェクトのメンバーや活動の状況の詳細については、国立国語研究所のウェブサイトに掲載されているプロジェクトの活動記録を参照していただきたい。

次に、本書の執筆者とその内容を以下に簡単に紹介しておく。

近藤泰弘「『日本語歴史コーパス』と日本語史研究」…日本語歴史コーパスの概略とその簡単な使い方についてのイントロダクション

山元啓史「通時コーパスによる言語の研究」…テキストをコーパスとして扱う場合の理論的な諸問題についての検討

山田昌裕「平安朝の〈名詞句+係助詞〉の格　その実態から見た係助詞の性質と副助詞との関連性」…コーパスを使って検討した平安時代語の格と係助詞・副助詞との関係記述

高山善行「受諾場面における形容詞使用の実態　中古語「よし」「やすし」の場合」…中古語の語用論的分析をコーパスによって行ったもの

岡﨑友子「中古和文における接続表現について」…中古語接続詞の分類とコーパスによる使用の様相の記述

小木曽智信「中古和文における文体別の特徴語」…中古和文の位相と語彙の品詞別分布のコーパスによる記述

田中牧郎「『今昔物語集』に見る文体による語の対立　本朝仏法部と本朝世俗部の語彙比較」…『今昔物語集』のコーパスによる語彙の位相差の分析

横野光「人工頭脳プロジェクト「ロボットは東大に入れるか」国語試験古文問題解答に向けて」…情報処理技術による古文入試問題の解析方法

Bjarke Frellesvig "Why Rominize a Corpus of (Old) Japanese?" …古典日本語コーパスをローマ字によって作成する意義

Stephen Wright Horn and Kerri L. Russell "The Oxford Corpus of

Old Japanese"…オックスフォード大学上代日本語コーパス概説

間淵洋子・鴻野知曉「コーパス日本語史研究目録」…コーパスによる古典日本語研究の包括的目録

冨士池優美「『日本語歴史コーパス　平安時代編』の形態論情報」…歴史コーパスで単位をどのように認定しているかの形態論的な基本情報

　このように、コーパスの概要、それを用いた研究、また、『オックスフォード上代日本語コーパス』（OCOJ）についての詳しい解説、そして、コーパス研究についての研究目録と、歴史コーパスの詳細な形態論情報とが掲載されている。本書を一読することで、現時点におけるコーパスを用いた日本語の歴史的研究の現状について的確に把握することができるだろう。

　最後に本書および『日本語歴史コーパス』が形をなすまでにご尽力をいただいた方々に謝意を表しておきたい。国立国語研究所の改組が行われてから、継続的に歴史的言語研究についての深い理解を示して下さった影山太郎所長、また、コーパス事業全体についてご指導をいただいた言語資源研究系の前川喜久雄系長には常にお世話になっていることを記しておきたい。そして、歴史コーパスの主底本である『新編日本古典文学全集』の本文を快く提供してくださった小学館の関係者の方々、また、各種校訂本の著作者の方々には篤く御礼を申し上げる。このことなしには、本事業はここまでの進展はなかった。研究の当初から我々のコーパス計画を深く理解し、研究協力をして下さったオックスフォード大学のフレレスビッグ教授にも御礼申し上げたい。また、本書の出版についてご配慮をいただいたひつじ書房社主の松本功氏、実務にあたって下さった編集担当の渡邉あゆみ氏にも感謝申し上げる。最後に、プロジェクトの活動を常に支えている国語研究所研究推進課の皆様、そして、コーパスの実装にあたりデータの点検・修正の綿密な作業を支えているコーパス開発センターの研究補佐員の皆様にもそのご苦労に感謝しておきたい。

　　　　　2015年（平成27）4月1日　編者代表　近藤泰弘

目　次

　　　　まえがき　　　　　　　　　　　　　　　　　　　　　V

『日本語歴史コーパス』と日本語史研究　　　　　近藤泰弘　　1
　　1.『日本語歴史コーパス』について　　　　　　　　　　1
　　　　1.1　概要　　　　　　　　　　　　　　　　　　　1
　　　　1.2　自動形態素解析　　　　　　　　　　　　　　2
　　　　1.3　マークアップ技術　　　　　　　　　　　　　2
　　　　1.4　底本の選択　　　　　　　　　　　　　　　　3
　　2.「中納言」について　　　　　　　　　　　　　　　　4
　　　　2.1　概要　　　　　　　　　　　　　　　　　　　4
　　　　2.2　短単位　　　　　　　　　　　　　　　　　　4
　　　　2.3　長単位　　　　　　　　　　　　　　　　　　6
　　　　2.4　検索履歴・検索条件式で検索　　　　　　　　7
　　3.「中納言」とエクセル　　　　　　　　　　　　　　　8
　　　　3.1　概要　　　　　　　　　　　　　　　　　　　8
　　　　3.2　ピボットテーブルへの入力　　　　　　　　　9
　　4.　プログラミング言語を併用する　　　　　　　　　　9
　　　　4.1　前処理としてのプログラミング　　　　　　　9
　　　　4.2　PythonのライブラリとR言語　　　　　　　　10
　　5.　オックスフォードコーパスとの関係　　　　　　　　11
　　　　5.1　概要　　　　　　　　　　　　　　　　　　　11
　　　　5.2　差異と共通点　　　　　　　　　　　　　　　12
　　6.　応用の方法　　　　　　　　　　　　　　　　　　　13
　　　　6.1　クロス集計　　　　　　　　　　　　　　　　13
　　　　6.2　N-gram（NGSM）について　　　　　　　　　　14
　　7.　まとめ　　　　　　　　　　　　　　　　　　　　　15

通時コーパスによる言語の研究　　　　　　　　　山元啓史　　17
　　1.　はじめに　　　　　　　　　　　　　　　　　　　　17

2. 複雑系の科学		17
2.1 言語の記述		18
2.2 共時と通時		19
3. 差分の方法		19
3.1 動的変化をとらえる		20
3.2 系列比較モデル		21
3.3 語の対応を写像でとらえる		22
4. 共出現パターンによる差分の方法		24
4.1 グラフ理論による言語の分析		25
4.2 シソーラスの役割		28
4.3 シソーラスによる語の照合		29
5. 今後の研究領域		30
6. おわりに		31
付録		35

平安期の〈名詞句＋係助詞〉の格
その実態から見た係助詞の性質と副助詞との関連性　　山田昌裕　37

1. はじめに	37
2. 〈名詞句＋係助詞〉の実態	38
2.1 名詞句の格	38
2.2 ヲ格名詞句における係助詞の承接	41
3. 実態から見た係助詞の分析	42
3.1 ヲ格名詞句との承接から見た係助詞	42
3.1.1 「コソ」「ゾ」「ナム」「カ」	43
3.1.2 「ヤ」	47
4. 係助詞と副助詞との関連性	48
5. まとめ	51

受諾場面における形容詞使用の実態
中古語「よし」「やすし」の場合　　高山善行　53

1. はじめに	53
2. 問題のありか	53
2.1 本稿の目的	53
2.2 形容詞の運用面	54
2.3 歴史的研究	55
3. 方法	57

- 4. 観察・分析　58
  - 4.1 「よし」　59
    - 4.1.1 「よきことなり」　59
    - 4.1.2 「よかなり」　61
    - 4.1.3 非受諾の例　62
  - 4.2 「やすし」　63
  - 4.3 本節のまとめ　65
- 5. 方言研究の視点から　66
- 6. 展望・課題　68

中古和文における接続表現について　岡﨑友子　71

- 1. はじめに　71
- 2. 先行研究　71
- 3. 調査、分析方法について　73
- 4. 調査、分析結果　76
  - 4.1 【A】『日本語歴史コーパス』において接続詞とされるもの　76
    - 4.1.1 「マタ」について　78
    - 4.1.2 サテ　79
  - 4.2 【B】和文に見られる訓読系の接続表現　80
  - 4.3 【C】指示詞系接続表現「カカリ・サリ」系　82
    - 4.3.1 「カカリ」系　82
    - 4.3.2 「サリ」系　84
- 5. まとめ　88

中古和文における文体別の特徴語　小木曽智信　93

- 1. はじめに　93
- 2. 調査の方法　93
  - 2.1 対象としたコーパス　93
  - 2.2 特徴語の抽出　96
- 3. 文体別の特徴語（短単位）　99
  - 3.1 文体別特徴語の品詞　99
  - 3.2 地の文の特徴語　99
  - 3.3 会話文の特徴語　102
  - 3.4 和歌の特徴語　104
- 4. 反特徴語（短単位）　106
- 5. 長単位の特徴語　108
- 6. 文体別特徴語の分析　110

XI

```
    6.1  助詞                                         110
    6.2  助動詞                                       112
    6.3  動詞・形容詞                                 113
    6.4  名詞・代名詞                                 115
  7. おわりに                                         116
```

『今昔物語集』に見る文体による語の対立
本朝仏法部と本朝世俗部の語彙比較　　　　　　　田中牧郎　119
```
  1. 目的                                             119
  2. 方法                                             120
    2.1 『今昔』の文体                                120
    2.2 『今昔』のコーパス作成                        120
    2.3 語彙の比較                                    121
  3. 説話内容の違いに基づく特徴語                     122
    3.1 説話内容の違いに基づく仏法部特徴語            122
    3.2 説話内容の違いに基づく世俗部特徴語            124
  4. 文体の違いに基づく特徴語                         125
    4.1 文体の違いに基づく仏法部特徴語                125
    4.2 文体の違いに基づく世俗部特徴語                126
  5. 文体による語の対立                               127
    5.1 文体的対立関係にある語                        127
    5.2 文体的対立の段階差                            129
    5.3 文体的対立と語種・品詞                        130
    5.4 本稿の「文体的対立」と築島の「二形対立」      132
  6. おわりに                                         133
  別表1  文体の違いに基づく仏法部特徴語              136
  別表2  文体の違いに基づく世俗部特徴語              142
```

人工頭脳プロジェクト「ロボットは東大に入れるか」
国語試験古文問題解答に向けて　　　　　　　　　横野光　149
```
  1. はじめに                                         149
  2. センター試験古文問題の分類と解答手法            150
    2.1 文法問題                                      151
      2.1.1 表現の構成要素に関する問題                151
      2.1.2 敬意表現に関する問題                      153
    2.2 和歌問題                                      154
```

2.3　内容問題	156
2.4　その他（文学史）	158
3.　古文を対象とした言語資源、言語処理ツール	159
4.　機械翻訳を用いた内容理解問題解答	159
5.　おわりに	164

Why Romanize a Corpus of (Old) Japanese?　　Bjarke Frellesvig　167

1. Transcription	167
1.1　Phonemic transcription	168
2. Phonological representation	169
3. Morphological segmentation	171
4. Sound texture appreciation	173
5. Conclusion	174

The Oxford Corpus of Old Japanese
Stephen Wright Horn and Kerri L. Russell　177

1. Introduction	177
2. Linguistic annotation of texts	178
2.1　The texts in the OCOJ	178
2.2　Encoding orthography	179
2.3　Lemmatization	180
2.4　Syntactic markup	182
2.5　An example of a fully marked up poem	183
2.6　Displaying the data	184
3. Non-linguistic annotation of texts	185
3.1　Literary and historical annotation	185
3.2　Orthographic alignment	186
3.3　Translations	187
4. The OCOJ Lexicon	187
4.1　Structure of entries	187
4.2　Data storage	190
5. Searching the OCOJ	193
5.1　Key Word In Context (KWIC) searches	193
5.2　Advanced searches	194
6. Conclusion	194

コーパス日本語史研究目録　　　　　　　　　間淵洋子・鴻野知暁　197

- 1. コーパス日本語史研究概観　197
  - 1.1 コーパスとは　197
  - 1.2 コーパスの種類と研究の流れ　198
    - 1.2.1 『日本古典文学本文データベース』（現「大系本文データベース」）　198
    - 1.2.2 新潮文庫 CD-ROM と青空文庫　198
    - 1.2.3 『太陽コーパス』と近代雑誌のコーパス　199
    - 1.2.4 『日本語歴史コーパス（開発中）』　199
  - 1.3 文献目録掲載論文の抽出方法　200
- 2. 研究の分野分類　201
- 3. 総論・構築に関する論文　202
  - 3.1 研究方法論　202
  - 3.2 設計　203
    - 3.2.1 古典語のコーパス　204
    - 3.2.2 近代語のコーパス　204
  - 3.3 コーパスデータ構築　205
    - 3.3.1 古典語のコーパス　205
    - 3.3.2 近代語のコーパス　206
- 4. 言語処理に関する論文　209
  - 4.1 解析辞書・解析システム　209
  - 4.2 アノテーション　210
  - 4.3 検索システム等に関する論文　212
- 5. 日本語学に関する論文　213
  - 5.1 音声・音韻の研究　213
  - 5.2 文字・表記の論文　215
  - 5.3 語彙・意味の論文　217
    - 5.3.1 古典語のコーパス　217
    - 5.3.2 近代語のコーパス　220
  - 5.4 文法の論文　224
    - 5.4.1 古典語のコーパス　224
    - 5.4.2 近代語のコーパス　227
  - 5.5 文章・文体の論文　233
    - 5.5.1 古典語のコーパス　233
    - 5.5.2 近代語のコーパス　234
- 6. 書籍　235
- 7. 終わりに　236

『日本語歴史コーパス　平安時代編』の形態論情報

　　　　　　　　　　　　　　　　　　　冨士池優美　237

1. はじめに　237
2. 『日本語歴史コーパス　平安時代編』の言語単位　237
3. 形態論情報の概要　238
    3.1　長単位　239
        3.1.1　文節認定規程　239
        3.1.2　長単位認定規程　242
    3.2　短単位　245
        3.2.1　最小単位認定規程　246
        3.2.2　短単位認定規程　250
    3.3　付加情報の概要　257
4. BCCWJ からの変更点　263
5. おわりに　269
付録1　要注意語（接頭的要素・接尾的要素）　271
付録2　連語　273
付録3　読み統一の方針　273

あとがき　281
索引　285
執筆者一覧　291

『日本語歴史コーパス』と日本語史研究

近藤泰弘

1.『日本語歴史コーパス』について

1.1　概要

　本稿では、国立国語研究所の『日本語歴史コーパス』について、その意義と日本語史研究における活用方法を述べていきたいと思う。

　最初に『日本語歴史コーパス』の作成の経緯について簡単に述べておこう。国立国語研究所では、『KOTONOHA』と呼ばれるコーパス作成計画の中で、歴史的コーパス、特に近代語コーパスが作成されていた。その代表的なものが『太陽コーパス』(2005) である。これは明治時代の雑誌『太陽』の全文をコーパス化したものである。この他、明治時代の文学作品についてのコーパスが複数作られている。元来、国立国語研究所はその創設当時から、日本語史に関わる研究も行うものとして計画され、専任の古典語研究者が在籍していた時代もあった。しかし、研究成果が単行本として刊行されたものとしては、古典語の中でも、特に近代語についての研究に限られていた。具体的には、『牛店雑談安愚楽鍋用語索引』(1975) や『志賀直哉『城の崎にて』用語索引』(1971) などである。

　しかし、近年になって研究所の体制に変化があり、歴史的研究に改めて力を入れることとなり『KOTONOHA』の中でもさらに過去の時代からのコーパスも作成が計画され、そのための研究共同プロジェクト「通時コーパスの設計」も作られた。また、オックスフォード大学における上代日本語コーパス研究との共同研究体制も作られた。このような国立国語研究所の研究体制の変化の中で、近代以前の通時的コーパスの作成に取りかかることができたのである。

1.2 自動形態素解析

しかし、それらの外部的要因以外に、近年、コーパス作成についての技術的なブレークスルーが複数あったことが大きい。その中でも最大の要因は、古典語の自動形態素解析が可能になったことである。古典語の自動形態素解析はいろいろなところで昔から試みられてきたが、小木曽智信氏によって開発された形態素解析用辞書「中古和文 UniDic」によって初めて実用的な解析が可能になった。「中古和文 UniDic」は、現代語の形態素解析ソフトウェアとして開発された MeCab や ChaSen といったツールの古文解析用辞書であり、姉妹辞書の「近代文語 UniDic」とともに古典語解析に威力を発揮する。JUMAN に始まる京都大学・奈良先端科学技術大学院大学での形態素解析技術と、統一的な体系を持った解析用辞書（もともと現代語解析用に作られていた）UniDic と、それらの成果の上にできた古文用の UniDic によって、統一的な形態素解析ができるようになって初めて実用的なコーパスを作ることができたのである。

1.3 マークアップ技術

もうひとつのブレークスルーは、BCCWJ（書き言葉コーパス）によって完成された日本語の形態論的情報をコーパスにマークアップ（タグの形で付加的に記入すること）する技術である。これは XML によって自由なマークアップが行えるようになったことによるのであるが、国語研究所の長年のコンピュータとの関わりの集大成である。形態論情報ひとつとっても、長単位・短単位の考え方は、古くからのアルファ単位・ベータ単位に遡るものであり、コンピュータの中で日本語を扱うことの意義を研究してきた国語研究所ならではの仕事である。また、話し言葉コーパス、書き言葉コーパスで、形態論情報の扱いが確実に進歩してきているのも見逃せない。

『日本語歴史コーパス』以前に、通時的な大型コーパスを作ろうとしたものとして、国文学研究資料館の『岩波古典文学大系』によるテキストデータベースがある。これが作成された時点では、自動形態素解析はできなかったため、単語への分割はできていない。また、XML もまだ存在していなかったため、独自規格のマークアップ言

語を開発するところから始めたため、コーパス全体を通した統一性については十分ではなかった。国語研究所の歴史コーパスについては、BCCWJのノウハウを持った、国語研究所のコーパス開発センターによってマークアップ作業が行われたことで高品質のコーパスが作成できた。また、コーパスの管理についても、古文のUniDicのメンテナンスと合わせて行うことができるツール（「大納言」）が開発されていたことも大きい。これによって、本文の訂正を、自動的に形態素解析辞書の訂正と連動させることができて、効率的なコーパス作成につながった。

1.4　底本の選択

　また本コーパスの底本の選択についてもここで触れておきたい。本コーパスを作成するにあたって、どのような底本が好ましいかについては、プロジェクトの中で検討されたが、結局、小学館の『新編日本古典文学全集』を採用することとした。その理由は次のとおりである。第一には、現在日本でもっとも標準的な古典文学のテキストであることである。特に文学研究者の間で、標準的なものとして用いられているのはこのテキストである。また、出版社がデジタル化についてきわめて理解があり、データの著作権問題などについて協力を得られたことも大きい。もちろん、ゼロから底本となる写本や版本を選択し、本文の翻刻・校異・校訂作業を行うこともひとつの方法ではあるが、それは新たに国語研究所版のテキストを作成することになり、膨大な時間とコストがかかるので、今後の課題と考えている。また、古典文学全集には、現代語訳が付いていることも大きかった。これにより、マークアップの作業の能率化が図れた。今後も、基本的には同じ底本を元にコーパスの拡充を図っていく予定であるが、ただ、古典文学全集に収められているテキストが必ずしも最善本でない場合もあり、また、収められていない重要な古典語資料もある。現在、作業が進行している「狂言（虎明本）」は、清文堂出版版、「洒落本」は『洒落本大成』によっており、今後も『新編日本古典文学全集』以外のテキストの採用もあり得るだろう。

2.「中納言」について

2.1 概要

　日本語歴史コーパスを使うためには、現状では、「中納言」を用いることになる。「中納言」はもともと現代語のコーパスを検索するためにつくられたツールであるが、古典語でもまったく同様に用いることができる。現在のところ、日本語歴史コーパスの公開は、「中納言」のインターフェースを使っているので、まずそこから説明しておきたい。「中納言」は最初に一般に公開されたのが、BCCWJ（『現代日本語書き言葉均衡コーパス』）のサイトでドメインの名前も chunagon.ninjal.ac.jp だったため、BCCWJ のことを「中納言」と呼ぶ傾向も一部にあるようだが、あくまでも「中納言」は汎用のソフトウェアであり、コーパス一般に用いることができるオンラインコンコーダンサである。国語研究所では、BCCWJ と日本語歴史コーパスを「中納言」を使って検索するようにしている。

　「中納言」では、文字列検索・短単位検索・長単位検索ができるが、古典語研究においては、現代語の場合よりもこれらの使い分けについてより慎重になることが必要である。

　まず、基本の検索は「短単位」によるべきである。「短単位」検索では、通常考えられるよりも小さい単位、たとえば「中納言」なら「中」と「納言」に分割されており、言語学的な用語としての「形態素」に近いイメージを検索することになる。一般に、短単位検索が有利なのは、検索し落としがない点である。

2.2 短単位

　短単位検索では、もともとのコーパスがどのような構造になっているかを知っているとよいので、その点について述べておく。そもそもこのコーパスの構造は、UniDic と密接に関係していることを知らなくてはならない。先に述べたように、本コーパスが完成できたのは、中古和文 UniDic があるためなのであるが、したがって、解析されたコーパスの形態論情報もすべて中古和文 UniDic と整合している。であるので、中古和文 UniDic の仕様に基づいて以下は

述べていく。

　まず、『日本語歴史コーパス』の形態論情報のそれぞれのフィールドについて解説していく。詳細な解説は、本書の中に収められた冨士池（2015）の解説を参照されたいが、ここでは必要な部分に限って説明したい。この部分の形態論情報は、UniDic2のものとほとんど同じであるが、通常の日本語学や学校文法で使われているものと大幅に用語が異なっているため、そのままでは理解しにくい。ここでは、小木曽・中村（2011）や小木曽・伝（2013）・小椋他（2011）などを主な参考文献として、以下の記述をしていく。まずフィールド名とその例（動詞連用形「笑ひ」）と簡単な解説、そして表示する形の説明を示す。

1　語彙素　lemma　笑う　語彙の意味を示す・現代語の標準表記・漢字平仮名交じり
2　語彙素よみ　lForm　ワラウ　語彙素の現代仮名遣いよみのカタカナ
3　語形　form　ワラウ（口語）・ワラウ（文語）　異語形・文語と口語の差など・現代仮名遣いのカタカナ
4　語形代表表記　formOrthBase　笑う　語形のうち、代表的な書字形をひとつ
5　書字形　orth　笑う　わらう　笑ふ　わらふ　語形を表現する表記の形
6　仮名形出現形　kanaToken　ワラヒ　出現した形のカタカナ表記
7　発音形出現形　pronToken　ワライ　出現した形の音形（カタカナ表記・現代仮名遣い）
8　原文文字列　origText　わらひ　使われている表記そのもの

　このようにかなり通常の用語と異なっているので、短単位検索の時の条件設定では注意しなくてはならない。特に3の「語形」は8の「原文文字列」と誤解しやすいが、例えばこの場合の「語形」は

「ワラウ」であり、出現する形とはまったく異なる。あくまでも抽象的な辞書見出しのようなものであり、その複数の「語形」の上位にある語の意味素が「語彙素」なのである。だから、語彙素・語形のレベルは抽象的なものであり、その表記もそれ自体にはまったく意味はない。あくまでもラベルのようなものと考えていい。また「語形代表表記」もUniDic2で「語形代表表記基本形」と言われるものであり、実際に使われる語形とは関係がない。書字形のひとつを代表として定めたものに過ぎない。

　また、特に古典語の場合には、「発音形出現形」に難しい問題がある。たとえば「なるめり」の表記が「なめり」となっている場合には、発音形出現形は「ナンメリ」となる。

　このように、短単位検索においては、どの形がどのようなものなのかを正確に把握しておかないと正しい検索ができず誤った結果を得ることになる。しかも、それが誤っていることがなかなかわからない。これは論文などを書く場合に極めて危険である。操作に慣れていない場合は、検索結果を従来からある他のシステムや紙の索引などと照合するのもいいかもしれない。

2.3　長単位

　次に長単位検索について述べる。長単位は、短単位が複数接合してひとつの大きな単位を形成する場合に適合した単位である。通常の動詞、助詞などは短単位＝長単位であり両者一致するが、「さぬきのみやつこ」（長単位）などは「さぬき」「の」「みやつこ」の3つの短単位が結合したものである。実際のコーパスでは次のようにマークアップされている（『竹取物語』の例）。

<LUW l_orthToken="さぬきのみやつこ" l_lForm="サヌキノミヤツコ" l_lemma="さぬきの造" l_pos="名詞-固有名詞-人名-一般" l_origText="さぬきのみやつこ" l_orderID="340">
<SUW orthToken="さぬき" lForm="サヌキ" lemma="サヌキ" pos="名詞-固有名詞-地名-一般" form="サヌキ" pronToken="サヌキ" kanaToken="サヌキ" orth="さぬき" wType="固"

start="560" end="590" orderID="340" section="v"></SUW>
<SUW orthToken="の" lForm="ノ" lemma="の" pos="助詞-格助詞" form="ノ" pronToken="ノ" kanaToken="ノ" orth="の" wType="和" start="590" end="600" orderID="350" section="v"></SUW>
<SUW orthToken="みやつこ" lForm="ミヤツコ" lemma="造" pos="名詞-普通名詞-一般" form="ミヤツコ" pronToken="ミヤツコ" kanaToken="ミヤツコ" orth="みやつこ" wType="和" start="600" end="640" orderID="360" section="v"></SUW>
</LUW>

　このように外側のLUWでまず長単位の記述を各アトリビュート（属性）で行い、内側のSUWでそれぞれの短単位の記述を行っているのがわかるだろう。もちろん、普通の意味での「単語」のイメージに近いのは長単位であり、長単位で検索することができればそれが望ましいのであるが、実際には、何が長単位になっているかは直感ではわからないため、最初から長単位検索をかけることはほとんどない。では、どういう時に長単位検索を使うかというと、上の例では、例えば、『竹取物語』の名詞一覧というような検索をする時に、品詞指定で「名詞」を長単位検索で行えば、「さぬきのみやつこ」を見つけることができるが、短単位検索では発見することはできないままで終わる。このように長単位検索は、品詞の一覧、中でも複合した形の名詞の一覧を得るときに必須の検索方法である。

2.4　検索履歴・検索条件式で検索

　検索フォームで検索した結果はすべて履歴に残っている。また、過去の検索履歴にチェックを入れると複数の検索結果をまとめて出力する機能がある。従って、複数の結果をひとつのファイルに出力すれば、結果としてOR検索をしたことになる。もともとの検索フォームにはOR検索のモードが用意されていないので、これは便利である。出力ファイルをひとつにまとめるかどうかのチェックボタンがあるのでその操作を忘れないようにする必要がある。

OR 検索をするにはもうひとつ別の方法がある。それはいったん検索フォームで AND 検索をして、それを履歴に残し、次に履歴から、検索条件式の検索フォームに、条件式をコピーして、AND を OR に書き換える方法である。この方が明示的に結果が残るのでベターだろう。

3.「中納言」とエクセル

3.1 概要

「中納言」では、出力結果を PC にダウンロードすることができる。この場合の注意点を述べておく。PC にダウンロードすると、タブで区切られたテキストファイルとなるが、このために「ダウンロードオプション」を指定することができる。PC に出力する目的はいろいろであるが、普通はまずエクセルに取り込んでデータをブラウズすることが多い。エクセルにはこのようなタブ区切りデータを入力してフィールドに分割する機能がある。「ダウンロードオプション」では、いろいろな指定ができるようになっているが、通常は、Windows（Excel）を選択すると、自動的に文字コードが UTF-16LE、改行コードが CR/LF という形となりエクセルで処理しやすいものとなる。ちなみに、UTF-16LE とはユニコードのひとつの形であり、16bit（一部 32bit）で、リトルエンディアン（下位のバイトから先に配置される）となったものである。改行コードは Windows と Mac とで異なるが、CR（キャリッジリターン）と LF（ラインフィード）の組み合わせは Windows で普通に使われる。総合的には UTF-16LE は、Windows でのユニコードの内部形式の標準的な形式である。なお、Mac の場合もエクセルを使うなら、ダウンロードオプションは Mac ではなく、Windows（Excel）を使うのがよい。

さて、このようにして出力した結果は txt を拡張子に持つテキストファイルとして出力され、ダウンロードできる（ファイルが複数ある場合は ZIP 圧縮されるが、Windows でも Mac でも OS の標準機能で圧縮解除できる）。エクセルに読み込む際には、ファイルを

エクセルにドラッグ＆ドロップではなく、エクセルのファイルメニューから開かなくてはならない。これはタブ区切り形式のファイルを開くためのダイアログ（テキストファイルウィザード）を表示させるために必須である。実際にファイルをオープンしようとすると、区切り形式を開くためのダイアログ（ウィザード）が提示される。ここで「区切り記号付き」を選んで、次の画面に行き、そこで「区切り文字」として「タブ」を選べばあとは順に「次」に進むだけで、エクセルのデータとして入力される。

3.2 ピボットテーブルへの入力

このあとデータを適宜ブラウジングしたり、ソートしたりしていくことが可能で、特に、ピボットテーブルの機能を使って、クロス集計表の形を作ることが相互承接の研究には極めて有効である。この点は、あとの節でも述べたい。

あと、ここでもうひとつ注意すべき点を述べる。「中納言」では、検索語の前後に「前方共起」「後方共起」のように共起条件を付加して検索することが可能である。このようにして検索すると、前文脈あるいは後文脈の検索結果の中で共起語となっている部分が前後とも半角括弧で括られる。この括弧のうち、前方共起の場合は開き括弧、後方共起の場合は閉じ括弧の記号、つまり、「(」と「)」をそれぞれの場合について、先のテキストファイルウィザードの「区切り文字」として追加指定することで、擬似的にフィールドとして扱うことが可能である。こうすると、1行目にあるフィールドの名称と実際のフィールドとにずれが生じるためにわかりにくいが、手軽に前方・後方の共起語をエクセルで操作したい場合のテクニックとして覚えておくと便利である。厳密には、後で述べるように、プログラム言語を間に介在させるのがいい。

4. プログラミング言語を併用する

4.1 前処理としてのプログラミング

先の節で述べたように、「中納言」の出力結果から、エクセルに

入力する際にも、そのままでは不十分な点がある場合がある。先の例のように「前方共起」「後方共起」の括弧を区切り記号に読み替えても、フィールドのずれが起きるなど、不便がある。また、もう片側の括弧が残存してしまうので、きれいではない。もちろん、これらを一度エディタ等に読み込んで修正すればよいのだが、それに留まらずもっと大きな修正をデータに加えたい場合がある。

　このような場合には、「中納言」の出力を、プログラム言語を用いて、処理するのがよい。そのための方法を以下ではいくつか紹介する。

　まず、先のような区切り記号の一部変換のような文字列処理は、テキスト処理用のプログラム言語を用いて簡易に変換してしまうのがよいだろう。Perl、Ruby、Python などがよく用いられるテキスト処理用の言語だが、近年では、Ruby と Python がもっともよく使われる。それぞれ長所・短所があるが、言語処理には現時点では Python の方が一日の長があるだろう。Python には、言語の統計解析を行うための専用のパッケージが多数開発されており、それを用いることで高度な分析をただちに行うことができるからである。

　このような区切り記号の変換といった単純な処理は、行イメージで入力してから、各行に文字列処理（この場合は置換）をかけるだけの簡単なプログラムで、括弧をタブに書き換えてしまい、また、一行目のフィールド名も適切な名前に変換できる。このようにして変換した結果をエクセルで読み込むことで適切なピボットテーブル機能を使うことができる。

4.2　Python のライブラリと R 言語

　さらには、Python でそのまま様々な解析を行うことも可能である。これには『言語研究のためのプログラミング入門　Python を活用したテキスト処理』『入門自然言語処理』『Python によるデータ分析入門　Numpy、Pandas を使ったデータ処理』などの著書があるので、詳しいことはそれらの書にゆずりたい（参考文献参照）。

　もうひとつは R 言語を用いる方法である。R 言語では CSV 形式のテキストファイルを自由に読み込んで処理することができる。

「中納言」の出力のようにフィールド名と文字列を値に持つようなデータも、データフレームという形式で取り込むことができる。CSV 形式のデータは read.csv() 関数を用いることで、区切り記号なども自由に設定できる。しかし、不定形なデータの文字列処理などはあまり得意ではないので、できれば Python などと併用して、先のエクセルとの併用で述べたような形で、一部の文字列処理を先処理してから、R に読み込むのがよいだろう。R 言語にも、エクセルのピボットテーブル操作に相当する機能を持ったパッケージもある他、さらに複雑な統計処理も可能である。

　日本語学に役立つ参考書としては『R で学ぶ日本語テキストマイニング』『R によるテキストマイニング入門』『R によるデータサイエンス』などがある（参考文献参照）。

　R はエクセルで行えることはほとんどすべて行えるが、さらにそれ以上に複雑な統計やグラフ化をこなすことができる。また、エクセルの操作のひじょうに大きな欠点に、その操作を記録して再現することが難しいことがある（たとえば、ピボットテーブル操作は GUI なのでわかりやすいが、何をしたかを記録し、他人に伝えるのがひじょうに困難である）。R の場合は行った操作はすべてログに残されているので再現することは容易である。

5．オックスフォードコーパスとの関係

5.1　概要

　本コーパスではその開発の初期から、オックスフォード大学のビャーケ・フレレスビッグ教授が中心になって開発されている『オックスフォード上代日本語コーパス』の開発計画と連携してプロジェクトを行っており、折りに触れて、シンポジウムや共同研究会を催してきた。オックスフォードコーパスの概要は、本書で別論文として掲載されるのでそちらを参照されたいが、ここでは、両コーパスの特色と関係について述べておきたい。

　オックスフォードコーパスは、現時点では上代語のコーパスであり、『万葉集』を中心とし、その他の上代歌謡を集成したコーパス

である。本文は TEI P5 に準拠したマークアップが施してあり、したがって、現在の TEI の特質である XML によるマークアップである。この点は、本コーパスと同様であるが、本コーパスは TEI にはよらず、独自規格となっている点に差異がある。TEI とは古くから欧州や英国を中心に提唱されひろがってきた文学作品のマークアップの規格であり、古くは SGML によっていたが、最新のバージョンでは XML になっているため、本コーパスを TEI 準拠に直すことは比較的容易である。しかし、本コーパスは BCCWJ との互換性を持っており、様々なツール（「中納言」その他）も BCCWJ との共通性の上に設計されている。したがって、本コーパスをただちに TEI に変えることは不可能である。TEI はそもそもコーパスそのものを公開し、配布する場合の交換容易性のための規格であり、現在のところコーパス全体を公開していない本コーパスとしては、ただちに採用するメリットがないことも事実である。ただ、将来的な展望としては、欧州の様々な言語のコーパスが TEI 準拠で作られ始めていることを考えると、TEI の実験をしておくことは重要である。国立国語研究所でも、河瀬彰宏・市村太郎・小木曽智信（2013）などで、一部の古典語コーパスを TEI 準拠の XML で作成する試みを行っている。

5.2　差異と共通点

　また、オックスフォードコーパスは、その全文が主にローマ字表記となっている（原文の万葉仮名は特定のフィールドに残されている）。ローマ字は独特なもので、フレレスビッグ教授の上代語の音韻的解釈に基づく独自のローマ字転写方式になっている。利用方法としては、XML をそのまま XML エディタで使うほか、独自のサーバーから KWIC コンコーダンス形式で出力することも可能である他、その結果から、シンタクス・ツリーや、原文万葉仮名、英訳などにリンクしているため、極めて使いやすい。特にローマ字であるため、日本語研究をしている外国人には親しみやすいコーパスだと言える。これは、たとえば、朝鮮語・韓国語コーパスが、ハングルよりもローマ字のほうが我々には親しみやすいのと同じであり、

たとえ研究者レベルであっても、使いやすさという点で、漢字仮名交じり文よりもローマ字文のほうが勝ると言える。また、特に上代語では、その発音が複雑であり、もともと五十音図内部の文字だけでは十分な表記が不可能（上代特殊仮名遣いの存在）なのであり、ローマ字の方が理論的にまさっていることなど、詳しくは本書中のフレレスビッグ教授の論文を参照されたい。

　以上のように、『オックスフォード上代日本語コーパス』と、『日本語歴史コーパス』とはいろいろな意味で相補い合う関係にあり、それぞれの特性を相互に取り入れるための研究をしつつ、交流していっている。将来的には何らかの形で統合していくことも視野にいれている。

6. 応用の方法

6.1　クロス集計

　本節では、『日本語歴史コーパス』を使った研究の方法について少々述べておく。すでに本稿の筆者は別稿（近藤2013）において、本コーパスを用いてどのような研究ができるかの紹介を行った。そこで述べたように、「中納言」からの出力を文法研究に応用するためには、エクセルのピボットテーブル機能で作ることができるような、クロス集計表の形でまとめることがもっとも効率がいい。

　次頁の表は、その一例である。過去の助動詞と接続助詞の連接を調査している。

　このように、もともとのKWIC形式のデータから、キー（検索語）を縦列に、後文脈語を横列にしてクロス集計をとることで、いわゆる相互承接の関係を明示することができるのである。

　現状のコーパスは小学館の新全集が底本であるので、すべて本文の校訂もその方針のままとなっている。したがって、仮名遣いや表記の研究には用いることはできないため、語彙・文法の研究が中心となるだろう。となると、まずは、エクセルでブラウズして、次にいろいろな要素でクロス集計を作成しデータ全体の様子を把握する。相互承接で重要な点をチェックする。さらには、R言語などを使っ

データの個数：キー	後文脈			
語	つつ	ながら	まま	総計
き		10	12	22
けり		1	29	30
さす	1	4	1	6
す	3	2		5
ず		18	9	27
たり			3	3
つ			3	3
なり			9	10
ぬ			3	3
べし			1	1
まほし		1		1
む			7	7
めり			2	2
らる	3	1	1	5
り			4	4
る	11	2	8	21
(空白)				
総計	18	39	92	150

てテキストマイニングを行うなどが考えられる。

6.2　N-gram（NGSM）について

　なお、テキストマイニングの一手法としてN-gramを使った方法がある。これは「中納言」ではなく、コーパスのテキストをそのままプログラム処理して扱う技法である。N-gramとは、文字や単語の複数の連接をすべて採取して、検索のキーとしたり、相互比較をしたりする手法であるが、日本語の文学・語学の分野では、近藤みゆき（2000）によって最初に取り入れられた。最初は2つの文献のN-gramの差分と重なりを採取してその性格の差をマイニングする方法が提示されたが、その後、石井（2001）によって、2つ以上の文献の比較を同時に行う方法に拡張されNGSM（N-Gram based System for Multiple document comparison and analysis）と名付けられた。NGSMを高速に実行するためのソフトウェアとして近藤泰弘が開発したのがngmerge（http://www.japanese.gr.jp/tools/ngmerge）である。石井は、NGSMの方法で各種漢文文献の研究を行っている。

なお、N-gramを用いた分析方法は、最初は独立したソフトウェアでしか使えなかったが、現在ではR言語などに標準的に取り込まれているので、それらを用いてN-gramによるテキストマイニングを行うことができる。具体的な方法については、石田（2008）などを参照されたい。

7. まとめ

以上、本稿では、『日本語歴史コーパス』を「中納言」を用いて調査する方法で、日本語史研究を行うにあたっての具体的な問題点、あるいは、わかりにくいノウハウの一部を述べた。『日本語歴史コーパス』を使って行った、さらに詳細な研究例については、本書の他の論考を参考にしていただきたいし、稿者自身もさらに展開していく予定である。

参考文献

浅尾仁彦・李在鎬（2013）『言語研究のためのプログラミング入門　Pythonを活用したテキスト処理』開拓社

バード・スティーブン，クライン・エワン，ローパー・エドワード（2010）萩原正人・中山敬広・水野貴明（訳）『入門自然言語処理』オライリージャパン

冨士池優美（2015）「『日本語歴史コーパス　平安時代編』の形態論情報」本書 pp.237–280

石井公成　Ishii, Kosei (2001) Classifying the Genealogies of Variant Editors in the Chinese Bddhist Cospus, EBTI International Conference, Seoul, Korea

石田基広（2008）『Rによるテキストマイニング入門』森北出版

石田基広・小林雄一郎（2013）『Rで学ぶ日本語テキストマイニング』ひつじ書房

河瀬彰宏・市村太郎・小木曽智信（2013）「TEI P5に基づく近世口語資料の構造化とその問題点」人文科学とコンピュータシンポジウム論文集

金明哲（2007）『Rによるデータサイエンス―データ解析の基礎から最新手法まで―』森北出版

近藤みゆき（2000）「ｎグラム統計処理を用いた文字列分析による日本古典文学の研究―古今和歌集のことばの型と性差―」千葉大学『人文研究』29

近藤泰弘（2013）「電子化コーパスを用いた古典語のテンス・アスペクト研究」『日本語学』32(12): pp.16–29

マッキニー・ウェス（2013）小林儀匡・鈴木宏尚・瀬戸山雅人・滝口開資・野上大介（訳）『Python によるデータ分析入門―Numpy、pandas を使ったデータ処理―』オライリージャパン

小木曽智信・中村壮範（2011）『『現代日本語書き言葉均衡コーパス』形態論情報データベースの設計と実装　改訂版」科研費報告書

小木曽智信・伝康晴（2013）「UniDic2―拡張性と応用可能性にとんだ電子化辞書」言語処理学会19回大会発表論文集

小椋秀樹・須永哲矢・小木曽智信・近藤明日子・田中牧郎（2011）「「中古和文 UniDic」における言語単位の設計」言語処理学会17回大会発表論文集

尾崎隆（2014）『手を動かしながら学ぶビジネスに活かすデータマイニング』技術評論社

備　考

　本稿は、JSPS 科学研究費基盤（B）・25284086「平安時代の言語リソースの構築に関する研究」（研究代表者・近藤泰弘、連携研究者・近藤みゆき）の成果の一部である。また、国立国語研究所研究プロジェクト「通時コーパスの設計」の成果である。

通時コーパスによる言語の研究

山元啓史

1. はじめに

　本稿は通時コーパスの設計の諸問題について述べる。国立国語研究所共同研究基幹型プロジェクト「通時コーパスの設計」*1 は古代から近世までの代表的な資料を用い、コーパスによる研究可能性を検討するプロジェクトであり、日本語史研究用のコーパスを作るための基礎研究である*2。コーパス開発のための作業として、主に 1) 資料の選定、2) 古典本文の電子化と情報（異文・原文表記・異体字・引用など）付与の問題、3) 各時代・各文体に対応した形態素解析などの問題を扱ってきた。テキストの電子化がコーパスの開発そのものであれば、忠実にテキストの電子化を推し進め、その後の使用はユーザに委ねるのが、研究資料とユーザとの関係である*3。もし、それ以上の関係をコーパスと研究者との間に求めるなら、はっきり言語学における問題・課題を示し、コーパスならではの解決法を提案すべきである。

　従来はこれをコーパスとは呼ばず、テキストと呼んでいただけである。記述された資料を使って研究を進めること自体は、従来の言語研究とは本質的に変わらない。コーパスによるからといって、言語研究の理論的基盤が大きく変わるわけではない。これらの大前提を踏まえ、本稿ではコーパスを利用した言語研究は、どのように問題を解決していくべきかについて述べる。

2. 複雑系の科学

　言語の科学は他の科学と同様、複雑系の科学である。言語は社会、人間に関わるあらゆる要素が絡み合い、何かを操作すれば、他の何

かに必ず影響を与える、つかみどころのない構造体である。言語そのものが「複雑系」であり（松本他1997：164）、その複雑なふるまいが何であるかは十分にわかっていない。例文をある観点に絞って観察しているうちに、だんだんそれとは異なる観点の方が影響力が強いのではないかと考え、別の観点で改めてはじめから例文を探し始め、分析をやり直す。このように部分的に見ては考え、見ては考えを繰り返していたのでは、研究はなかなかまとまらない。そこで、次節では部分的に言語を見るのではなく、できるだけ多くの条件をプログラム化し、全体の動きをツナガリとして「一律的、網羅的に調べる」ことと、「時間的、空間的に区間を設け、区間毎の変動を調べる」ことについて述べる。

2.1 言語の記述

言語のシステムの総体をソシュールはラング（langue）と呼び、実際に話された言語をパロール（parole）と呼ぶ（松本他1997：56）。われわれの脳裏に潜在するラング（言語構造）は、直接観察できず、言語処理の結果として出力された音声や文字列、すなわち、パロール（言語現象）によってしか分析できない（Saussure 1983）。そのため、観察者は言語現象からさまざまな推論を働かせる。しかし、現代人には古典語の内省はできない。内省のできないはずの古典語であるにもかかわらず、その分析に観察者は自分自身の現代語の知識[*4]を利用してしまう。服部（1980：249）は「我々の言語活動は、我々の脳裏に潜在すると推定されるlangueに支配されているために、或種の特徴がそこに繰り返し現れるものと考えられる。しかしながら、このようなlangueは、現在の所外部観察することができず、内部観察もほとんど不可能である」と述べている[*5]。

コーパスとコンピュータ処理による分析は、従来、テキストを主観的に観察していた方法からテキスト全体にわたり、網羅的に調べ尽くす方法を可能にした。これはテキストをあえて見ないで計算処理することで、現代のわれわれには指摘しにくい現象[*6]をデータの形で、厳格に探り出す方法に変えた。また、内省に代わる感知の機構を手に入れることもできた（近藤2001：35）だけでなく、意

識的にも無意識的にも現代語の知識をいったん排除した上で客観的に分析するチャンスを得たのである。近藤（2000：301–11）は、大量言語処理による観察を通して、内省だけではとらえにくい「～のが」「～ことが」によって示される名詞節の記述に成功している。これは内省に頼らない方法によったからこそ、その違いが記述できた研究例である。

2.2　共時と通時

　共時研究とは時間に言及することのない、個別状態における言語の研究である。一方、通時研究とは時間における言語の進化の研究である（Saussure 1983）。それは、言語の現象をある時の点と見るか、ある時の点と点をつなぐ線と見るかである。たとえ、現代語のみを取り上げた研究であっても、経年的な変化を問題とした分析であれば、それは通時的分析である。10年、20年あるいはそれ以上の幅があったとしても、時間的な変化を無視して分析するならば、それは共時的分析である。

　以上を前提として、ここでは、共時の状態を時間軸に並べ、その連続を線としてとらえ、通時的分析の材料とすることを考える*7。実際には、ある時代のデータには無限の言語の特徴が含まれているので、図1に示すように、それらの特徴を層とし、いくつもの層を並べ、層間の差分をとる。その差分の変化量を通時的変化として求める。ただし、変化量の特定が目的なのではなく、変化量の背後にある共通の原理が何であるのかを明らかにすることが目的である。このような通時的分析方法については、次の「差分の方法」にて述べる。

3.　差分の方法

　ここでいう差分とは、資料Aの要素から資料Bの要素（あるいはその逆）を差し引いて余ったものをいう。われわれが日常「資料AとBは似ているね」という時、この「似ている」は厳密に言えば、まったく「同じ」なのではなく、どこかが「違う」ということであ

る。その差分を誤差と見る場合には、2つの資料は「同じ」と考え、誤差と見ない場合には、「違う」と考える。差分は、引き算によって示すものであるから、対象となる要素は引き算をしてよい形式になっていることが前提である。

3.1 動的変化をとらえる

テキストはある時点で表現された言語の現象であり、静的なものである。言語を動的な姿としてとらえるには、任意のテキストを幾重にも比較し、その比較から得られた変化量を言語の動的な変化とすることである。たとえば、いくつかの時代にわたる文芸作品のコーパスがあるとする。図1に示すように作品A–Dを時間軸に並べ、連続したものとしてとらえることを考える。まず、A–Dのすべてに見られるシソーラスをあらかじめ作っておく。つぎに、語彙の変化を分析する場合であれば、コンピュータでシソーラスとテキストを照合し、AとB、BとC、CとDというように、2者間に共通に見られる単語リストを作成する。その上で、隣接するコーパスに共通する語の集合、共通しない語の集合を計算し、語の有無を変化量とする。文法を明らかにする場合は、シソーラスの代わりに連接の出現パターンのリストを作成し、リスト間の差分を分析する*8。このようにして、時間軸でとらえた動的なマトマリを記述していく。資料間の差分が最も小さくなるように、資料を多重に比較し、最も近い資料間を線で結び、なめらかな線となるように配列

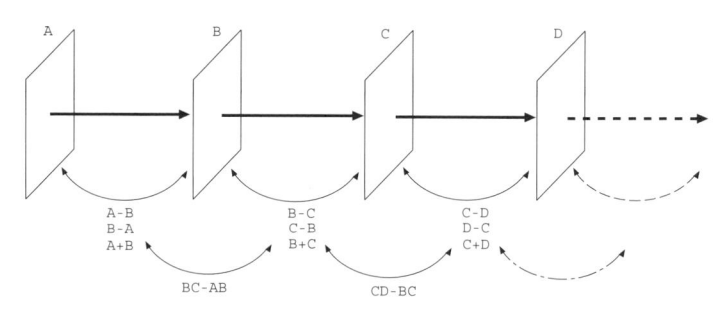

図1 各時代の資料間の差分をとる：ABCDは時間軸に並べられた任意の資料。差分をとるだけでなく、両者の体系に見られる共通の要素を抽出し、その抽出した要素をさらに、他の抽出した要素と比較していく。

を繰り返す。このようにして、どの段階でどの要素が変化したのかが一瞥できる状態にしておく。ただし、これには分析単位を決め、時代毎にさまざまに揺れる表記を統一することが必要で、この問題を解決するのは簡単ではない。これらについては、5.の今後の研究領域のところでもう一度述べる。

3.2　系列比較モデル

　ある時代の語の集合Aは、別の時代の語の集号Bと「似ている」関係にある場合、AB間にどこか違うところがあるはずである。その違いを写像によって整理する方法が「系列比較モデル」である。ここでは系列比較モデルを用いた差分の方法を紹介する。

　さまざまな局面で差分を抽出する方法が考えられるが、その中でも、系列比較モデルは、内容的に似通った任意の2つの語の集合の差分を整理する方法である。たとえば、源氏物語は、与謝野晶子、谷崎潤一郎、窪田空穂、円地文子、田辺聖子、橋本治、瀬戸内寂聴、など複数の作家によって現代語に翻訳されている。ただし、同じ内容の文章を翻訳しているにもかかわらず、それぞれは異なる表現で翻訳されている*9。このような類似テキストの比較分析は、宮島（1979）、鈴木（1988）、中野（1976）、蓮見（1991）、田中・山元（2014）などがあり、いずれも相互に比較することによって行われている。

　従来のテキストの比較における問題点の1つは、表現的な異なりと言語学的な異なりを理論的に区別できていないことである。たとえば、2つの翻訳の間、あるいは原作とその現代語訳の間に見られる差は、そもそも2つの間に、言語の時代的な変化があるからなのか、翻訳者の解釈や表現に違いがあるからなのかが判断できないことである。

　田中・山元（2014）は、系列比較モデルを用いて、今昔物語集（和漢混交文）と宇治拾遺物語（ほぼ同じストーリーで和文体）間の語彙を比較した。両者の比較において、1）語がそのまま取り入れられ、対応している場合、2）受け入れられずに捨てられている場合、3）多少形を変え、取り入れられている場合の3つのパター

ンが見られた。いずれの場合も両者の差分からは、1）言語の時代的変化により今昔で適宜変更が加えられたもの、2）翻訳者が何らかの理由でことばを取捨したもの、いわゆる翻訳態度（鈴木1988：128-9）、の2種に分類できた。

　従来の比較研究では、上記のような言語の変化による要因と翻訳者の取捨選択による要因の区別が研究を計画する時から想定されておらず、言語変化のつもりで取り出したデータの中に明らかに翻訳者の考えによるものが紛れ込んでいることがある（宮島1979：468）*10。

3.3　語の対応を写像でとらえる

　図2は、任意点の時間軸上にある資料の比較を写像によって示したものである。説明の都合上、任意2点間の違いに限って説明するが、分析の対象は2点に限る必要はない。AとA'は同じ系列*11の言語資料である。Aが発生した時をt_1、A'が発生した時をt_2とする。AとA'の関係は、ある時代の源氏物語の写本と、その後の時代の同作品の写本を比較する場合であってもよいし、1990年代のプロ野球の実況中継録音（たとえば、サヨナラホームランの試合）と2000年代のプロ野球の実況中継録音（同じく、サヨナラホームランの試合）を比較する場合であってもよい。系列とは、A

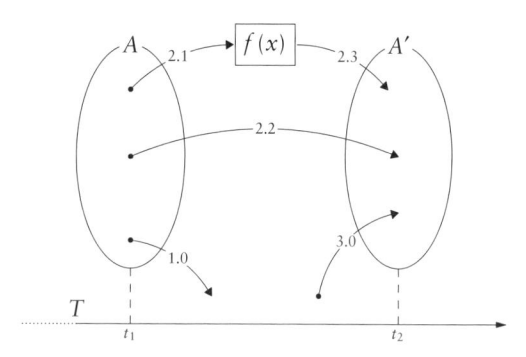

図2　系列比較のための変遷要素の差分モデル：Aはt_1の時に発生した、あるまとまりを持った内容、A'はt_2時に発生した、Aに対応するまとまりを持った内容。Tは時間軸。$f(x)$はAの任意の要素xをA'の要素とするための関数。

と A' の内容を研究者がどうとらえるかによる。

　A に含まれる要素が A' に含まれないことがある。これを1類（1.0）と呼ぶことにする。逆に、A に含まれない要素が A' に含まれることがある。これを3類（3.0）と呼ぶことにする。A にも A' にも含まれる要素がある。これを2類と呼ぶことにする。2類にはまったく同じ要素が A と A' に含まれるものと、A と A' で対応する要素に多少の変動が認められるものがある。前者を2.2系とし、後者のうち、A に見られるものを2.1系、A' に見られるものを2.3系とする。A から A' への時間経過において、取り除かれる要素（1.0）、継続されるが変換の必要な要素（2.1）、そのまま継続される要素（2.2）、継続される際に変換された要素（2.3）、新たに加えられた要素（3.0）の5つの区分で要素の分類を行う。

$$A = \{1.0, 2.1, 2.2\} \quad (1)$$
$$A' = \{2.2, 2.3, 3.0\} \quad (2)$$

　A に含まれる要素は、1.0、2.1、2.2の3種類、A' に含まれる要素は、2.2、2.3、3.0の3種類である。t_1 と t_2 が限りなく近い場合、t_1 と t_2 は共時の資料としてとらえてもよい。その場合には、2.x（同じ語、類を同じくする語）が主となり、1.0や3.0の要素は減少するが、同一テキストの物理的なコピーや同一内容の録音資料のダビングでもない限り、それらがなくなるわけではない。共時ととらえて分析する資料であったとしても、別々に発生したテキストであれば、時間のずれ（ごく微量な時間経過を伴う要素あるいは単なる言い換え）がある。一方、t_1 と t_2 が限りなく離れている場合には、2.2が少なくなり、1.0や3.0の要素が増加することが予想される。言語の変遷を見たい研究者にとっては、2類（2.1、2.2、2.3）の各要素の分布は注目に値することだろう。

　この方法の問題点としては、分析している要素が、次の時代に用いられなくなった要素（1.0）なのか、あるいは何らかの変換が施され、引き続き用いられている要素（2.1、2.3）なのかが、判別しにくい。しかしながら、表記や読みに関わる些細な違いのみを単純

に2類（2.1あるいは2.3）としても、新たにわかることは多いと考えている*12。

　さて、生物学（遺伝子）では、DNAの4つのアミノ酸の配列の並びを調べるコンピュータプログラムが数多く公開されている（Dong and Searls 1994）。これと同じ原理を用い、言語パターンを研究者の仮説にもとづいて、コーパスの文字列を行き来しながら、何回でも瞬時に仮説を検証する機械がコーパス・ロボット（図3）である。コーパスの完成を待たなくても、テキストが質・量ともに充実するにしたがって、仮説を立てては何回でも瞬時に検証できる仕組みがあるならば、言語研究者にとって、パワフルで魅力的なものになる。

文字列（前）．．．．◁◁　　◁　　　　▷　　　▷▷．．．．文字列（後）

図3　コーパス・ロボット（シーケンシャルリーダ）：DNAを構成するアミノ酸探索ロボットからヒント。データマイニングツール。コーパスの文字列を行き来しながら、何回でも瞬時に仮説を検証することができる機械。

　系列比較モデルについても、語の弁別に十分利用できるシソーラスをあらかじめ用意しておき、任意のt_1とt_2における語彙を5区分に自動的に分類するロボットができれば、将来的に言語変化の諸相を明らかにしてくれるものと期待している*13。

　以上、言語要素の共時的分類、通時的分類を系列比較モデルを用いて説明した。それによって、一律に言語要素を分析する方法について述べた。次節では、語単独の要素ではなく、語が複合した要素、すなわちパターンによる差分の方法について述べる。

4. 共出現パターンによる差分の方法

　コーパスとコンピュータ処理は、テキストを網羅的に調べ、全体を見渡す研究を可能にすること、また、言語要素の通時的分類を系列比較モデルを用いて説明してきた。ここでは、言語要素を単独の

語ではなく、それらが複合した場合について考えることにする。複合した場合のもっとも簡単な形は任意2語の組み合わせである。この組み合わせのことをパターンと呼ぶことにする。次では、パターンによる差分の方法について述べる。

4.1　グラフ理論による言語の分析

　山元（2010）は、八代集用語辞書（山元2007c, 2009b）とシソーラス（山元2007b, 2009a）によって、八代集（905–1205：9440首）の300年間の語彙構造の違いをグラフ理論を用いて明らかにした。

　グラフは点（ノード）と線（または辺、エッジとも呼ばれる）による関係を表した図である。2つの点を2語として、その関係を線で結び、グラフを描く。たとえば、「鶯の鳴く声」という文があったとする。この文から共出現パターンを作るためには、まず、

　鶯／の／鳴く／声

のように文を単語に分割する。つぎに、それぞれの単語を2つずつ取り出して1組にしたペアを作る。

　「鶯-の」「鶯-鳴く」「鶯-声」「の-鳴く」「の-声」「鳴く-声」

このように6つのペアができる。これをパターンと呼ぶ。この処理をすべての文について行い、パターンの頻度を数える。必要に応じてパターンに重み付けを行う[*14]。仮に、この1文しかデータがなかったとして、この6つのパターンをGraphviz（Ellson et al. 2005）というソフトウェアパッケージを用いて、グラフで表してみる[*15]。グラフを書くためには、図4（左）に示すような言語（dot language）で書く。これをたとえば、sample.dotというファイル名で保存したのち、Graphvizの中のneatoというプログラムを使って、次のような命令を入力すると、jpeg（jpg）形式の画像ファイルが出力できる[*16]。

% neato -Tjpg:cairo sample.dot -o sample.jpg

```
graph G {
"鶯"
"の"
"鳴く"
"声"

"鶯" -- "の"
"鶯" -- "鳴く"
"鶯" -- "声"
"の" -- "鳴く"
"の" -- "声"
"鳴く" -- "声"
}
```

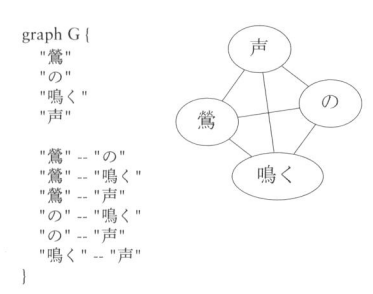

図4　DOT言語の例（左）とそのグラフ出力（右）：このグラフは4つのノード（鶯、の、鳴く、声）と6つのエッジを含む。

　図5、6は、共に「吉野（地名：奈良県）」と「桜」の関係について、古今集（905年頃）と新古今集（1205年）の和歌シソーラスを用いて計算し、ネットワーク（グラフ）で可視化したものである。灰色で示された語は「吉野」の歌と「桜」の歌で共に使われた語であり、それ以外は両者に見られるパターンの差分である。古今集よりも新古今集の方が、両者の関係が密接なのは一目瞭然である。和歌研究者の直観や経験だけでは即答しにくいコンビネーションをこのように実際の和歌データと計算手続きによって導き出した。

　古今集（905年頃）の時代では「吉野」は「桜」の景勝ではなく、山岳信仰の地・隠遁の地、修験道のイメージから、雪をいただく山々の姿として、「雪」とともに詠まれた（片桐1983：435）。それから、300年後の新古今集（1205）の「吉野」と「桜」の関係は、古今集での関係よりずっと密になっている。和歌の専門家の間では「桜」と「吉野」の関係が一般的になるのは新古今集、西行の時代になってからで、それまでは、和歌にいう花とは「桜」よりむしろ「梅」（片桐1983：436）だと言われている。「吉野山」が「桜」の山として一般的になるのは、新古今集の13世紀になってからである。

　以上、これらの事実は注釈や解説書からではなく、数理的処理により、1000年以上前の日本語の語彙の体系および古今の時代から新古今に至る300年間の「吉野」と「桜」の関係を客観的に俯瞰

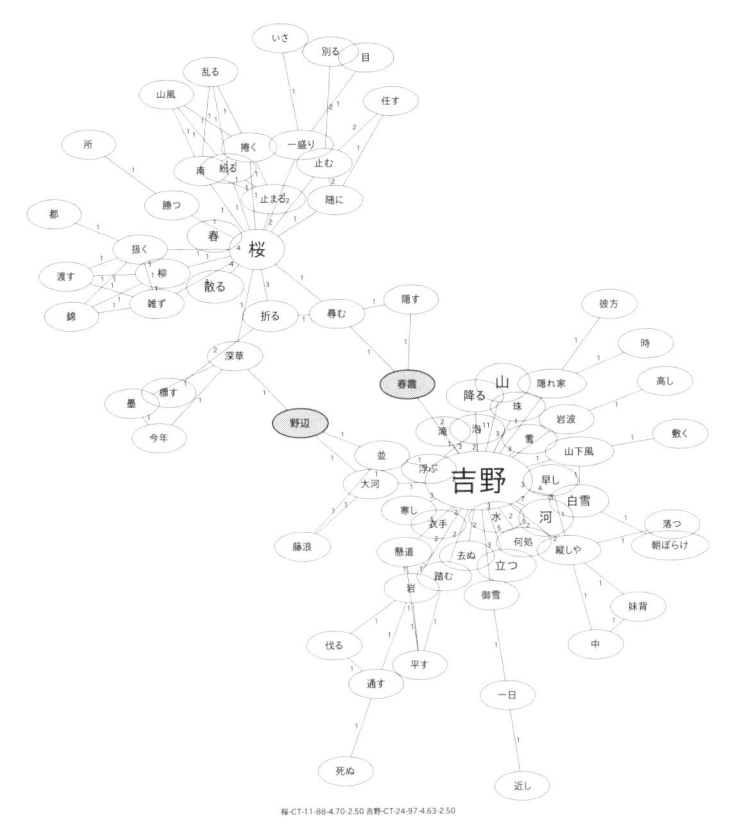

図5 古今集（905年頃）の「吉野」と「桜」：灰色は「吉野」の歌と「桜」の歌の両者で使われた語（山元2010）。古今集の時代では「吉野」は「桜」の景勝というよりもむしろ冬雪の厳しい修験道の土地といわれる（片桐1983）。

できることを示した。

　実はこの研究が可能となったのは、語と語の関係を規定するシソーラスを開発したからである。語と語の関係をいかに規定するかはむずかしい問題である*17。そこで、次節では、通時コーパスの研究になぜシソーラスが必要か、シソーラスによって語と語の照合が可能になるとはどういうことなのか、そして、どのように差分が得られるかについて述べる。

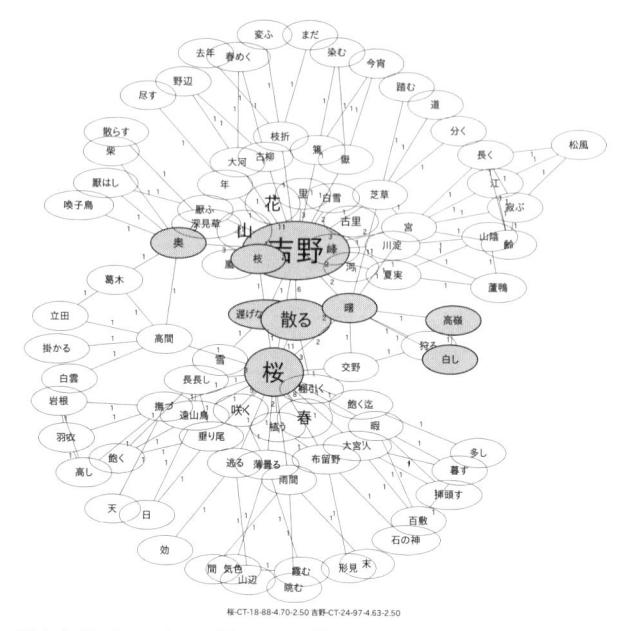

図6 新古今集（1205）の「吉野」と「桜」：こちらの方が両者の関係は密である。和歌の専門家の間では「桜」と「吉野」の関係が一般的になるのは新古今集、西行の時代になってからで、それまでは、和歌にいう花とは「桜」よりむしろ「梅」であると言われている（山元2010）。

4.2 シソーラスの役割

表1に示すように古語はさまざまに表記されるため、コンピュータで処理・分析するのはむずかしい。これらはごく一部であり、思いも寄らぬ表記が多数出現する。そのまま単純な文字列一致で、単語を数えることはできない。これを可能にするためには、一貫した基準による記号（メタコード）で置き換える必要がある。この問題の解決として、筆者は国立国語研究所の分類語彙表のコード体系に準拠した語彙コードを用いて、和歌用語のシソーラスを作成している。これにより、さまざまに記された語はコンピュータによってメタコードに置き換えられ、任意の2語のコード同士を比較して、同語／類語／異語の判定ができるようになっている。

表1 シソーラスなしでは同じ語として計算できない例：「ちぎりけむ」が翻刻テキストにおいて「契剣」、「おもふてふ」が「思蝶」などと書かれている。現代語では標準的な表記が一般的な文書においては期待できるが、古代語においては期待できない。1つ1つ見て、処理用辞書を育てていくしかない。

かな表記	実際に和歌に出現する実例
たつた	立田、竜田、龍田、...
たつらむ	立つらん、立らん、立覧、...
ちぎりけむ	契りけん、契りけむ、契けん、契剣、...
おもふてふ	思ふてふ、思てふ、思ふ蝶、思蝶、...
えてしがな	得てしかな、得てし哉、...

4.3　シソーラスによる語の照合

　時代を通して（通時的に）用語のパターンを見るには、記号の対応関係を定義し、同じものか、異なるものかを決めなければならない。勅撰和歌集、二十一代集の場合、534年間の通時的変化をとらえる決め手は、小さな変化がとらえられるようにテキスト間比較をきめ細やかに行うことである。

　比較するとは、ある語が任意の2時代のテキストに共に出ているかどうかを調べることで、それは照合作業に他ならない。その照合作業においてシソーラスが2語の関係をとりもつ重要な役割を果たす。つまり、シソーラスがなければ、文字列の照合だけとなり、表記が異なれば、異なる語と判定される。たとえば「うめ」「むめ」「梅」は同じ語としてとらえてほしくても、異なる語となる[*18]。

　照合作業が可能になれば、二十一代集のどの区間にどのような変化が見られるかが、計算によって明らかになる。従来の索引作りは、専門家が1つ1つの和歌を目で見て、そこに見られる要素を調べ上げて記述していたが、二十一代集25,648首に含まれるすべての語について、任意の2語が同じ語であるかどうかを、均一に判定するのは非常にむずかしい。判定基準のゆれが生じ、誤りを見つけた段階で、厳格を期すために、すべて冒頭から見直すことになる。今まで人手によるシソーラス作りの弱点を改善し、シソーラス体系作りの自動化の研究（山元他 2014）やシソーラスそのものに関わる理

論化の研究（山崎他 2014）がコーパスによる言語研究になくてはならないものとなろう。

5. 今後の研究領域

　ここまでの方法を実現するには、クリアすべき課題がいくつかある。第1に処理の単位を柔軟に考えることである。単語の定義は永遠の課題であり、未だ作業的便宜として取り扱われており、確かな理論に基づいて行われているものではない。しかし、これは日本語の問題だけでなくどの言語においても問題とされており、言語学全般に関わる問題である*19。語には長いもの短いものさまざまがあるが、短い語は不安定で、長い形で用いられる傾向がある。たとえば、「和語を語形の長さの面からみると、まず『目、葉、荷』のような一拍の語は短すぎて安定しにくく、『はっぱ』『にもつ』のように長い形になって落ち着く場合もある（西尾2002：80）」とのことである。また、短い語は多義であるが、長くなればなるほど意味が限定される傾向もある。これらのことから、おそらく文脈に即してノビチヂミする機構を考案しなければならないのであろう。しかし、現在のところその有力な手立てはない。

　第2に形態素解析辞書を一度は資料（作品）別に作って、その資料にとって最も効率のよい辞書を作成し、作品毎の差分・共通を割り出してみることである。それぞれの辞書の連接確率を比較することによって、系列的関係（syntagmatic relation）が通時的に分析できよう。一方、それぞれの辞書の語彙の差分を比較することによって、範列的関係（paradigmatic relation）が通時的に把握できよう（言語処理学会2009：104）。

　第3に時代的に隣り合う資料（作品）の間で共通するシソーラスを準備することである。系列比較モデルにおいて最も必要なのはシソーラスである。ある語が他の語と同じかどうかを判断するための語彙表が必要なのである*20。

　残念なことに、現状のシソーラスでは、同じ時代の任意の2作品（共時的関係）を比べるにも、異なる時代の2作品（通時的関係）

を比べるにも不都合が多い。たとえば、両者の間で表現されている語の長さがまちまち、表記がさまざま（漢字仮名、送り仮名）、上位概念の語（たとえば、花）で、下位概念の語（たとえば、桜）を指し示している、片方は比喩で、片方はその実体で表す、などである。また、単語は時の経過とともに意味を変えることがしばしばあり（Lyons 1987: 212）、単純に比較とはいっても、その作業は簡単ではない。

第4に言語も複雑系の1つであることから、コーパスをデータとして、言語を局所的に見るのではなく、俯瞰して観察できる方法と理論を用いるべきである。テキストを厳格に評価することだけでなく、パラメタを操作しながら、可視化を通して、言語の姿を柔軟に観察できるシステムの構築が必要である。同時に、ゲーム理論や時系列分析、多変量解析などの数理の科学を導入し、言語の変動を研究対象とすべきである。複雑そうに見えているものは、実は単語対のような単純な関係による法則をもっとも経済的に活用し、時代世代を繰り返してきた結果が、今ある言語の姿なのかもしれない[21]。

6. おわりに

本稿では、通時コーパスプロジェクトを進める上での基本的な概念の整理とコーパス言語学の枠組みについて議論した。

「共時と通時」「言語の記述」を通して、研究の問題点について述べ、「系列比較モデル」「共出現パターン」による例をあげ、コーパスから差分を求める方法について述べた。今後の研究領域として、「処理の単位」「時代別形態素辞書」「シソーラスの整備」「可視化システムの構築」について言及し、時代と時代の橋渡しとなるシソーラスの重要性について述べた。

[*1] http://historicalcorpus.jp/
[*2] コーパス開発はこのプロジェクトの目的ではない。

＊3　たとえば、「辞書」は「ことばの意味を示す」という大きな目的があるのかもしれないが、ユーザにとっては、「わかりやすい文を書くため」「どんな漢字を書くか調べるため」「例文を見るため」などさまざまである。

＊4　たとえば、ある時代の語の意味は、本当はわからないのに、文字に対する自分の知識を用いて、何らかの判断をしてしまう。人間が文字列を見て判断すると、主観的な結論を導く危険性がある。言語表現の中には意味を一義に限定しない種類の文もあり（小松2003）、決めてしまわないことも重要である。筆者は計算手続きによれば、「決めてしまう」危険性から回避でき、「決める」のではない、表現そのものの段階では「決まらない」のであって、そういう状態もあることが確認できると考えている。

＊5　一般的に言語の歴史的研究には、当時の注釈書や古辞書などの資料を利用して分析を進めてはいるが、注釈や辞書もそれらを記述した人間の知識に依存したものである。

＊6　認識はしているが、それが指摘できないことはよくある。

＊7　一時代一言語を分析の対象とする共時的分析を行い、それらの記述をもとに、時代あるいは言語の間を紡ぐ通時的研究が進めば、通時的記述も可能になると考えられる。しかし、服部（1980：230）は「上代から当時に至るまでの日本語の変遷史の研究は組織的には企てなかった」と述べている。

＊8　任意の2作品が内容的に類似した性質を持つならば、なお好都合で、時代的変遷の違いが差分リストに反映されるはずである。その際の語彙の分類方法は、後述の「系列比較モデル」で述べる。

＊9　源氏物語の現代語訳比較において、蓮見（1991：136）は「同じ内容の文章を現代語に翻訳しているにもかかわらず、その文章にはさまざまな異なった表現が生まれてくることがわかる」と述べている。

＊10　宮島（1979）は訳語の間に違いがある場合として、1）原文が違うとき、2）解釈が違うとき、3）おなじ意味の訳語がいくつもあるとき、の3つをあげている。

＊11　幅がある概念としておく。狭くは同一内容、原文と翻訳、広くは同じジャンルとする。後に説明する共時モデルにも関わってくる。実は、ソシュールも当初は共時を点のような概念ではなく、ある程度幅を持った概念であったことが指摘されている（ジョナサン2002）。

＊12　本稿では、共時的な比較については詳説はしないが、付録にて通時軸を共時軸に置き換えたモデル（図7）、共時軸を横軸にして通時と共時を一緒に示したモデル（図8）も紹介しておく。

＊13　AとA'を系列を同じくする内容を持つものとしたが、共時における系列を異にするAとA'とを比較する際も、上記5区分で系列の異なりを分析することができる。

＊14　ここでは省略する。詳しくは山元（2006, 2007a）を参照。

＊15　GraphvizはだいたいのOS（オペレーションシステム）で使える。インストールの方法は、多くのウェブページで紹介されているので、ここでは省略する。

＊16　jpgだけでなく、png, svg, tiffなど、さまざまなファイル形式で出力できる。

＊17　現在、シソーラスを計算手続きによって機械的に構築する研究を行っている（山元他 2014）が、この原稿を執筆している時点では八代集（905 年頃–1205 年）に限定されている。今後、これを拡張し、少なくとも和歌研究におけるスタンダードである二十一代集（534 年間）の変遷を可視化するシステムを開発する予定である。

＊18　異なる文字列で表記されている同語を 1 つの基準に揃えることを文字列の正規化という。ただ同じ語と見做してほしくない時もある。

＊19　宮島（1994：113）は「日本語の語い調査でいちばんこまることは、『単語』という単位が確立していないことである」と述べている。

＊20　実際には同じ語かどうかを厳格に判断することを目的とすると、計画は失敗するかもしれない。生物の世界でも人間の世界でもまったく同じものは 2 つとして存在しない。厳格に分類すると必ずどこかが違う。むしろ、任意 2 つのトークンが同じ類に属するか否かを判別するシステムをまず考えるべきである。

＊21　たとえば、複雑適応系（松本他 1997：164）のようなもの。もっとも単純な要素を数多く集めて、それを一斉に動かしてみる実験が言語学としてできればと考えている。

参考文献

Dong, Shan and David B. Searls (1994) "Gene Structure Prediction by Linguistic Methods", *Genomics*, Vol. 23, pp. 540–551.

Ellson, John, Emden Gansner, Yehuda Koren, Eleftherios Koutsofios, John Mocenigo, Stephen North, Gordon Woodhull, David Dobkin, Vladimir Alexiev, Bruce Lilly, Jeroen Scheerder, Daniel Richard G., and Glen Low (2005) "Graphviz — Graph Visualization Software", http://www.graphviz.org/. Page cited on 4th Feb. 2005.

言語処理学会編（2009）『デジタル言語処理学事典』共立出版

蓮見陽子（1991）「同一情報に基づく文章表現の異同についての分析」『計量言語学』18(3): pp.136–144

服部四郎（1980）「日本の記述言語学」『言語の本質と機能』（日本の言語学　第 1 巻）pp.225–292　大修館書店

ジョナサンカラー（2002）『ソシュール』（岩波現代文庫：学術）岩波書店

片桐洋一（1983）『歌枕歌ことば辞典』（第 35 巻　角川小辞典）角川書店

小松英雄（2003）『仮名文の構文原理―増補版―』笠間書院

近藤泰弘（2000）『日本語記述文法の理論』ひつじ書房

近藤泰弘（2001）「コンピュータによる文学語学研究にできること―古典語の「内省」を求めて―」『文学・語学』171: pp.34–43　特集平成 13 年度夏季大会シンポジウム

Lyons, John（1987）『Language and Linguistics（言語と言語学）』岩波書店

第 7 版

松本裕治・今井邦彦・田窪行則・橋田浩一・郡司隆男（1997）『言語の科学入門』（岩波講座言語の科学 1）岩波書店

宮島達夫（1979）「「共産党宣言」の訳語」言語学研究会（編）『言語の研究』むぎ書房 pp.425–517

宮島達夫（1994）『語彙論研究』むぎ書房

中野洋（1976）「「星の王子様」6 か国版の語彙論的研究」『計量国語学』79: pp.18–31

西尾寅弥（2002）「語種」『語彙・意味』（第 4 巻 朝倉日本語講座）朝倉書店 第 1 版 pp.79–109

Saussure, Ferdinand de (1983) *Course in general linguistics...*: McGraw-Hill. tr. of Cours de linguistique generale. from the French by Bally, Charles and Sechehaye, Albert.

鈴木泰（1988）「ウェイランド『修身論』の漢字」『言語の研究』（第 8 巻 近代日本語と漢字）明治書院 pp.128–164

田中牧郎・山元啓史（2014）「『今昔物語集』と『宇治拾遺物語』の同文説話における語の対応」『日本語の研究』10(1): pp.16–31

山元啓史・村井源・ボルホドシチェク（2014）「二十一代集シソーラスのための漸近的語彙対応システムの開発」『じんもんこんシンポジウム 2014、人文科学とコンピュータシンポジウム論文集』2014(3): pp.157–162

山元啓史（2006）「歌ことばの可視化とコノテーションの抽出―グラフによる共出現パターンの作り方―」『じんもんこん 2006、人文科学とコンピュータシンポジウム』2006(17): pp.21–28

山元啓史（2007a）「ネットワークによる歌ことばのモデリング」『語彙研究』2007(5): pp.21–32

山元啓史（2007b）「モデリングによる歌ことばの変遷と分析―八代集・歌ことばシソーラスの開発―」『じんもんこん 2007、人文科学とコンピュータシンポジウム』2007(15): pp.163–170

山元啓史（2007c）「和歌のための品詞タグづけシステム」『日本語の研究』3(3): pp.33–39

山元啓史（2009a）「分類コードつき八代集用語のシソーラス」『日本語の研究』5(1): pp.46–52

山元啓史（2009b）「和歌解析用 MeCab 辞書の開発―八代集解析済みコーパスによる学習―」『第 15 回公開シンポジウム人文科学とデータベース発表論文集』pp.31–36

山元啓史（2010）「八代集用語のモデリングシステム」『じんもんこん 2010、人文科学とコンピュータシンポジウム』2010(15): pp.247–254

山崎誠・柏野和佳子・内山清子・砂岡和子・田島毓堂・山元啓史・韓有錫・薛根洙（2014）「『分類語彙表増補改訂版』へのアノテーション―基本義の決定―」『計量国語学会第五十八回大会予稿集』pp.7–12

付録

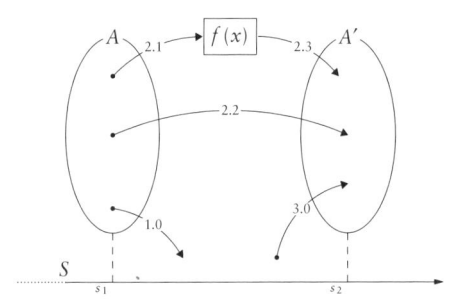

図7 系列比較モデル（共時）：通時のモデルの時間軸 T を共時軸 S にしただけである。ただし、T は時間しか表さないが、共時軸 S は、同じ時に発生した同じテキストの異なる言い方や文化、翻訳、方言など、さまざまな場合が考えられる。

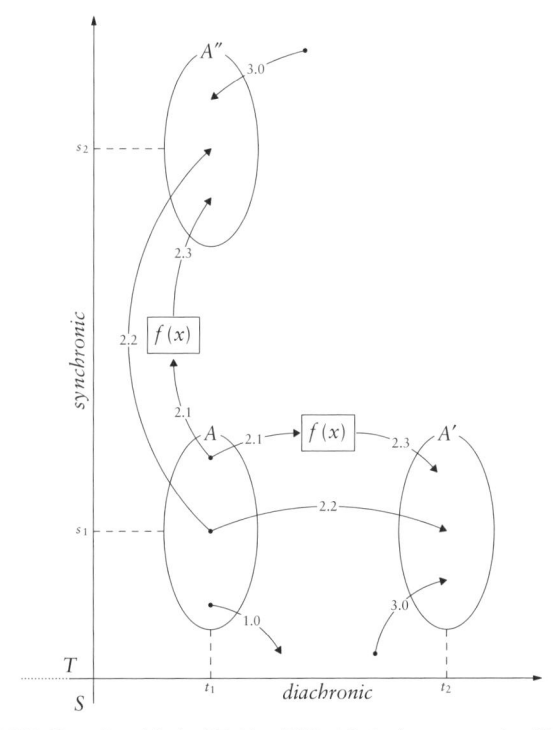

図8 系列比較モデル（共時／通時）：縦軸が共時（synchronic）、横軸が通時（diachronic）。共時と考えられる関係であっても時間の幅を持つ要素が含まれることもある。

平安期の〈名詞句＋係助詞〉の格
その実態から見た係助詞の性質と副助詞との関連性

山田昌裕

1. はじめに

　これまでの係助詞研究は、さまざまな面から行われているが、〈名詞句＋係助詞〉がどのような格成分として使用されているのかという観点からの研究はない。この実態を明らかにすることは、個々の係助詞の性質のみならず、「焦点」や「取り立て」あるいは副助詞との関連性などの研究に関しても寄与するところがあると思われる。

　そこで本稿では、『日本語歴史コーパス　平安時代編』（「中納言」による）を用いることにより＊1、まずは2節において〈名詞句＋係助詞〉がどのような格成分となっているのか、その実態を明らかにする。3節においては、その実態から見えてくる係助詞の性質について述べ、4節においては、言語運用上における係助詞と副助詞との関連性について考察する。

　本稿で扱う係助詞は、いわゆる係り結びにかかわる「コソ」「ゾ」「ナム」「ヤ」「カ」を対象とし、以下の手順によって〈名詞句＋係助詞〉の用例を抽出した。

ａ．短単位検索において、「語彙素読み」でそれぞれ「コソ」「ゾ」「ナム」「ヤ」「カ」とし、「短単位の条件の追加」で「品詞の小分類が助詞‐係助詞」を選択。
ｂ．「前方共起条件の追加」で「品詞の大分類が名詞」を選択。
ｃ．検索結果から『古今和歌集』と散文中の歌を除く＊2。
ｄ．終助詞と見られる例（例①）は除く。
ｅ．時名詞（例②）や数量詞（例③）は格成分から除く。
ｆ．「名詞句＋係助詞＋サ変動詞」（例④）は除く。

① 　中にも古今あまた書き写しなどする人は、みなもおぼえぬべき

ことぞかし　　　　　　　　　　　　　　　（枕草子 p.53）
② 「三十九なりける年こそさはいましめけれ」　　（枕草子 p.290）
③ 　日に一度なむ、御台まゐりにあけたまふ　　　（落窪物語 p.134）
④ 　心あやまりやしたりけむ　　　　　　　　　　（伊勢物語 p.203）

　得られた〈名詞句＋係助詞〉における名詞句の格が、どのような格成分となっているのかは前後の文脈によって判断する。

2.〈名詞句＋係助詞〉の実態

　まずは係助詞が下接する名詞句がどのような格成分となっているのか確認する。またヲ格名詞句全体のなかで、「ヲ」が標示された成分や「ヲ」が標示されない成分と係助詞の承接はどのような様相を呈しているのか、その実態を明らかにする。

2.1　名詞句の格

　表1は、係助詞「コソ」「ゾ」「ナム」「ヤ」「カ」それぞれが下接する名詞句がどのような格成分なのか数値を示したものである。

表1

	コソ	ゾ	ナム
ガ格名詞句	349（94.5%）	226（91.1%）	214（87.0%）
ヲ格名詞句	15（4.1%）	15（6.1%）	21（8.6%）
ガ格またはヲ格名詞句	3（0.8%）	4（1.6%）	4（1.6%）
ニ格またはニテ格名詞句	1（0.3%）		
ニテ格名詞句か？	1（0.3%）	3（1.2%）	3（1.2%）
不明			4（1.6%）
計	369（100.0%）	248（100.0%）	246（100.0%）

	ヤ	カ
ガ格名詞句	201（87.4%）	70（95.9%）
ヲ格名詞句	28（12.2%）	3（4.1%）
不明	1（0.4%）	
計	230（100.0%）	73（100.0%）

【ガ格名詞句の例】

⑤ 「のぞきて見れば、顔こそなほいとにくげなりしか」となむ語りしとか　　　　　　　　　　　　　　　　（大和物語 p.297）

⑥ 三郎なりける子なむ、「よき御男ぞいで来む」とあはするに　　　　　　　　　　　　　　　　　　　　（伊勢物語 p.165）

⑦ ある人なむ「得む」といひけるを　　　（大和物語 p.346）

⑧ おとなびたる人やさるべき隙をも作り出づらむ
　　　　　　　　　　　　　　　　　　　（源氏物語 3 p.50）

⑨ さるを、いかなることかありけむ　　　（伊勢物語 p.132）

【ヲ格名詞句の例】

⑩ 「かの四の君のことこそ、しかじか言ひつれ」
　　　　　　　　　　　　　　　　　　　（落窪物語 p.146）

⑪ この玉の枝に、文ぞつけたりける　　　（竹取物語 p.29）

⑫ 播磨守は、国にて、え知らざりければ、人なむやりける
　　　　　　　　　　　　　　　　　　　（落窪物語 p.327）

⑬ 「その姉君は朝臣の弟妹やもたる」　（源氏物語 1 p.105）

⑭ 「何ばかりの徳か我は見はべる」　　　（落窪物語 p.294）

【ガ格またはヲ格名詞句】

⑮ 「ただこの住み処こそ見棄てがたけれ」（源氏物語 2 p.270）

⑯ まづ対の姫君のさうざうしくてものしたまふらむありさまぞ、ふと思しやらるる　　　　　　　　　　　（源氏物語 2 p.50）

⑰ 「歌などよむは世の常なり。かくをりにあひたる事なむ言ひがたき」とぞ仰せられける　　　　　　　　　（枕草子 p.305）

【ニ格またはニテ格名詞句】

⑱ 「この宮仕へ本意にもあらず、巌の中こそ住まゝほしけれ、また憂きこともあらばいかがせむ　　（和泉式部日記 p.69）

【ニテ格名詞句か】

⑲ 「なほかう思し知らぬ御ありさまこそ、かへりては浅う御心の

平安期の〈名詞句+係助詞〉の格　　39

ほど知らるれ」　　　　　　　　　　　　（源氏物語4 p.408）
⑳　けはひのいとしめやかになまめいたるもてなしぞ、かの御若盛
　　り思ひやらるる　　　　　　　　　　　　（源氏物語5 p.70）
㉑　「時々うけたまはる御琵琶の音なむ昔おぼえはべる」
　　　　　　　　　　　　　　　　　　　　　　（源氏物語5 p.45）

　⑲は「やはりこのように（私の思いを）おわかりにならないご様子から、かえって考えが浅いお心が推し量られます」と夕顔が落葉の宮に不平を言う場面である。⑳は「（薫の）艶やかな振る舞いによって、あの（源氏の）お若い頃のことがふと思い出される」という文意、㉑は「琵琶の音色によって昔が思い出されます」という文意であり、⑲〜㉑のような「思し知らぬ御ありさま」「なまめいたるもてなし」「御琵琶の音」などをここでは原因・理由を示すニテ格と見ておく。

【不明】
㉒　「琵琶なむ、まことの音を弾きしづむる人いにしへも難うはべ
　　りしを、をさをさとどこほることなうなつかしき手など筋こと
　　になん」　　　　　　　　　　　　　　　（源氏物語2 p.243）
㉓　「かかる事なむある。さる事やけしき見たまひし。しのびてあ
　　りさまのたまへ」　　　　　　　　　　　　（枕草子p.393）

　㉒の「琵琶」は「琵琶に関しては」、㉓の「さる事」は「そのような事について」という、いわゆる主題のような振る舞いをしており、ここでは格関係を不明とした。
　さて表1によれば、いずれの係助詞もガ格名詞句に偏って下接していることがわかる。ガ格名詞句は動詞文、形容詞文、名詞文などにおいて使用されるのに対して、ヲ格名詞句は主に他動詞文に限定される。そもそも絶対数に違いがあることが数値に反映していると一旦は捉えておく。

2.2　ヲ格名詞句における係助詞の承接

2.1の数値は係助詞が下接する名詞句の格を見たものであった。ここではヲ格名詞句から見た格助詞や係助詞の承接状況を確認しておく*3。

表2はヲ格名詞句に係助詞が下接する際に、「ヲ」の標示を受けたヲ格名詞句に下接する場合とヲ格名詞句に直接下接する場合との割合を示したものである。

表2

	コソ	ゾ	ナム
ヲ格名詞句＋ヲ	74(83.1%)	97(84.3%)	151(86.8%)
ヲ格名詞句	15(16.9%)	18(15.7%)	23(13.2%)
計	89(100.0%)	115(100.0%)	174(100.0%)

	ヤ	カ
ヲ格名詞句＋ヲ	23(45.1%)	38(92.7%)
ヲ格名詞句	28(54.9%)	3(7.3%)
計	51(100.0%)	41(100.0%)

【ヲ格名詞句＋ヲ＋係助詞の例】
㉔　「さやうならむ人をこそ、同じくは見て明かし暮らさめ」
　　　　　　　　　　　　　　　　　　　　（源氏物語3 p.269）
㉕　「さばかりにては、さな言はせそ。大将殿をぞ豪家には思ひきこゆらむ」　　　　　　　　　　　　　（源氏物語2 p.23）
㉖　「かかる者をなむ、語らひつけて置きためる」（枕草子p.153）
㉗　「おとどをや、あしと思うたまふらむ」　　　（落窪物語p.176）
㉘　「何のさる人をか、この院の中に棄てはべらむ」
　　　　　　　　　　　　　　　　　　　　（源氏物語6 p.283）

【ヲ格名詞句＋係助詞の例】
　⑩～⑭を参照されたい。

ヲ格名詞句に下接する「コソ」「ゾ」「ナム」「カ」は、いずれも

平安期の〈名詞句＋係助詞〉の格　　41

「ヲ」標示のヲ格名詞句に下接することが多いが、「ヤ」だけはその傾向を異にする。

3. 実態から見た係助詞の分析

　係助詞が下接する名詞句は、そのほとんどがガ格名詞句であった。この点はいずれの係助詞にも共通していた。しかし、ヲ格名詞句に下接する場合には、「ヤ」が他の係助詞と一線を画すことが見えてきた。ここでは、2節において確認した実態からどのようなことが読み取れるのか考察する。

3.1　ヲ格名詞句との承接から見た係助詞

　もし係助詞が持つ性質がなんら影響せずに、単純にヲ格名詞句に下接するとすれば、〈ヲ格名詞句＋ヲ＋係助詞〉と〈ヲ格名詞句＋係助詞〉との比率は、ヲ格名詞句における「ヲ」標示と「ヲ」非標示との比率に近い数値になると考えられる。もし、ヲ格名詞句における「ヲ」標示と「ヲ」非標示の割合と、〈ヲ格名詞句＋ヲ＋係助詞〉と〈ヲ格名詞句＋係助詞〉の割合が相違する場合は、そこに何らかの係助詞の性質を読み取ることができるであろう。

　そこでまずヲ格名詞句における「ヲ」標示と「ヲ」非標示の割合を確認したい。「ヲ」標示の用例に関しては、「書字形出現形」で「ヲ」とし、「短単位の条件の追加」で「品詞の小分類が助詞-格助詞」、「前方共起条件の追加」で「品詞の大分類が名詞」で抽出した。「ヲ」非標示の用例は、「品詞の大分類が動詞」、「前方共起条件の追加」が「品詞の大分類が名詞」で抽出し、名詞がどのような格成分となっているかを前後の文脈により確認した（例㉙㉚㉛㉜）。いずれの場合も『古今和歌集』や散文中の和歌は除いた。

【ヲ格名詞句「ヲ」非標示の例】
㉙　まさつら、酒、よき物奉れり　　　　　　（土佐日記 p.21）
㉚　鶏の子抱きて伏したる　　　　　　　　　（枕草子 p.219）
㉛　「さりとも、つひに男あはせざらむやは」と　（竹取物語 p.21）

㉜　馬命婦をもさいなみて、「乳母かへてむ。いとうしろめたし」
　　と仰せらるれば　　　　　　　　　　　　　　（枕草子 p.39）

　ヲ格名詞句における「ヲ」標示は6550例（59.4％）、「ヲ」非標示
は4474例（40.6％）となった。ただし、「ヲ」非標示の検索では
名詞と動詞が隣り合う例しか拾えず、実際のヲ格名詞句における
「ヲ」非標示の割合はもう少し大きな数値となるはずである。ここ
では、ヲ格名詞句における「ヲ」標示は6割弱、「ヲ」非標示は4
割強と大雑把に捉えておきたい。

　さて表2によれば、「ヲ」標示のヲ格名詞句に下接する係助詞は、
「コソ」「ゾ」「ナム」「カ」が83〜92％、「ヤ」が45％である。ヲ
格名詞句における「ヲ」標示が6割弱、「ヲ」非標示が4割強であ
ることを考えると、「コソ」「ゾ」「ナム」「カ」がヲ格名詞句に下接
する場合は、「ヲ」標示への偏りがあるということになる。それに
比して、「ヤ」はヲ格名詞句における「ヲ」の標示非標示に近い数
値であると言える。

　そこで以下では、「コソ」「ゾ」「ナム」「カ」と「ヤ」とに分けて
それぞれの性質を考えてみたい。

3.1.1　「コソ」「ゾ」「ナム」「カ」

　「コソ」「ゾ」「ナム」「カ」が「ヲ」標示のヲ格名詞句に偏るとい
うことは、裏を返せば、はだかのヲ格名詞句に直接下接することが
好まれないということである。表1において、係助詞が下接する名
詞句はガ格名詞句の割合が高く、それはガ格名詞句の絶対数がヲ格
名詞句に勝っているからであると捉えておいた。しかし、係助詞が
ヲ格名詞句との承接において直接の承接が好まれないということを
考慮すると、単なるガ格名詞句の絶対数だけではなく、ここには
「コソ」「ゾ」「ナム」「カ」に共通する何らかの性格が影響している
と思われる。すなわち名詞句に下接する場合、ガ格名詞句や「ヲ」
標示のヲ格名詞句とは相性がよく、「ヲ」非標示のヲ格名詞句とは
相性が悪いという性質があるのではないか。図に示せば、次のよう
な状況である（図1）。

	格助詞なし	格助詞あり
ガ格名詞句＋コソ、ゾ、ナム、カ	◎	
ヲ格名詞句＋コソ、ゾ、ナム、カ	△	◎

図1

3.1.1.1　ガ格名詞句に偏る理由

ではなぜ「コソ」「ゾ」「ナム」「カ」が名詞句に下接する際に、図1のような分布が見られるのであろうか。ここにはいわゆる「焦点」や「強調」という機能が関わっているものと考えたい。

野村（2001）では、係り結びの係りの部分を情報論的に次のように捉えている（下線は山田）。

> 連体形結びの係りの意義を考察するためには、提起されてきた用語の中では「焦点」が適当である。「焦点」は、文の選択的指定点であれば結構であるが、それは恐らく規定として強力すぎる。曖昧化してしまうけれど、「<u>選択的指定点ないし文情報の重要点</u>」の如くに弱い規定を与えれば実際的ではなくなってしまう。

本稿では、野村（2001）のいう「選択的指定点ないし文情報の重要点」を示すことが「コソ」「ゾ」「ナム」「カ」の情報論的な性質の1つであると考えたい（以下、本稿では「選択的指定点ないし文情報の重要点」を「強調点」と呼ぶ）。文中にはさまざまな成分が存在するが、「強調点」はガ格名詞句に置かれやすいのではないだろうか。

尾上（2004）では「名詞項と述語との意味関係を大きく変えないで格助詞で言うとすればガが用いられる項」をガ格項と定義し、「多様なガ格項の共通性とは、一言で言えば、事態認識の中核項目ということであろう」と述べる。「事態認識の中核項目」については次のように説明している。

「月は（が）まるい」と言うとき、「月」について「まるい」ということを語る。「猫がねずみを追いかけている」と言うとき、登場人物は複数あってもそのうちの「猫」を状況描写の中核項目として、「猫」の運動としてそれを語る。人はある状況の中核にモノを求め、固定して、そのモノのあり方あるいは運動としてその事態を語ることになる。──（中略）──「まるい」「白い」というような形や色にしても、まるいという形状をもって存在しているモノ、白いという色を表面から発して存在しているモノの認識なしにそのあり様だけが認識されることはありえない。モノを中核とし、基盤としてこそ、事態は認識されるのである。そのような事態認識の中核項目ないし基盤が主語なのであり、事態を語る言語形式としての文（平叙文および疑問文）に（意味として）主語というものが必ずある理由もここに求められる。

「ガ格項」（ガ格名詞句）が「事態認識の中核項目」であれば「強調点」と重なりやすいであろう。「コソ」「ゾ」「ナム」「カ」がガ格名詞句に偏るのは、先行研究において指摘されている係助詞の性質とガ格名詞句の性質がマッチしているからであると言える。

3.1.1.2 「ヲ」標示のヲ格名詞句に偏る理由
　またこのような背景があるとすれば、ヲ格名詞句に下接する際に、「ヲ」標示が必要となることも理解される。「コソ」「ゾ」「ナム」「カ」が「ヲ」非標示のヲ格名詞句に下接すると、その名詞句が「強調点」としてガ格名詞句であるという認識が先立ち、言語運用上において支障となる場合が出てくる。
　先に示した例（⑩〜⑭、㉔〜㉘）を用いて詳しく見てみよう。

⑩　「かの四の君のことこそ、しかじか言ひつれ」
⑪　この玉の枝に、文ぞつけたりける
⑫　播磨守は、国にて、え知らざりければ、人なむやりける
⑬　「その姉君は朝臣の弟妹やもたる」

⑭ 「何ばかりの徳か我は見はべる」
㉔ 「さやうならむ人をこそ、同じくは見て明かし暮らさめ」
㉕ 「さばかりにては、さな言はせそ。大将殿をぞ豪家には思ひきこゆらむ」
㉖ 「かかる者をなむ、語らひつけて置きためる」
㉗ 「おとどをや、あしと思うたまふらむ」
㉘ 「何のさる人をか、この院の中に棄てはべらむ」

　ヲ格名詞句が出てくるのは他動詞文であるが、例えば、⑩の「四の君のこと」、⑪の「文」、⑭の「何ばかりの徳」などは、意志を持たない名詞句であるため、「ヲ」非標示で「四の君のことこそ」、「文ぞ」、「何ばかりの徳か」のように名詞句に直接係助詞が下接していても、それぞれ対象であることは理解しやすい。ところが、㉔の「さやうならむ人」、㉖の「かかる者」、㉗の「おとど」、㉘の「何のさる人」などは、意志を持つ名詞句であるため、もし「ヲ」非標示で「さやうならむ人こそ明かし暮らさめ」、「かかる者なむ語らひつけて置きためる」、「おとどや、あしと思うたまふらむ」、「何のさる人か、この院の中に棄てはべらむ」であったとすると、対象者ではなく行為者としての解釈が先立ってしまう。このような場合、言語運用上の支障をなくすためには、やはり「ヲ」の標示が必要であろう。
　もちろん㉕のように、「ヲ」を非標示にして「大将殿ぞ豪家には思ひきこゆらむ」としても、「思ひきこゆ」という敬語表現によって「大将殿」が対象であると理解される例も認められるが、やはり「大将殿」が対象であることを伝達する上では、「大将殿ぞ」より「大将殿をぞ」のほうが関係性が明確であろう。事実、〈人名詞＋係助詞〉において、人名詞が他動詞の対象となっている例は稀である。今回調査した用例の中で、〈人名詞＋係助詞〉において人名詞が対象となっているのは、⑫の「人なむやりける」と⑬の「弟妹やもたる」の2例のみであった。一方で、係助詞が下接しない、はだかの人名詞が対象となっている例は、㉛㉜のほか、㉝〜㉟のような例は数多く見られる。

㉝ 「二条院には、人迎へたまふなり」と人の聞こえければ
(源氏物語1 p.316)
㉞ さらに、他人ものしたまふらむといふこと知らざりければ
(源氏物語6 p.27)
㉟ かやうの人隠しおきたまへるなるべしと思し得ることもありて
(源氏物語6 p.113)

　このように「コソ」「ゾ」「ナム」「カ」が「ヲ」標示のヲ格名詞句に多く下接するのは、「コソ」「ゾ」「ナム」「カ」が「ヲ」非標示のヲ格名詞句に下接すると、ガ格名詞句と混同される可能性があるからであると考えられる。このことは「コソ」「ゾ」「ナム」「カ」が「強調点」を示す性質を持っているということに起因すると考えられる。

3.1.2 「ヤ」

　「ヤ」が名詞句に下接する場合には、「コソ」「ゾ」「ナム」「カ」と同様、ガ格名詞句への偏りが見られた。その点においてはやはり「強調点」を示す性質があるものと思われる。しかし一方で、ヲ格名詞句に下接する場合は、「コソ」「ゾ」「ナム」「カ」とは異なり、はだかのヲ格名詞句に下接する割合が高かった。そこには「コソ」「ゾ」「ナム」「カ」にはない、「ヤ」の性格が反映されているものと思われる。他の係助詞とどのような点が異なるのであろうか。
　「ヤ」がはだかのヲ格名詞句にも高い割合で下接しているということは、ガ格名詞句との混同が少ない、言い換えればガ格名詞句への志向が弱いということであり、それは「ヤ」が「コソ」「ゾ」「ナム」「カ」に比して、「強調点」を示すという性質が弱いことを示唆するであろう。
　上代から中古にかけて係助詞「ヤ」が係助詞「カ」の領域を侵したことは周知のことであるが、野村（2001）では、「ヤ」の係り結びの展開に関して次のように述べる。

　「カ」に近いところのある「ヤ」が「カ」のあるべき場所に侵

入した。「ヤ」が間投助詞的であることは、この侵入を容易にしたであろう。

「ヤ」が間投助詞的であることを指摘し、さらに「ヤ」の情報論的な性質に関して、「ヤは特に不望予想[*4]を表すにふさわしい表現性をそなえており、その結果ヤによる係りは、全体として焦点を示す割合が相当に小さい」「情報論的には重要ではないにせよ、情意的な意味での卓立ということは不望予想文で特に顕著である。それがためにヤの意味規定は、しばしば「詠嘆」とされてきたのではないかと思う」と述べている。

「ヤ」は、係り結びという点では他の係助詞と同じであるが、野村（2001）によれば、間投助詞的な性質をも有し、他の係助詞に比して「強調点」を示すという性質が弱かったと考えることができよう。その性質によって、ガ格名詞句への偏りを見せつつも、はだかのヲ格名詞句に下接する割合が他の係助詞に比して高くなっているという結果に結びついていると考えられる。

4. 係助詞と副助詞との関連性

近藤（2003）には「とりたてと係助詞の差」に関する記述があるが、簡単にまとめると以下のような点を指摘する。

a．とりたて（副助詞）は、英語の副詞に相当するが、係助詞には相当する訳語がない。つまり、副助詞の実質的意味はかなり明確であるが、係助詞ははっきりしない。
b．係助詞の中心的機能は「卓立の強調（プロミネンス）」であり、とりたての機能とは意味論的に別種のものである。
c．「とりたてのフォーカス」や「卓立の強調」を説明する際には「自者」「他者」という概念が必要である。
d．同じ状況を説明する際に、とりたてと卓立の強調のどちらを使ってもよい場合が多く、意味論的には近い部分がある。
e．とりたては基本的に1文に1回だけ出現し、2回以上は不自然

になるが、1文中に卓立の強調ととりたてが両方出現することは可能である。卓立の強調はとりたてそれ自体を強調することもできる。

　係助詞と副助詞の機能に関して、意味論的には別種であると認めながらも（b）、実際の運用においては意味論的に近い（c、d）と述べる。
　ここでは近藤（2003）の指摘を受け、係助詞と副助詞の言語運用上の連続性について考えてみたい。山田（2012）では、平安期において名詞句に下接する副助詞「ノミ」「サヘ」「ダニ」「バカリ」が、どのような格成分の名詞句に下接しているのか調査をおこなった。表3は副助詞がどのような格成分に下接しているのかを示したものである。

表3

	ノミ	サヘ	ダニ	バカリ
ガ格名詞句	503(95.4%)	431(91.4%)	436(90.0%)	120(66.7%)
ヲ格名詞句	24(4.6%)	34(7.2%)	37(7.6%)	60(33.3%)
ニ格名詞句		3(0.6%)	11(2.3%)	
ト格名詞句		1(0.2%)		
不明		3(0.6%)	3(0.1%)	
計	527(100.0%)	472(100.0%)	487(100.0%)	180(100.0%)

　4種の副助詞の中において、「ノミ」「サヘ」「ダニ」のガ格名詞句への偏りは係助詞の振る舞いに共通するものがある。このように副助詞の中にもガ格名詞句に偏るものがあるわけであるが、これはいわゆる「取り立て」と「事態認識の中核項目」であるガ格名詞句とは、やはり相性がいいということなのであろう。
　表4は「ノミ」「サヘ」「ダニ」「バカリ」がヲ格名詞句に下接する際の、「ヲ」標示、「ヲ」非標示の数値を示したものである。
　ヲ格名詞句に下接する場合も、「ノミ」「サヘ」「ダニ」が「コソ」「ゾ」「ナム」「カ」と同様の振る舞いをしていることがうかがわれる。

表4

	ノミ	サヘ	ダニ	バカリ
ヲ格名詞句＋ヲ	237(90.8%)	178(84.0%)	376(91.0%)	135(69.2%)
ヲ格名詞句	24(9.2%)	34(16.0%)	37(9.0%)	60(30.8%)
計	261(100.0%)	212(100.0%)	413(100.0%)	195(100.0%)

　このように見てくると、係助詞「コソ」「ゾ」「ナム」「カ」と副助詞「ノミ」「サヘ」「ダニ」に言語運用上の連続性を認めることができるのではないかと思われる。

　「強調点」と「取り立て」との上位概念をここでは「焦点」として考えてみたい。同類のものとの比較において、いわば相対的に「焦点」を当てるのが「取り立て」であり、同類との比較をすることなく、いわば絶対的（あるいは情意的）に「焦点」を当てるのが「強調点」と考えると、言語運用上の連続性が認められるのではないだろうか。

　「ヤ」に関しては、ガ格名詞句に偏って下接する点においては「コソ」「ゾ」「ナム」「カ」と同様であるが、ヲ格名詞句においては、はだかのヲ格名詞句にも多く下接しており、一線を画していた。これは「ヤ」がいまだ間投助詞としての性格を帯びていることによって、「強調点」を示すという性質が他の係助詞に比べ弱いからであると考えられた。したがって言語運用上における副助詞との連続性も弱いものと考えられる。

　言語運用上における係助詞と副助詞の連続性を図にまとめると以下のようになるであろう。

運用	言語運用の焦点		
機能	「強調点」　　　　　　　　　　　　　　　　　　絶対的焦点弱 ←――――→ 絶対的焦点強		「取り立て」　相対的焦点
語	（ヤ）	（コソ、ゾ、ナム、カ）	（ノミ、サヘ、ダニ）
品詞	間投助詞	係助詞（係り結び）	副助詞

図2

5. まとめ

　本稿では、係助詞が下接する名詞句がどのような格成分となっているのか、その実態を明らかにしたうえで、その背景に何が読み取れるのか考察した。

a．「コソ」「ゾ」「ナム」「ヤ」「カ」はガ格名詞句に偏る。
b．「コソ」「ゾ」「ナム」「カ」は「ヲ」標示のヲ格名詞句に偏るが、「ヤ」には偏りが見られない。
c．「コソ」「ゾ」「ナム」「カ」は「強調点」を強く示し、「ヤ」のそれは弱い。
d．「コソ」「ゾ」「ナム」「カ」は言語運用上、副助詞との連続性が認められる。「ヤ」は間投助詞的な性質が認められる。

---

*1　本稿で扱うデータは、2013年7月の検索結果である。
*2　「ナム」が原則として和歌中では使用されないことは周知のことであり、また和歌中には散文よりも古い状態が残っていることが予想されるため、今回の調査からは除くことにした。和歌における係助詞のあり方と散文における係助詞のあり方の相違に関しては今後の課題としたい。因みに、「コソ」583例中105例、「ゾ」876例中247例、「ナム」406例中3例、「ヤ」619例中163例、「カ」313例中92例が和歌中や詞書中の例であり、これを除くことになる。
*3　ニ格またはニテ格に下接する係助詞は「コソ」1種しか見られないので、ここではヲ格名詞句のみ分析対象とする。
*4　野村（2001）でいう「不望予想」とは、係りの「ヤ」「カ」を持つ文の意味内容を4種（疑問、問い、反語、不望予想）に分類したうちの1種である。将来の事態を予想しており、その予想内容が話者にとって望んで待たれるような事態ではないものを言う。

参考文献

尾上圭介（2004）「主語と述語をめぐる文法」『朝倉日本語講座6』pp.1–57 朝倉書店
近藤泰弘（2003）「とりたての体系の歴史的変化」『日本語のとりたて―現代語

と歴史的変化・地理的変異―』pp.243–256　くろしお出版
野村剛史（2001）「ヤによる係り結びの展開」『国語国文』70(1): pp.1–34
山田昌裕（2012）「古典語に見られる〈名詞句＋副助詞〉の格」『青山語文』42: pp.30–40

受諾場面における形容詞使用の実態
中古語「よし」「やすし」の場合

高山善行

1. はじめに

　配慮表現の歴史的研究は新しい研究領域であり、表現形式の運用的側面に重点を置くところに特長がある。これまでの歴史的研究は文法史に関わるものであり、語彙の運用面についてはあまり取り上げられていない。本稿では、配慮表現が発達していく流れのなかで形容詞語彙の運用について考えてみる。中古語の形容詞「よし」「やすし」を取り上げて、受諾場面における用法を観察してみたい。

　2節では、配慮表現の史的研究について概説し、そのなかでの本稿の位置付けをあきらかにする。3節では、使用する資料、分析方法について述べる。4節では、実際に観察・分析を行う。実例にもとづいて、受諾場面における「よし」「やすし」の実態を見ていく。5節では、本稿の記述を方言研究の観点から捉え直す。最後に、6節で今後の課題・展望について述べる。

2. 問題のありか

2.1 本稿の目的

　最初に、配慮表現の歴史的研究の概要と本稿の位置付けについて述べておきたい。現代日本語の研究において配慮表現の研究が盛んに行われているが、歴史的研究では配慮表現という枠組みでの研究はまだあまりなされていない[1]。これまでの日本語史研究のなかで、配慮表現に関わる研究が全くないわけではない。伝統的な国語学では敬語史研究があり、その成果が積み上げられている。ただ、対人配慮に関わる表現は敬語だけではない。たとえば、「文タイプの選択（「疑問文」「命令文」など）」「前置き表現」「ぼかし表現

（婉曲表現）」「談話構成」なども、その範囲に入ってこよう。従来の日本語史研究ではそれらについては、あまり光が当たっていないように見える。対人配慮については敬語史の領域を超えて、より広く配慮表現史というスケールで考えていくのが望ましいように思われる。

　対人配慮に関わる表現は文法史との関わりが深い。にもかかわらず、実際には文法史研究で研究の範囲の外に置かれていた。その背景としては、文法史の方法論のあり方が考えられる。従来は助詞、助動詞の意味・機能についての記述に重点が置かれ、表現形式を基盤とした文法研究―「形式基盤型研究」と呼んでおく―が推進されてきたといえる。その反面、日本語史において言語行動（「感謝」「謝罪」「依頼」など）の記述は立ち遅れていた。配慮表現への注目は、個々の表現形式の運用面に光を当てることになり、文法史研究にとっても有益なものになろう。

　ここまで配慮表現と文法史の関係について述べたが、語彙史との関係についてはどうであろうか。そもそも、配慮表現の枠組みで研究がなされてこなかったので当然のことではあるが、この観点から論じた研究はあまり見られないようである。本稿では、配慮表現と語彙史との関係について考える１つの事例として、形容詞語彙を取り上げてみたい。

2.2　形容詞の運用面

　現代語、古代語ともに、形容詞の分析には様々な観点、立場がある。たとえば、川端（1983）では、文論を基盤とした原理的研究がなされている。田中（2000）は形容詞の統語面に焦点を当てている。八亀（2008）は言語類型論の立場から形容詞の文法的特徴について論じている。これらは、いずれも形容詞研究において重要なものである。一方、運用面についてはあまり光が当たっていないように見える。形容詞に限らないが、語の運用面に目を向けることは、コミュニケーションのあり方を観察していく上では不可欠といえる。

　現代語で以下のような例について考えてみよう。

(1) 依頼・断りの場面
　　A：よかったら、この仕事引き受けてくれませんか。
　　B：悪いけど、忙しいので、お断りします。

(2) 依頼を受諾する場面
　　A：いいですよ、おやすいご用ですよ
　　B：悪いなあ、忙しいときに頼んじゃって…。

(1)はいずれも前置き表現である。これらを付加することで、配慮の度合いが増している。そこでは、「いい（良）」「わるい（悪）」という形容詞が用いられる。(2)は受諾場面であるが、ここでも、「いい」「わるい」「やすい（易）」という形容詞が用いられる。これら3つの形容詞は、意味分類で評価形容詞とされるものである。しかし、上記の例では、事柄に対する評価の意味を積極的に表しているわけではない。

　形容詞は配慮表現と無関係とはいえない。とりわけ、評価、感情を表す形容詞は対人配慮と関係が深いといえる。本来、配慮表現は、〈気遣い〉〈心配り〉といった発話主体の心との関わりが深いものであるが、形容詞には、《心情》《評価》を表すタイプの語があり、それらの意味は心と直結すると思われる。

2.3　歴史的研究

　現代語の対人配慮において形容詞が一定の役割を果たすことは明らかであるが、歴史的観点からはどうなるだろうか。史的研究で形容詞の運用面に光を当てた研究は少ないが、管見の範囲では以下のものがある。

　柴田（1998）は同意を表す「よかなり」についての記述的研究である。形容詞「よし」に助動詞「なり」が付加してできた「よかなり」を応答表現のなかで位置付けており、示唆に富む論考である。

　小柳（2014）は上代語の対人配慮について調査したものである。同論文では、受諾場面において評価、感情の形容詞の使用を指摘し、以下の例を挙げる。

(3) ［伊耶那岐命］「国土を生み成さむと以為ふ。生むは奈何に」
　…、伊耶那美命の答へて曰ひしく、「然、善し［然善］」と
　いひき。　　　　　　　　　　　　　　　（古事記、上・32）
　（伊耶那美命は答えて、「それは、いいですね」と言った）

(4) ［伊都之尾羽張神が神々に］答へて白さく、「恐し［恐之］。
　仕へ奉らむ。…」　　　　　　　　　　　（古事記、上・106）
　（答えて、「恐れ多いことです。お仕えします。…」）

　　　　　　　　　　　　　　　　　　　（小柳 2014・65-66）

　上代語「かしこし（畏）」は使用範囲が広く、受諾以外にも用いられることに注意する必要がある。
　森野（2014）は、中世語において形容詞語彙が対人配慮と関係することを示唆する。現代語では、受諾の際、依頼者に配慮して、「負担が軽い」ことを示す場合がある。先に挙げた「おやすいご用です」のほか、「全然問題ありません」「簡単にできます」のような表現である。それと類似した表現が中世語でも見られるという。『宇治拾遺物語』では、受諾場面で評価形容詞「やすし（易）」が用いられ、受諾者は依頼内容が容易に実行できることを表明している。

(5) （若い女房）「仮名暦書きて給べ」といひければ、僧、「やすき事」といひて書きたりけり。　　　　　　（巻5・182）
　（「仮名暦を書いてください」と言ったので、僧は「おやすいこと」と言って書いた。）　　　　　　　（森野 2014・105）

(6) （郡司）「御臨終の時、いかにしてかあひ申すべき」…（上人）「いとやすき事にありなん」と答ふれば、
　　　　　　　　　　　　　　　　　　　（巻15・478-479）
　（（郡司）「どうすれば御臨終の時にお会いできましょうか」…（上人）「まことにたやすいことじゃ」と答えたので、）

　　　　　　　　　　　　　　　　　　　（森野 2009・206）

　　　　　　　　　　※以上、現代語訳は筆者が補っている

(5)(6)は、後に現代語の慣用表現として用いられる「おやすいご用です」につながるものであり、配慮表現に至る前段階と考えられる。

本稿では、これらの先行研究をふまえて、受諾場面における形容詞の使用について見ていくことにしたい*2。具体的には、中古語「よし」「やすし」を取り上げて記述分析していく。両者が受諾場面において、どのような形で、どのように用いられるかを観察してみたい。

3. 方法

本稿での調査分析の方法について述べておく。用例収集については、国立国語研究所で開発され、2012年12月よりオンライン公開中の『日本語歴史コーパス　平安時代編』(以下、単に「コーパス」と呼ぶ)を用いる。用例検索は、このコーパスの検索システムである「中納言」を用いることにする。このコーパスで用例検索を行った上で、個々の用例を吟味していく。コーパスで採用されている文学作品を資料(本稿末尾に一覧を示す)とする。本文は、「新編日本古典文学全集(小学館)」に依拠している。本稿での用例本文と現代語訳は基本的に新編全集本によることにする。ただし、新編全集本の現代語訳については問題がないわけではない。特に、「よし」「やすし」の部分については、慎重に扱う必要があるので、用例理解の参考のために挙げている。

次に、本稿で扱う受諾について述べておく。本稿では、他者から依頼、命令、勧誘、要請を受け、それに対して受け入れる意思を表す表現を受諾表現とする。実際の用例では、依頼、命令、勧誘は連続的であるので、それらを無理に分けることはしない。

受諾場面の実例を挙げておこう。

(7) (かぐや姫)「五人の中に、ゆかしき物見せたまへらむに、御こころざしまさりたりとて、仕うまつらむと、そのおはすらむ人々に申したまへ」といふ。(翁)「よきことなり」

と受けつ。　　　　　　　　　　　　　　　　（竹取・23）
(「五人の中で、私が見たいと思う品物を目の前に見せてくださる方に、ご愛情がまさっているとして、お仕えいたしましょうと、その、そこにいらっしゃるらしい方々に申しあげてください」と言う。翁は「結構だ」と承知した。)

　上記は、かぐや姫からの依頼に対して、翁が受諾する場面である。ここでは、「よきことなり」が受諾表現として用いられており、形容詞「よし」が用いられている。先取りして述べれば、実際の用例では、「よし」「やすし」が単独で受諾を表すことはほとんどなく、(7)のように「〜こと」名詞句の形をとることが多いのだが、その点については後述する*3。

4. 観察・分析

「よし」「やすし」の全用例数を表1に挙げる。

表1「よし」「やすし」の全用例

	竹取	伊勢	大和	土佐	古今	和泉	落窪	枕	源氏	紫	計
よし	16	11	19	11	7	6	112	114	263	20	579
やすし	3	0	2	0	2	0	6	5	25	3	46

　「よし」は579例、「やすし」は46例であり、用例数には偏りがある。「やすし」については「安」「易」の二種の意味があり、本稿で重要なのは後者の意味である。「やすからず」の例が81例あるが、前者の意味が否定を伴って副詞化したものであると見なし、考察の対象から除外した。「やすし」の用例は、その処理の結果である。
　次に、以上の用例のなかから、受諾で用いられたものを抽出する。結果を表2で示す。
　実際に用例を観察してみると、中古語において、「よし」「やすし」で受諾を示す表現はほぼ定型化している（高山2012a参照）。つまり、「よし」の場合は「よきこと」「よかなり」、「やすし」の場

表2 「よし」「やすし」の受諾用法

		竹取	伊勢	大和	土佐	古今	和泉	落窪	枕
よし	よきこと	6	1	3	0	0	0	2	2
	よかなり	0	0	0	0	0	0	11	1
やすし	やすきこと	0	0	1	0	0	0	2	2

		源氏	紫	計
よし	よきこと	0	0	14
	よかなり	3	0	15
やすし	やすきこと	0	0	5

合は「やすきこと」という形をとる。例外は一例のみである。それぞれの用例数は表2参照。全体的に受諾場面での用例数は多くないが、これは文芸作品の文章のなかで、受諾場面が積極的に描かれていないことに起因するのであろう。作品中で「依頼―受諾」のやりとりを描写するかどうかは、作品論の領域であろう。

ここで分布の傾向について概観してみよう。作品の言語量から考えると、「よきこと」については『竹取物語』の多さが目立つ。「よかなり」は『落窪物語』での使用が多い。「よかなり」は平安初期作品には見られず、中期になって出現している。

以下では、表2で示した「よし」「やすし」の用例について見ていくことにしよう。

4.1 「よし」
4.1.1 「よきことなり」
まず、「よきことなり」の用例を見ていく。

(8) (かぐや姫)「〜、そのおはすらむ人々に申したまへ」といふ。(翁)「<u>よきことなり</u>」と受けつ。　　　　　(竹取・23)
（「(五人の中で私が見たい品物を見せてくれる人にお仕えすることを) そこにいらっしゃるらしい方々に申しあげてください」と言う。翁は「結構だ」と承知した。）

受諾場面における形容詞使用の実態　　59

かぐや姫が翁に対して、「5人の求婚者に品物を持ってきてほしい」という旨を伝えることを頼む場面である。

(9) (帝)「〜御狩の御幸したまはむやうにて、(かぐや姫を)見てむや」とのたまはす。…(翁)「いと<u>よきことなり</u>。…」
(竹取・60)
(「〜御狩の行幸を私がなさるようなふりをして、かぐや姫を見てしまえるだろうか」とおっしゃる。…「たいへん結構なことです。…」)

帝が翁に対して、狩をよそおってかぐや姫に会いにいくことを提案する。それに対して翁が受諾する。

(10) この忠岑がむすめありと聞きて、ある人なむ、「得む」といひけるを、「いと<u>よきことなり</u>」といひけり。(大和・346)
(この忠岑に娘がいると聞いて、ある人が「もらいたい」といったところ、「たいそう結構なことです」といった。)

ある人が壬生忠岑に娘をもらいたいと申し出る。それを忠岑が受諾する場面である。

(11)「〜この川に浮きてはべる水鳥を射たまへ。それを射あてたまへらむ人に奉らむ」といふ時に、「いと<u>よきことなり</u>」といひて射るほどに、…。 (大和・369)
(「〜この川に浮いております水鳥を射てください。それを射あてなさったならば、その方に娘をさしあげましょう」というときに、「結構です」といって射るところに、…。)

「川に浮いている水鳥を射た人に娘を差し上げる」という娘の親の提案に対して、求婚者たちが同意する場面。

(12)「〜さは、題出ださむ。歌よみたまへ」と言ふ。「いと<u>よき</u>

事」と言へば、　　　　　　　　　　　　　　（枕・198）
（「～それなら、題を出しましょう。歌をお詠みください」
と言う。「それはたいへん結構なことだ」と言うので、）

作者が藤原信経に向かって、「題を出すので、歌を詠む」よう求めた。その求めを受諾している。

  4.1.2 「よかなり」
  受諾の際に、「よかなり」が用いられる例も見られる。この「なり」は撥音便を受けているので、いわゆる「終止なり」と見られる。「終止なり」は、「伝聞・推定」を表すとされるが、「よかなり」の「なり」がそのような意味を表しているとは認めがたい。「なり」が実質的な意味を喪失して定型的な表現になったと見られる[*4]。

(13)「物どもはいとよかなり。いかにもいかにも使ひたまへ」
　　　　　　　　　　　　　　　　　　　　　　（落窪・56）
　　（ご依頼の品々はまったく承知いたしました。どのようにも
　　ご自由にお使いください。）

あこぎが結婚第三夜の儀式のために餅などの品物を送るよう叔母に頼む手紙を送った。その返事として、叔母が品物を送ることを受諾している[*5]。

(14)消息を言はむに、「よかなり」とは、誰かいはむと、げにぞ
　　をかしき。　　　　　　　　　　　　　　　（枕・36）
　　（都合を尋ねられた時に、「さしつかえないようです」とは
　　だれが言うはずがあろうか、と、なるほどおかしい。）

生昌が女房のいる局にふすまをあけて入ろうとして、「候はむはいかに」と繰り返したのに対して、入りたければ黙って入ればよいが、「だれも「いいですよ」とは言わないだろう」という。この例では、「よかなり」が依頼・命令の受諾の言葉としてメタ的に使用

される。この時期に、定型的表現となっていたことをうかがわせる例である。

> (15)「紀伊守にて親しく仕うまつる人の、中川のわたりなる家なむ、このごろ水堰き入れて、涼しき蔭にはべる」と聞こゆ。(源氏)「いと<u>よかなり</u>。なやましきに、牛ながら引き入れつべからむ所を」とのたまふ。　　　　　　　　（源氏・1-92）
> （「紀伊守で、親しくお出入りしております者の、中川のあたりの家が、近ごろ水を堰き入れて、涼しい木陰でございますが」と一人が申しあげる。「まことに結構ではないか。どうも大儀だから、牛ごと車を引き入れられる所にしたいな」と仰せになる。）

源氏の方違えの行き先を思案していたところ、女房のひとりが、紀伊守の中川あたりの家を提案する。源氏がその提案を受け入れている。目上の者が目下の者からの提案を受け入れており、依頼・命令に対するものではないが、受諾に含めておく。

「よし。」のように形容詞を単独で用いるのではなく、助動詞「なり」を下接させている点が注意されるが、その点については後述する。以上、「よかなり」の例を見てきた。

4.1.3　非受諾の例

ここまで、「よし」が受諾表現で使用される例を見てきたが、「よきこと」という形であれば、すべて受諾を表すというわけではない。非受諾の場合の例を挙げておこう。

> (16)「津の国といふ所の、いとをかしかなるに、いかで難波に祓へしがてらまからむ」といひければ、「いと<u>よきこと</u>。われもろともに」といひければ、…。　　　　　　　（大和・377）
> （「摂津の国という所はたいそう景色のよい所だそうですから、どうかして難波に祓えしがてら行ってみたいと思いま

す」といったところ、「それはたいへんよいことだ。私もいっしょに行こう」といったので…。）

摂津の国に行くことを「それは良い事だ」と評価する。この例は、事柄への評価の意味が濃厚である。

(17)「今宵、もし、月、おもしろくは、来かし。たばかり見つべくは」といひたれば、「なにの<u>よきこと</u>」と、来にけり。
　　　　　　　　　　　　　　　　　　　　　　　（平中・507）
（「今宵、もし月がよかったなら、お出でなさいよ。うまく計らえそうなら、やってみましょう」といってくれたので、「それはありがたい」とばかりに、やって来た。）→「なにのよきこと」

月夜の晩に、好意をもった女性を誘い出す申し出に対して同意している場面。

(18)「いとをかしき君ぞかし。うち語らひて出で入りせむに、いと<u>よきこと</u>かな」と許しければ、　　　（落窪・147）
（「それはまことに結構なお方ですよ。私とお互いに親しく語らってこの邸に出入りするのは、まったくすばらしいことだなあ」と、賛同したので、）

蔵人の少将が四の君の婿君をたずねたところ、左近少将であるとの答えを受けて、良い事と評価して賛同している。

4.2　「やすし」
受諾で用いられた「やすし」の例を見ていくことにする。

(19)（かぐや姫）「まこと蓬莱の木かとこそ思ひつれ、かくあさましきそらごとにてありければ、はや返したまへ」といへば、翁答ふ、（翁）「さだかに作らせたる物と聞きつれば、

受諾場面における形容詞使用の実態　　63

返さむこと、いとやすし」と、うなづきをり。（竹取・35）
（「ほんとうに蓬莱の木かしらと思っていましたよ。けれど、このように意外な偽りごとだったのですから、早くお返ししてください」と言うと、翁が答えるには、「たしかに、作らせた物だと私も聞きましたので、お返しすることは、いとも簡単です」とうなずいて控えている。）

くらもちの皇子が持ってきた蓬莱の木が偽物であったことを知り、かぐや姫が翁に返却を頼む場面。(19)では、「やすきこと」のような名詞句の形をとらず、「～こと、（いと）やすし」と主述構造になっている。

(20)「いとせちに聞えさすべきことありて、殿より人なむまゐりたると、聞えたまへ」とありければ、「いとやすきことなり。…」　　　　　　　　　　　　　　　　　　　　（大和・415）
（「御殿から人が参ったと申しあげてください」と申しあげた。すると、「たいへんたやすいことです。…」）

大和という女が宮中に行って、少将への面会を求める場面。

(21)（女房）「この雪の山いみじうまもりて、童べなどに踏み散らさせずこぼたせで、よくまもりて、十五日まで候へ…」…（庭木番）「いとやすき事。たしかにまもりはべらむ。～」　　　　　　　　　　　　　　　　　　　　　　　（枕・160）
（「この雪山をよくよく番をして、子供たちに踏み散らされたり、こわされたりしないで、よく番をして十五日まで残るようにしておけ」…「至極たやすいことです。たしかに番をいたしましょう。～」）

雪の山がいつまで保つかの賭をする場面。作者が庭木番に、雪山が子供にこわされないよう見張り番を依頼する。それを庭木番が受諾している。

(22)「〜ただ老いたる父母のかくれ失せてはべる、たづねて、都に住まする事をゆるさせたまへ」と申しければ、「いみじうやすき事」とて、ゆるされければ、　　　　　（枕・365）
（「〜ただ年をとっている父母が失踪してどこかにおりますのを探し出して、都に住わせることをお許しあそばしてくださいまし」と申しあげたところ、「たいへんたやすいことだ」ということで、許されたので、）

中将が帝に対して、功績の報酬として、父母を都に住まわせることを願い出て、許される場面。

4.3　本節のまとめ

本節では、受諾場面での「よし」「やすし」の使用例を観察してきた。そのなかで特徴的な点を挙げておく。

［特徴］
1)　「よし」「やすし」は単独で用いず、ほとんどの場合、「〜こと（なり）」のように句の形をとる。
2)　「よし」には「よかなり」という固定化した形がある。
3)　「〜こと」形式の場合、多くの例が程度表現「いと」「いみじ」と共起している。

以下では、上記の特徴について順に説明していく。
1)については、「形容詞＋コト」型名詞句ということになる。このタイプの表現についてコーパスで検索すると、1152例ある。「よきこと」「やすきこと」は述語で用いられているが、述語用法に絞ると159例用いられている。形容詞で最も多いのは「なし」17例であり、「よし」15例、「同じ」8例、「あやし」「うれし」「難し」「はかなし」7例である。

2)については、「よかなり」は平安初期成立作品には見られないが、平安中期には慣用表現として定着していたようで、メタ的に使

用された『枕草子』の例からもそれがうかがえよう。この場合の「なり」の意味はよくわからない。「よし。」と言い切ることを回避するために、婉曲的用法で用いられているのかもしれない。

　3)については、程度表現とコト名詞句の共起の実態を調査してみないと確実なことは言えない。ここで注意しておきたいのは、程度強調の表現が話し言葉的要素の可能性があるということである。定延（2003）は、言語情報を「体験と知識」の観点から論じた興味深い論考であり、程度強調が話し言葉の特徴であることが指摘されている*6。ちなみに、今回の調査では、受諾における「よし」「やすし」はほとんどが会話文の例である。程度表現（「いと」「いみじう」）が話し言葉を反映している可能性はあると思われる。
　以上、受諾場面の特徴について述べた。

5. 方言研究の視点から

　この節では、方言研究の視点から前節での観察結果を捉え直してみたい。小林・澤村（2009）では、感動詞、挨拶表現、言語行動、談話構成について調査・検討を行い、地理的分布に反映した言語的発想法の変遷パターンとして、以下の4点を提示している。

> ①非定型的な表現から定型的な表現へ
> ②直接的な表現から間接的な表現へ
> ③主観的な表現から客観的な表現へ
> ④無配慮的な表現から配慮的な表現へ

　この①〜④の観点から、前節で見てきた特徴について考えるとどのようになるだろうか。
　その前に、本稿での観察を整理して、上代から中古への変化を整理しておく。上代語については、小柳（2014）の観察に従う。
　まず、上代で「よし」のように普通の形で用いられたものが、中古になると「〜こと」のかたちで定型化していることが指摘できる。「よし」「やすし」をそのまま使うのではなく、いったん「こと」で

表3　形容詞による受諾表現

	奈良時代	平安時代
かしこし（恐）	カシコシ	—
よし（善）	ヨシ	ヨキコト（ナリ） ヨカナリ
やすし（易）	—	ヤスキコト（ナリ） （ヤスシ）

まとめて名詞化した上で使うのは、「直接的表現から間接的表現へ」という流れにあてはまるだろう。「よし」「やすし」は評価形容詞であり、感情形容詞ほどではないが、主体の主観を帯びているといえる。それを「こと」と名詞句にすることで、客観的表現になっていると思われる。それらは、「よしϕ。」「やすしϕ。」のような言い切りによる断定を回避しているという意味で、婉曲的表現になっているといえる。

　以上のように考えると、①〜③にはあてはまっているように思われる。④については、実際の用例で「よし」「やすし」が積極的に配慮を示しているとは認められず、あてはまらない。

　以上、言語的発想法の観点から述べてきた。

　ここまでの考察から、「〜こと」形式の表現については以下のような表現の変化を想定することができると思う。

（Ⅰ）　名詞句化：「よきこと」「やすきこと」　cf.「〜コト、〜ヤスシ」*7

↓

（Ⅱ）　述語用法の獲得：「よきことなり」「やすきことなり」

↓

（Ⅲ）　表現の定型化：「よきこと（なり）」「やすきこと（なり）」

　「よかなり」の成立過程については不明であるが、「なり」が推定形式としての活力を失ってきた後で表現が固定化したものと思われる。

6. 展望・課題

　本稿では、中古語形容詞「よし」「やすし」が受諾場面で用いられる例について観察した。配慮表現研究の枠組みでは文法の運用面だけでなく、語彙の運用面についても扱うことができる。対人配慮表現が定型化してくるのは、近代以降であるが、その前段階としての古代語の様相を見てきた。今後は受諾以外の場面において、形容詞がどのように運用されるか見ていきたい。また、古代語との対照を通して現代語の形容詞表現の運用面を相対化し、捉え直すことも必要になるであろう。

＊1　配慮表現の歴史的研究の概要については、青木（2012）、野田・髙山・小林編（2014）参照。
＊2　今回は考察の対象としないが、受諾を動詞で表す例もある。
　　「はかばかしからぬ女子どものいとあまた侍る。よくよくかへりみたまへ」と申したまふ。「うけたまはりぬ。…」
　　（「ふつつかな姫たちがたいへん大勢おります。よくお世話してください」と申しあげなさる。「承知しました。…」）　　　　　　　　（落窪・287）
この例では、動詞「承る」が用いられている。現代語においても、「了解しました」「承知しました」「わかりました」のように動詞を使う場合がある。受諾表現では、動詞型表現と形容詞型表現とが併存している。
＊3　「よきこと」が文字通り積極的に事柄の評価を表す例もある。その場合は、受諾表現からは除外する。ただし、明確に区別がつきにくい例もある。ちなみに、「あしきことなり」はマイナス評価の意味で用いられている。
　　・「いとあしきことなり」と、かれこれ聞こゆ。　　（源氏・帚木・92）
　　（「まったく、もってのほかのことでございます」と誰彼が申し上げる）
＊4　「よかなり」に対応する形として、「よかめり」の例もあるが、この場合の「めり」は推量的意味で用いられ、受諾表現ではない。受諾表現においては、「なり」と「めり」は対称性を示していないといえる。
　　・わりなく物疑ひする男に、いみじう思はれたる女。一の所などに時めく人も、えやすくはあらねど、そは<u>よかめり</u>。　　　　　　（枕・276）
　　（むやみに物を疑う男に、ひどく愛されている女。摂政・関白のお邸などにいて羽振をきかせている人も、気楽ではありえないけれど、それはよいだろう。）
＊5　『落窪物語』では、「よかなり」で受諾を表す例が多数見られる。この作品では応答をリアルに描写する傾向があるのかもしれない。

＊6 定延（2003）では、以下の例を挙げている。理科の授業で、教師が生徒たちに実験を実演する場面である。
　（1）a.?　二時間したら黄色だよ。
　　　 b.　二時間したらまっ黄色だよ。
たしかに、程度強調のかかった（1b）の方が体験らしくなる。
　同論文では、「言語情報は、程度が強調されるほど知識らしくなくなり、体験らしくなる」とし、「話し言葉は体験を表しやすく、書き言葉は知識を表しやすい」と述べている。「体験」と「知識」という言語情報の捉え方は、古代語の言語現象を記述分析する上でも有効であると思われる。
＊7 「〜コト、ヤスシ」のように主述関係を構成するものとしては、以下の例がある。
　・（かぐや姫）「まこと蓬莱の木かとこそ思ひつれ。かくあさましきそらごとにてありければ、はや返したまへ」といへば、翁答ふ、「さだかに作らせたる物と聞きつれば、返さむこと、いとやすし」とうなづきをり。
（竹取・35）
・本来は、「〜コト、ヤスシ」のようにコト主語を受けていたものと思われる。

資　料

『竹取物語』『伊勢物語』『大和物語』『平中物語』『古今和歌集』『土佐日記』『枕草子』『源氏物語』『紫式部日記』『落窪物語』『和泉式部日記』（以上、新編日本古典文学全集）

参考文献

青木博史（2012）「コミュニケーションと配慮表現―日本語史の観点から―」光藤宏行編『コミュニケーションと共同体』pp.45-59　九州大学出版会
川端善明（1983）「日本文法提要3　形容詞文」『日本語学』2(12): pp.128-134
小林隆・澤村美幸（2009）「言語的発想法の地域差と歴史」『国語学研究』49: pp.73-86
小柳智一（2014）「奈良時代の配慮表現」野田・髙山・小林編『日本語の配慮表現の多様性』くろしお出版
定延利之（2003）「体験と知識―コミュニカティブ・ストラテジー―」『国文学解釈と教材の研究』48(12): pp.54-64
髙山善行（2012a）「配慮表現の歴史的変化」シンポジウム「日本語の配慮表現の多様性」発表資料
髙山善行（2012b）「日本語の配慮言語行動の歴史的研究―これからの発展に向けて―」野田尚史・生越直樹・三宅和子編『シリーズ社会言語科学1「配

慮」はどのように示されるか』ひつじ書房
田中牧郎（2000）「統語的方法に基づく語の意味研究」『日本語学』19: pp.46-56
野田尚史・高山善行・小林隆編（2014）『日本語の配慮表現の多様性―歴史的変化と社会的・地理的変異―』くろしお出版
森野崇（2009）「『宇治拾遺物語』の配慮表現―依頼・受諾・感謝の場合―」平成17年度～20年度　科研費研究成果報告書
森野崇（2014）「平安・鎌倉時代の受諾・拒否に見られる配慮表現」野田・高山・小林編『日本語の配慮表現の多様性』くろしお出版
八亀裕美（2008）『日本語形容詞の記述的研究―類型論的視点から―』明治書院
柴田敏（1998）「提案への同意を表すヨカナリについて」静岡英和女学院短期大学紀要30号

付　記

　本稿は、2012年9月に開催されたシンポジウム「日本語の配慮表現の多様性」（於科学技術館）での研究発表を基盤としている。当日、ご教示をいただいた方々に御礼申し上げます。なお、本稿は日本学術振興会科学研究費基盤研究C（研究代表者：高山善行）「古代語名詞句の意味と統語現象との関係についての記述的研究」（課題番号22520462）の成果の一部である。

中古和文における接続表現について

岡﨑友子

1. はじめに

　京極・松井（1973）等で指摘されるように日本語には固有の接続詞がなく、その本格的な発達は中世以降となる。しかし、中古においても連語の域を超えて複合語化し、接続詞的に用いられているのではないかと考えられるものもある。

　そこで、古代語からの接続表現の歴史的変化を考察していくために、本稿では『日本語歴史コーパス』（平安時代編）を利用し、1）各作品でどのような接続表現が用いられているのか、2）作品別またコーパスの本文情報から分析すると、どのような使用傾向が見られるのかについて明らかにしていく*1。

2. 先行研究

　京極・松井（1973）では、古代語の和語系の接続詞（本稿では「接続表現*2」とするが、原文に従う。以降、同様）を認めることは難しいが、「その変遷を考察するにあたっては、接続詞的はたらきをすると認められる語句を広く対象とするべきであろう」（91）と指摘するように、接続表現の歴史的変化を考えるには、古代語（中古）も丁寧に調査する必要があると思われる。

　そこで、まず以下に京極・松井（1973：91-94）の示す古代語の接続詞をまとめておく。

A複合接続詞
　（a）　指示語を構成要素とするもの
①「か」系　〇「かく」類　かくあるほどに　かくいふほどに等

71

○「かかり」類　かかりければ　かかるあひだに等　○「かり」類　かれ　かるがゆゑに
②「こ」系　○「こ」類　このあひだに　このゆゑに　○「ここ」類　ここに　ここをもちて　○「これ」類　これによりて等
③「さ」系　○「さ」類　さいふいふ　さいふとも等　○「さり」類　さらずは　さらば等
④「しか」系　○「しか」類　しかありとも　しかあるに等　○「しかり」類　しからば　しかりといへども等
⑤「そ」系　○「そ」類　そのゆゑに　そのゆゑは等　○「それ」類　それ　それに等
　(b)　その他の語を構成要素とするもの
①動詞系　あるいは　あるは　ならびに　もって　よりて
②名詞系　ゆゑは　ゆゑをもって
③副詞系　ただし　もしは
B転成接続詞　（あて）　および　かつ　すなはち　はた　また
C借用接続詞　乃至（ないし）

　上記について京極・松井（1973）では、（イ）A（a）①「か」系（「かり」類除く）・③「さ」系は和文に用いられて訓読文に用いられない、（ロ）A（a）②「こ」系・④「しか」系および①「か」系「かり」類は訓読文に用いられて和文に用いられない、（ハ）A（b）その他の語を構成要素とするものおよびB転成接続詞・C借用接続詞はほとんどが訓読文に用いられる、（ニ）A（a）⑤「そ」系は語により異なるが訓読文に用いられる傾向が強いという文体的な傾向があることを指摘する。
　また、訓読系の接続詞としては築島（1963：328）で「カルガユヱニ・カレ・ココニ・ココヲモテ・コノユヱニ・コレニヨリテ・コレヲモテ・シカノミナラズ・シカウシテ・シカウシテノチニ・シカルニ・シカニハアラズハ・シカモ・シカルヲ・シカラバ（シカレバ）・シカリトイヘドモ・シカレドモ・ソレ・タダシ・モシソレ・ユヱニ・ユヱヲモチテ」をあげている。
　次に、中古和文の接続表現について、具体的な数値を提示してい

るものとして高橋（1985）福島（2008）がある。

　まず、高橋（1985）は『竹取物語・伊勢物語・大和物語・宇津保物語・落窪物語・源氏物語・堤中納言物語・浜松中納言物語・夜の寝覚・狭衣物語』に出現する接続詞、また福島（2008）は『竹取物語・蜻蛉日記・源氏物語・土左日記・伊勢物語・大和物語』の冒頭から100文までの間に現れる接続詞（文のはじめに位置するもの）の調査をおこなっている。

　このように高橋（1985）福島（2008）は、前者はジャンル（物語のみ）に、また後者は範囲が限られている（100文まで）といった調査の偏りがあり、また両者とも索引を利用した調査であることから、議論の余地があると考えられる。

　そこで、本稿では『日本語歴史コーパス』を用いることにより、出来る限り、接続表現であるものを、中古の様々なジャンルから抽出し、さらに本文情報を利用し、その傾向を探っていく。

3. 調査、分析方法について

　調査対象は以下【A】【B】【C】である。
【A】『日本語歴史コーパス』において接続詞とされるもの
　『日本語歴史コーパス』において、品詞が接続詞である7語「マタ、アルイハ、タダシ、ソエニ、スナハチ」と「サハレ、サテ」を調査する。なお、「アルイハ、タダシ、ソエニ*3、スナハチ（「マタ」は除外、4.1.1で考察する）」は京極・松井（1973）で訓読系の接続詞とされるものであり、これについては【B】でも取り扱う。
　【B】和文に見られる訓読系の接続表現
　築島（1963）、京極・松井（1973）で訓読系の接続詞とされるものについて調査をおこなう*4。なお、京極・松井（1973）で訓読系とされる接続詞は（ロ）「コノアヒダニ・コノユエニ・ココニ・ココヲモチテ・コレニヨリテ・コレヲモッテ」「シカアリトモ・シカアルニ・シカアルヲ・シカアレバ・シカシテ・シカノミナラズ」「シカラバ・シカリトイヘドモ・シカルニ・シカルアヒダ・シカルホドニ・シカルモノヲ・シカルヲ・シカレドモ・シカレバ」

「カレ・カルガユエニ」、(ハ)「(アルイハ【A】・)アルハ・ナラビニ・モッテ・ヨリテ・ユヱハ・ユヱヲモッテ(・タダシ【A】)・モシハ」「オヨビ・カツ(・スナハチ【A】)・ハタ・マタ」((ニ)「ソエニ」【A】)であり、以上を調査対象とする(築島(1963)の「ソレ」は対象外とする。上記【A】は京極・松井(1973)で訓読系の接続詞とされるが、『日本語歴史コーパス』で品詞「接続詞」であるため【A】で分析する)。

【C】指示詞系接続表現「カカリ・サリ」系

高橋(1985)では、中古の接続詞の語構成において最も多いのは「指示語等(+助詞)」であり、それらは「か」系と「さ」系(本稿のカク系列とサ系列)が中心であると指摘する。

また、指示副詞カク・サ系列「カク・サ(シカ)」を含む接続表現において(「カクテ・サテ」を除く)、中古和文で主となるのは「カカリ・サリ」(「カク・サ」+動詞「アリ」)を構成要素とする接続表現(「カカリ・サリ」系と呼ぶ)であり、本稿ではこの「カカリ・サリ」系を調査対象とする*5。

そこで、できる限り漏れなく「カカリ・サリ」系の接続表現を抽出するため、本稿の調査では、まず動詞「カカリ・サリ」の未然形から命令形まで、すべての活用形の例を検索し、その中から接続表現として働いているものをチェックし抽出する。

なお、大まかに言って接続表現は文頭に位置し、直前の文と接続表現を含む文をつなぐものであると考えられるため、文頭で用いられているもののみを収集し、分析対象とする*6((1)のように、会話(「」)の文頭であるものも対象となる)。

(1) 男ども申すやう、「さらば、いかがはせむ」(竹取物語・43)

この場合、あまり例は多くないが(2)のように接続表現と考えられるものが対象外となってしまうことがある。これについては今後、修正をおこなっていきたい。

(2) 例の、明けてはてぬ。「よし、さらば、この物語は尽きすべ

うなんあらぬ、また、人聞かぬ心やすきところにて聞こえん。」

(源氏物語、橋姫・163)

表1 『日本語歴史コーパス』における文数

	歌	会話	手紙	地	詞章	計
竹取	15	204	25	330	0	574
古今	1069	0	0	125	1334	2528
伊勢	235	20	3	637	0	895
土左	61	29	0	471	0	561
大和	297	146	3	972	0	1418
平中	154	92	0	403	0	649
落窪	72	1658	0	1371	0	3101
枕草	39	787	0	2959	0	3785
和泉	147	218	0	295	0	660
源氏	794	5640	107	10072	0	16613
紫式	18	52	0	739	0	809
堤中	51	293	0	419	0	763
更級	89	87	0	384	0	560
讃岐	23	185	0	406	0	614
計	3064	9411	138	19583	1334	33530

※以降の表における作品名は、巻末資料の下線部で示すもので表す。

次に分析方法について述べていく。

まず、抽出された接続表現について表1に示す『日本語歴史コーパス』の文数[*7]を用いて、各接続表現の100文あたりの出現率（％）を示す（出現率（％）は表内のカッコ（　）内に示す。小数点第二位以下は切り捨てとする）。

なお、各作品および各作品の各本文種別内における出現率（％）が、全文数および各本文種別の全文数から計算した出現率（％）より値が高い場合には、表において強調文字にしている。

次に、抽出した【A】【B】【C】の接続表現を作品別（ジャンル・成立年・作者）および本文種別（歌・会話・手紙・地・詞章）から

中古和文における接続表現について　　75

分析する。これについては以下の傾向が出ることを予想している。

（Ⅰ）ジャンルによる傾向：歌集・歌物語・日記・物語・随筆による違い
（Ⅱ）書き手による傾向：位相（男性か女性か、これについては和文と漢文訓読文の語彙の差と関わる）、個人差（紀貫之・紫式部・清少納言・和泉式部）による違い
（Ⅲ）本文種別による傾向：地の文・会話文による違い
（Ⅳ）時期による傾向：平安時代950年前後による違い（安部（1996）・村田（2001）の形容詞・形容動詞、金水（2006）「ヲリ・キタリ」）

4．調査、分析結果

4.1 【A】『日本語歴史コーパス』において接続詞とされるもの

表2に【A】の検索結果を示す。「マタ」225例、「アルイハ」6例、「タダシ」2例、「ソエニ」1例、「サハレ」15例、「サテ」272例、「スナハチ」1例の計522例である（長単位：品詞「接続詞」で検索した。短単位の場合は521例（「スナハチ」が除外される））。

作品別では『平中物語（12.48％）』で最も出現率が高く、次いで『大和物語（3.87％）・土左日記（3.03％）・枕草子（3.01％）』である。それに対し『古今和歌集（0.39％）・和泉式部日記（0.45％）・更級日記（0.53％）』では出現率が低い。

この【A】において、「マタ、アルイハ、タダシ、ソエニ、スナハチ」は訓読系の接続表現とされるものであり（京極・松井（1973））、「アルイハ・タダシ」は『竹取物語』、「ソエニ、スナハチ」は『古今和歌集』でのみ使用が認められる（これについて【B】でも扱う）。なお、用例数の多い「マタ」については、次節で詳しく傾向を見る。

（3）日暮るるほど、例の集りぬ。あるいは笛を吹き、あるいは

歌をうたひ、あるいは声歌をし、あるいは嘯を吹き、扇を鳴らしなどするに　　　　　　　　　（竹取物語・23）

表2 【A】『日本語歴史コーパス』において接続詞とされるもの

	マタ	アルイハ	タダシ	ソヘニ	スナハチ	サハレ	サテ	計
竹取	1 (0.17%)	6 (1.00%)	2 (0.34%)	0		0	2 (0.34%)	11 (1.91%)
古今	8 (0.31%)	0	0	1 (0.03%)	1 (0.03%)	0	0	10 (0.39%)
伊勢	5 (0.55%)	0	0	0		0	10 (1.11%)	15 (1.67%)
土左	12 (2.13%)	0	0	0		0	5 (0.89%)	17 (3.03%)
大和	21 (1.48%)	0	0	0		0	34 (2.39%)	55 (3.87%)
平中	40 (6.16%)	0	0	0		0	41 (6.31%)	81 (12.48%)
落窪	10 (0.32%)	0	0	0		6 (0.19%)	29 (0.93%)	45 (1.45%)
枕草	63 (1.66%)	0	0	0		5 (0.13%)	46 (1.21%)	114 (3.01%)
和泉	0	0	0	0		1 (0.15%)	2 (0.30%)	3 (0.45%)
源氏	46 (0.27%)	0	0	0		2 (0.01%)	93 (0.55%)	141 (0.84%)
紫式	8 (0.98%)	0	0	0		0	0	8 (0.98%)
堤中	6 (0.78%)	0	0	0		0	8 (1.04%)	14 (1.83%)
更級	1 (0.17%)	0	0	0		1 (0.17%)	1 (0.17%)	3 (0.53%)
讃岐	4 (0.65%)	0	0	0		0	1 (0.16%)	5 (0.81%)
計	225 (0.67%)	6 (0.01%)	2 (0.00%)	1 (0.00%)	1 (0.00%)	15 (0.04%)	272 (0.81%)	522 (1.55%)

※二重罫線内は訓読系の接続詞とされるもの。

中古和文における接続表現について　　77

4.1.1 「マタ」について

作品別に見ると「マタ」は『平中物語（6.16%）』で出現率が高く、次いで『土左日記（2.13%）・枕草子（1.66%）』である。

それに対し『和泉式部日記』では例が見られず、『竹取物語（0.17%）・更級日記（0.17%）・源氏物語（0.27%）・古今和歌集（0.31%）』における出現率は低い。

なお、「マタ」は京極・松井（1973）で「ほとんどが訓読文に用いられる」とされているが、表2・表3に示すように和文にも多く用いられていることから、訓読系の接続表現とはせず、【B】の分析では除外する。

次に本文種別で見る（表3）と、歌・手紙・詞章には用いられず、全体的に見ると地の文に用いられる傾向がある。

ただし、表3に示すように『竹取物語』から『枕草子』までは地の文のみであるが、『落窪物語』以降は会話文にまとまって見られ

表3　接続詞「マタ」

	歌	会話	手紙	地	詞章	計
竹取	0	0	0	1 (0.30%)	0	1 (0.17%)
古今	0	0	0	8 (6.40%)	0	8 (0.31%)
伊勢	0	0	0	5 (0.78%)	0	5 (0.55%)
土左	0	0	0	12 (2.54%)	0	12 (2.13%)
大和	0	0	0	21 (2.16%)	0	21 (1.48%)
平中	0	0	0	40 (9.92%)	0	40 (6.16%)
落窪	0	5 (0.30%)	0	5 (0.36%)	0	10 (0.32%)
枕草	0	4 (0.50%)	0	59 (1.99%)	0	63 (1.66%)
和泉	0		0	0	0	0
源氏	0	22 (0.39%)	0	24 (0.23%)	0	46 (0.27%)
紫式	0	1 (1.92%)	0	7 (0.94%)	0	8 (0.98%)
堤中	0	4 (1.36%)	0	2 (0.47%)	0	6 (0.78%)
更級	0	1 (1.14%)	0	0	0	1 (0.17%)
讃岐	0	2 (1.08%)	0	2 (0.49%)	0	4 (0.65%)
計	0	39 (0.41%)	0	186 (0.94%)	0	225 (0.67%)

るようになる。

　なお、『日本語歴史コーパス』を検索したところ、副詞の「マタ」が1028例見られ、接続詞（255例）よりも多く見出せる。

　4.1.2　サテ
　次に【A】中で最も例の多い「サテ」について分析していく。表2に示すように「サテ」は作品別において、『平中物語（6.31％）』で出現率が高く、次いで『大和物語（2.39％）・枕草子（1.21％）・伊勢物語（1.11％）』となる。このことから、歌物語に用いられやすいといった傾向を指摘することができる。

　これについては岡﨑（2011）で指摘された、歌物語のストーリー構成によるものであると予想される。歌物語は、歌を中心に各段が短いストーリーで構成されており、「歌が詠まれる背景の説明→「サテ」→歌」という形で展開しているものがまとまって見られる。そのためこのような結果が出たものと考えられる。

（4）伊勢の斎宮の御占にあひたまひにけり。「いふかひなくくちをし」と、思ひたまうけり。さてよみて奉りたまひける。
　　　伊勢の海の千尋の浜にひろふとも今はかひなくおもほゆるかな
　　　　　　　　　　　　　　　　　　　　　（大和物語・316）

　なお「サテ」は、『紫式部日記』には例が見られず、『和泉式部日記（0.30％）』2例、『更級日記（0.17％）・讃岐典侍日記（0.16％）』にそれぞれ1例であるように（『土左日記』を除き）日記には用いられにくいようである。

　次に本文種別で見ると、わずかに例は見出せるものの、歌・手紙・詞章には用いられにくく、全体的に見ると会話文に用いられる傾向がある（ただし、表4に示すように『平中物語』以前には地の文、そして『落窪物語』以降には会話文で用いられる傾向がある）。

　この「サテ」は『日本語歴史コーパス』において、接続詞（語彙素「扨」）272例、副詞（語彙素「然て」）187例であり、中古では副詞よりも接続表現として機能するものが多い＊8。

表4 接続詞「サテ」

サテ	歌	会話	手紙	地	詞章	計
竹取	0	0	0	2 (0.60%)	0	2 (0.34%)
古今	0	0	0	0	0	0
伊勢	0	0	0	10 (1.56%)	0	10 (1.11%)
土左	0	0	0	5 (1.06%)	0	5 (0.89%)
大和	0	1 (0.68%)	0	33 (3.39%)	0	34 (2.39%)
平中	0	4 (4.34%)	0	37 (9.18%)	0	41 (6.31%)
落窪	0	25 (1.50%)	0	4 (0.29%)	0	29 (0.93%)
枕草	0	19 (2.41%)	0	27 (0.91%)	0	46 (1.21%)
和泉	0	2 (0.91%)	0	0	0	2 (0.30%)
源氏	0	53 (0.93%)	1 (0.93%)	39 (0.38%)	0	93 (0.55%)
紫式	0	0	0	0	0	0
堤中	1 (1.96%)	5 (1.70%)	0	2 (0.47%)	0	8 (1.04%)
更級	0	1 (1.14%)	0	0	0	1 (0.17%)
讃岐	0	0	0	1 (0.24%)	0	1 (0.16%)
計	1 (0.03%)	110 (1.16%)	1 (0.72%)	160 (0.81%)	0	272 (0.81%)

4.2 【B】和文に見られる訓読系の接続表現

【B】訓読系の接続表現の調査、分析結果について述べていく。

作品別では、『土左日記（2.13%）』で最も出現率が高く、次いで『竹取物語（0.34%）・古今和歌集（0.31%）』となる。それに対し、『伊勢物語・和泉式部日記・堤中納言物語・更級日記』には例が見られず、『落窪物語（0.03%）・枕草子（0.05%）・源氏物語（0.02%）』における出現率は低い。

さらに表6に示すように、【A】の訓読系の接続表現も『竹取物語・古今和歌集』のみに例が見られ、上記の結果と合致する。

作品別で見ると、この【A】【B】の訓読系の接続表現は、作者が男性とされるものに主に見られ、さらにその例の多くが紀貫之によるものである（【B】35例中19例が紀貫之によるもの。なお「ソエニ」1例（読人知らず）を除き、【A】【B】あわせ45例中36例は、男性が作者と考えられるもの）。

表5 【B】和文に見られる訓読系の接続表現

	コノアヒダニ	ココニ	シカリトテ	シカルニ	シカレドモ	シカアルノ ミニアラズ
竹取	0	0	0	1 (0.17)	1 (0.17)	0
古今	0	1 (0.03)	1 (0.03)	0	0	1 (0.03)
土左	8 (1.42)	3 (0.53)	0	0	1 (0.17)	0
大和	0	0	0	0	0	0
平中	0	0	0	0	0	0
落窪	0	1 (0.03)	0	0	0	0
枕草	0	0	0	0	0	0
源氏	0	0	0	0	0	0
紫式	0	0	0	0	0	0
讃岐	0	0	0	0	0	0
計	8 (0.02)	5 (0.1)	1 (0.00)	1 (0.00)	2 (0.00)	1 (0.00)

	シカアレド	シカアレドモ	アルハ	モシハ	カツ	計
竹取	0	0	0	0	0	**2 (0.34)**
古今	1 (0.03)	1 (0.03)	1 (0.03)	0	2 (0.07)	**8 (0.31)**
土左	0	0	0	0	0	**12 (2.13)**
大和	0	0	2 (0.14)	0	1 (0.07)	**3 (0.21)**
平中	0	0	0	0	1 (0.15)	**1 (0.15)**
落窪	0	0	0	0	0	**1 (0.03)**
枕草	0	0	0	1 (0.02)	1 (0.02)	**2 (0.05)**
源氏	0	0	0	0	4 (0.02)	**4 (0.02)**
紫式	0	0	0	1 (0.12)	0	**1 (0.12)**
讃岐	0	0	1 (0.16)	0	0	**1 (0.16)**
計	1 (0.00)	1 (0.00)	4 (0.01)	2 (0.00)	9 (0.02)	**35 (0.10)**

※『伊勢・和泉・堤中・更級』には例無し。

表6 【A】の訓読系の接続表現

	アルイハ	タダシ	ソエニ	スナハチ	計
竹取	6	2	0	0	8
古今	0	0	1	1	2
計	6	2	1	1	10

中古和文における接続表現について

以上より、【A】【B】の訓読系の接続表現は、作者による傾向であると考えられる。

4.3 【C】指示詞系接続表現「カカリ・サリ」系
4.3.1 「カカリ」系

「カカリ」系の調査結果を表7に示す（語彙素「斯かる」で検索）。「カカリ」系は『土左日記（1.42％）・竹取物語（0.87％）』で出現率が高く、次いで『和泉式部日記（0.60％）・大和物語（0.49％）・落窪物語（0.48％）・平中物語（0.46％）』となる。

それに対し『紫式部日記・堤中納言物語・更級日記』には例が見られず、『枕草子（0.02％）・源氏物語（0.04％）・古今和歌集（0.03％）』では出現率が低い（たとえば、『土左日記』では以下のように「カカレバ」（「カカレド（モ）」）が使用されるが、『源氏物語』では「サレバ」（「サレド（モ）」）が用いられる）。

(5) この泊の浜には、くさぐさのうるわしき貝、石など多かり。かかれば、ただ、昔の人をのみ恋ひつつ、船なる人のよめる　　　　　　　　　　　　　　　　　　（土左日記・44）
(6) 「皇子たちあまたあれど、そこをのみなむかかるほどより明け暮れ見し。されば思ひわたさるるにやあらむ、いとよくこそおぼえたれ」　　　　　　（源氏物語、紅葉賀・329）

なお、表7・表9を比較すると分かるように、「サリ」系には「未然形＋バ」である「サラバ」は多く見いだせるが、「カカリ」系の「カカラバ」は例が見いだせない。さらに「已然＋ド」（「カカレド」「サレド」）には、「サレド」は多く用いられるが「カカレド」の例は少ない。

これについては、指示副詞「カク」と「サ」の用法の違いが影響していることが予想されるが、今後の課題としておきたい。

次に「カカリ」系で例数の多かった語「カカルホドニ・カカレバ」を、作品別および本文種別から分析する。

まず、作品別では「カカレバ」は『枕草子』以降、例がまったく

表7 【C】指示詞系接続表現「カカリ」系

	カカラデ	カカラデモ	カカルアヒダニ	カカルウチニ	カカルニ	カカルホドニ
竹取	0	0	0	0	0	3
古今	0	0	0	0	1	0
伊勢	0	0	0	0	0	1
土左	0	0	3	1	0	0
大和	0	0	0	0	0	2
平中	0	1	0	0	0	2
落窪	0	0	0	0	0	6
枕草	0	0	0	0	0	1
和泉	0	0	0	0	0	2
源氏	1	1	0	0	0	4
讃岐	0	0	0	0	0	2
計	1	2	3	1	1	23

	カカルママニ	カカルモ	カカレバ	カカレド	カカレドモ	計
竹取	0	0	2	0	0	5 (0.87%)
古今	0	0	0	0	0	1 (0.03%)
伊勢	0	0	1	0	0	2 (0.22%)
土左	0	0	1	1	2	8 (1.42%)
大和	0	0	3	2	0	7 (0.49%)
平中	0	0	0	0	0	3 (0.46%)
落窪	4	0	5	0	0	15 (0.48%)
枕草	0	0	0	0	0	1 (0.02%)
和泉	0	1	0	0	1	4 (0.60%)
源氏	1	0	0	1	0	8 (0.04%)
讃岐	0	0	0	0	0	2 (0.32%)
計	5	1	12	4	3	56 (0.16%)

※『紫式・堤中・更級』には例無し。

見られなくなる。

表8 「カカホドニ・カカレバ」

	カカルホドニ	カカレバ		
	地	地	会話	計
竹取	3 (0.52%)	1 (0.30%)	1 (0.49%)	2 (0.34%)
伊勢	1 (0.11%)	1 (0.15%)	0	1 (0.11%)
土左	0	1 (0.21%)	0	1 (0.17%)
大和	2 (0.14%)	2 (0.20%)	1 (0.68%)	3 (0.21%)
平中	2 (0.30%)	0	0	0
落窪	6 (0.19%)	4 (0.29%)	1 (0.06%)	5 (0.16%)
枕草	1 (0.02%)	0	0	0
和泉	2 (0.30%)	0	0	0
源氏	4 (0.02%)	0	0	0
讃岐	2 (0.32%)	0	0	0
計	23 (0.06%)	9 (0.04%)	3 (0.03%)	12 (0.03%)

※『古今・紫式・堤中・更級』には例無し。

次に本文種別では、「カカルホドニ」は地の文のみで用いられているのに対し、「カカレバ」は会話でも用いられていること、また両者とも歌・手紙・詞章で用いられていないことが指摘できる。

4.3.2 「サリ」系

「サリ」系の調査結果を表9に示す（語彙素「然る」）。「サリ」系は『平中物語（5.08%）』で出現率が高く、次いで『堤中納言物語（2.22%）・伊勢物語（2.01%）・紫式部日記（1.97%）』である。それに対して『古今和歌集（0.07%）・更級日記（0.53%）・土左日記（0.53%）・和泉式部日記（1.06%）・落窪物語（1.12%）』における出現率は低い。

この結果は大まかに見て、先の「カカリ」系と対照的である（『平中物語』を除く。「カカリ」系は『土左日記・和泉式部日記・落窪物語』に多く、『紫式部日記・堤中納言物語』には例がない）。

表9【C】指示詞系接続表現「サリ」系

	サラバ	サラズトモ	サラズハ	サラデ	サリケルコロホヒ	サリケル時ニ	サリケルモノヲ	サリケレド
竹取	3	0	0	0	0	0	0	0
古今	0	0	0	0	0	0	0	0
伊勢	1	0	1	0	0	0	0	1
土左	0	0	0	0	0	0	0	0
大和	2	0	0	0	1	2	0	0
平中	6	0	0	0	0	0	0	3
落窪	14	0	2	0	0	0	0	0
枕草	11	1	2	1	0	0	1	0
和泉	1	0	0	0	0	0	0	0
源氏	53	1	3	1	0	0	0	0
紫式	1	0	0	0	0	0	0	0
堤中	9	0	1	0	0	0	0	0
更級	1	0	0	0	0	0	0	0
讃岐	2	0	0	0	0	0	0	0
計	104	2	9	2	1	2	1	4

	サリケレドモ	サリケレバ	サリナガラモ	サリヌベクハ	サリテ	サリテハ	サリテモ	サリトモ
竹取	0	0	0	0	0	0	0	2
古今	1	0	0	0	1	0	0	0
伊勢	0	2	0	0	0	0	0	1
土左	0	0	0	0	0	0	0	0
大和	0	5	0	0	0	0	0	0
平中	0	12	0	0	1	0	0	0
落窪	0	0	0	2	1	0	0	4
枕草	0	0	0	0	1	0	0	4
和泉	0	0	0	1	2	0	0	1
源氏	0	0	1	1	9	1	2	32
紫式	0	0	0	0	2	0	0	0
堤中	0	0	0	0	2	0	0	3
更級	0	0	0	0	2	0	0	0
讃岐	0	0	0	0	0	0	0	0
計	1	19	1	4	21	1	2	47

	サルニ	サルニテハ	サルニテモ	サルニヨリテ	サルホドニ	サルモノカラ	サルヲ	サルハ
竹取	0	0	0	0	0	0	0	0
古今	0	0	0	0	0	0	0	0
伊勢	2	0	0	0	0	0	1	0
土左	0	0	0	0	0	0	0	1
大和	1	0	0	0	0	0	0	0
平中	0	0	0	0	0	0	0	0
落窪	0	0	0	0	1	0	0	2
枕草	0	0	0	0	0	0	0	3
和泉	0	0	0	0	0	0	0	1
源氏	0	1	1	1	1	1	0	51
紫式	0	0	0	0	0	0	0	5
堤中	0	0	0	0	0	0	0	1
更級	0	0	0	0	0	0	0	0
讃岐	0	0	0	0	1	0	0	0
計	3	1	1	1	3	1	1	64

	サレド	サレドモ	サレバ	サレバトテ	サレバナム	計
竹取	2	0	1	0	0	**8 (1.39%)**
古今	0	0	0	0	0	**2 (0.07%)**
伊勢	5	0	3	0	1	**18 (2.01%)**
土左	0	1	1	0	0	**3 (0.53%)**
大和	5	0	4	0	0	**20 (1.41%)**
平中	2	0	9	0	0	**33 (5.08%)**
落窪	3	0	6	0	0	**35 (1.12%)**
枕草	34	0	2	1	0	**61 (1.61%)**
和泉	1	0	0	0	0	**7 (1.06%)**
源氏	71	2	6	0	0	**239 (1.43%)**
紫式	8	0	0	0	0	**16 (1.97%)**
堤中	1	0	0	0	0	**17 (2.22%)**
更級	0	0	0	0	0	**3 (0.53%)**
讃岐	1	0	4	0	0	**8 (1.30%)**
計	133	3	36	1	1	**470 (1.40%)**

次に「サリ」系において例数の多かった「サラバ・サレド」を作品別および本文種別から分析する。

　まず、作品別において「サラバ」の出現率の高いものは『平中物語（0.92％）・竹取物語（0.52％）・落窪物語（0.45％）』であり、「サレド」は『紫式部日記（0.98％）・枕草子（0.89％）・伊勢物語（0.55％）・源氏物語（0.42％）』である。

　そして、両語とも『古今和歌集・土左日記』では例が見出せず、また『和泉式部日記・更級日記』では出現率が低い。

　次に、本文種別から見ると「サラバ」は、ほぼ会話で用いられており、それに対し「サレド」は会話・地の文とほぼ等しく用いられている。なお、両語とも歌・手紙・詞章では用いられない。

表10 「サラバ」

	歌	会話	手紙	地	詞章	計
竹取	0	3（1.47％）	0	0	0	3（0.52％）
古今	0	0	0	0	0	0
伊勢	0	1（5.00％）	0	0	0	1（0.11％）
土左	0	0	0	0	0	0
大和	0	2（1.36％）	0	0	0	2（0.14％）
平中	0	6（6.52％）	0	0	0	6（0.92％）
落窪	0	14（0.84％）	0	0	0	14（0.45％）
枕草	0	11（1.39％）	0	0	0	11（0.29％）
和泉	0	1（0.45％）	0	0	0	1（0.15％）
源氏	0	50（0.88％）	0	3（0.02％）	0	53（0.31％）
紫式	0	1（1.92％）	0	0	0	1（0.12％）
堤中	0	9（3.07％）	0	0	0	9（1.17％）
更級	0	1（1.14％）	0	0	0	1（0.17％）
讃岐	0	2（1.08％）	0	0	0	2（0.32％）
計	0	101（1.07％）	0	3	0	104（0.31％）

表11 「サレド」

	歌	会話	手紙	地	詞章	計
竹取	0	2（0.98％）	0	0	0	2（0.34％）
古今	0	0	0	0	0	0
伊勢	0	0	0	5（0.78％）	0	5（0.55％）
土左	0	0	0	0	0	0
大和	0	0	0	5（0.51％）	0	5（0.35％）
平中	0	0	0	2（0.49％）	0	2（0.30％）
落窪	0	3（0.18％）	0	0	0	3（0.09％）
枕草	0	11（1.39％）	0	23（0.77％）	0	34（0.89％）
和泉	0	1（0.45％）	0	0	0	1（0.15％）
源氏	0	25（0.44％）	0	46（0.45％）	0	71（0.42％）
紫式	0	0	0	8（1.08％）	0	8（0.98％）
堤中	0	0	0	1（0.23％）	0	1（0.13％）
更級	0	0	0	0	0	0
讃岐	0	0	0	1（0.24％）	0	1（0.16％）
計	0	42（0.44％）	0	91（0.46％）	0	133（0.39％）

5．まとめ

これまでの結果（表12は出現率（％）のみ）を表にまとめる。表12より、以下が指摘される。

【1】特に『平中物語』における接続表現の出現率は高い。

【2】『更級日記』『古今和歌集』、そして『和泉式部日記』における接続表現の出現率は低い。それに対し『平中物語』、そして『竹取物語・土左日記・大和物語・伊勢物語』では高い傾向を示す。

表12 まとめ

	【A】全体	【A】マタ	【A】サテ	【B】全体	【C】カカリ系全体	【C】カカルホドニ	【C】カカレバ	【C】サリ系全体	【C】サラバ	【C】サレド
竹取	1.91	0.17	0.34	0.34	0.87	0.52	0.34	1.39	0.52	0.34
古今	0.39	0.31	0.00	0.31	0.03	0.00	0.00	0.07	0.00	0.00
伊勢	1.67	0.55	1.11	0.00	0.22	0.11	0.11	2.01	0.11	0.55
土左	3.03	2.13	0.89	2.13	1.42	0.00	0.17	0.53	0.00	0.00
大和	3.87	1.48	2.39	0.21	0.49	0.14	0.21	1.41	0.14	0.35
平中	12.48	6.16	6.31	0.15	0.46	0.30	0.00	5.08	0.92	0.30
落窪	1.45	0.32	0.93	0.03	0.48	0.19	0.16	1.12	0.45	0.09
枕草	3.01	1.66	1.21	0.05	0.02	0.02	0.00	1.61	0.29	0.89
和泉	0.45	0.00	0.30	0.00	0.60	0.30	0.00	1.06	0.15	0.15
源氏	0.84	0.27	0.55	0.02	0.04	0.02	0.00	1.43	0.31	0.42
紫式	0.98	0.98	0.00	0.12	0.00	0.00	0.00	1.97	0.12	0.98
堤中	1.83	0.78	1.04	0.00	0.00	0.00	0.00	2.22	1.17	0.13
更級	0.53	0.17	0.17	0.00	0.00	0.00	0.00	0.53	0.17	0.00
讃岐	0.81	0.65	0.16	0.16	0.32	0.32	0.00	1.30	0.32	0.16
全体	1.55	0.67	0.81	0.10	0.16	0.06	0.03	1.40	0.31	0.39

※各作品の出現率が、全文数から計算したものより高い場合は太字、また特に高いものについては、網掛けをした。

【3】歌物語は似た傾向を示す(特に『大和物語・平中物語』)。

表13 歌物語の使用状況

伊勢	1.67	0.55	1.11	0.00	0.22	0.11	0.11	2.01	0.11	0.55
大和	3.87	1.48	2.39	0.21	0.49	0.14	0.21	1.41	0.14	0.35
平中	12.48	6.16	6.31	0.15	0.46	0.30	0.00	5.08	0.92	0.30

【4】各日記について、『土左日記』を除き、接続表現の出現率が低いという点では類似するが、これについては物語である『源氏物語』も同様であるため、日記の特徴とは考えられない。

中古和文における接続表現について　　89

表14　日記の使用状況

和泉	0.45	0.00	0.30	0.00	**0.60**	**0.30**	0.00	1.06	0.15	0.15
紫式	**0.98**	**0.98**	0.00	**0.12**	0.00	0.00	0.00	1.97	0.12	**0.98**
更級	0.53	0.17	0.17	0.00	0.00	0.00	0.00	0.53	0.17	0.00
讃岐	0.81	0.65	0.16	**0.16**	**0.32**	**0.32**	0.00	1.30	0.32	0.16
源氏	0.84	0.27	0.55	0.02	0.04	0.02	0.00	1.43	0.31	0.42

【5】『竹取物語』から『落窪物語』まで、そして『枕草子』から『更級日記』で傾向が分かれる（全体的に接続表現の出現率が低くなる。特に、「カカリ」系が減少する。『和泉式部日記』は除く）。

表15　「カカリ」系の減少

	【C】カカリ系全体	【C】カカルホドニ	【C】カカレバ	【C】サリ系全体	【C】サラバ	【C】サレド
竹取	0.87	0.52	0.34	1.39	0.52	0.34
伊勢	0.22	0.11	0.11	2.01	0.11	0.55
土左	1.42	0.00	0.17	0.53	0.00	0.00
大和	0.49	0.14	0.21	1.41	0.14	0.35
平中	0.46	0.30	0.00	5.08	0.92	0.30
落窪	0.48	0.19	0.16	1.12	0.45	0.09
枕草	0.02	0.02	0.00	1.61	0.29	0.89
源氏	0.04	0.02	0.00	1.43	0.31	0.42
紫式	0.00	0.00	0.00	1.97	0.12	0.98
堤中	0.00	0.00	0.00	2.22	1.17	0.13

　安部（1996）村田（2001）金水（2006）において、950年代後半の『宇津保物語』や『蜻蛉日記』『落窪物語』以降の作品と、それより前の作品とで各対象語の使用に差異が見られることが明らかとされているが、この【5】の接続表現の全体的な傾向も、さらに4.1.1「マタ」および4.1.2「サテ」の地の文から会話文への推移も、時期的には少しずれるがほぼ同じ傾向を示すと考えられる。

　ただし、『落窪物語』以前の作品については主に作者が男性、ま

た以降の作品については作者が女性であるとされているものであり、接続表現については（特に訓読系の接続表現の影響が強い）、時期によるものだけでなく作者の性差も深く関わっている可能性がある。

　ここまで、『日本語歴史コーパス』を用いた中古の接続表現の傾向について述べてきた。今後は、それぞれの語について詳しく分析し、中古の接続表現の意味・用法を明らかにしていきたい。

＊1　本稿は2014年3月に更新された『日本語歴史コーパス』（「中納言」）平安時代編完成版を使用した。そのため先行公開版を使用した岡﨑（2013）の結果とは相違する（特に【A】の接続詞の数値に大きな差異がある）。
＊2　岡﨑（2013）では「接続語」としてきたが、様々な表現を含むため「接続表現」と改めた。
＊3　「ソエニ」は京極・松井（1973）で「そ」系であり、注4で述べるように本稿では「そ」系は対象外であるが、『日本語歴史コーパス』で接続詞とされているため対象とした。
＊4　京極・松井（1973）において訓読文に用いられる傾向が強いとされる「そ」系は、本稿では対象外とする。
＊5　高橋（1985）の調査結果においても、中古和文の中心となる接続表現は「カカリ・サリ」系である。「カカリ・サリ」系各語については、京極・松井（1973）も参照した。なお、中古和文で多く用いられる「サテ」については【A】で調査・分析する。また、「カクテ」については岡﨑（2011）の調査から、中古では未だ副詞的に機能するものが多いことが指摘されているため、本稿では対象外とする。
＊6　【B】と【C】は文頭のみ、【A】についてはすべての例を対象とした。なお、文頭の検索についてはキーを使用し、文頭から1語、および2語（語の前にスペースがある場合がある）と、前方共起条件で語彙素（「）を指定して語の抽出をおこなった。また、文頭であっても次の例のように明らかに接続表現でないものは、対象外とした。例：僧都、「さればよ、ただ人と見えざりし人のさまぞかし」（源氏物語、夢浮橋・375）この「サレバ」については、「サレバヨ・サレバコソ」で感動詞的に働くものが多く、語のチェックをおこなわないと、接続表現でないものを多く含んでしまう。
＊7　それぞれの文数については小木曽智信氏にご協力頂いた。
＊8　岡﨑（2011）で同様の結果が出ている（ただし、岡﨑（2011）では『古今和歌集・落窪日記・紫式部日記・和泉式部日記』は調査対象外、『蜻蛉日記』が調査対象となっている）。

調査資料

　中古の用例調査は、国立国語研究所『日本語歴史コーパス』(中納言2014年3月平安時代編完成版)を使用した。『土佐(土左)日記　蜻蛉日記』『竹取物語　伊勢物語　大和物語　平中物語』『古今和歌集』『落窪物語　堤中納言物語』『和泉式部日記　紫式部日記　更級日記　讃岐典侍日記』『枕草子』『源氏物語1～6』について、表では下線部のみを記載し、用例には小学館新編日本古典文学全集の頁数を付した。

参考文献

安部清哉(1996)「語彙・語法史から見る資料―『篁物語』の成立時期をめぐりて―」『国語学』184: pp.14-27
岡﨑友子(2010)『日本語指示詞の歴史的研究』ひつじ書房
岡﨑友子(2011)「指示詞系接続表現の歴史的変化―中古の「カクテ・サテ」を中心に―」『日本語文法の歴史と変化』青木博史編　pp.67-87　くろしお出版
岡﨑友子(2013)「中古における接続語の使用傾向について」『第4回コーパス日本語学ワークショップ予稿集』pp.167-176（2013年9月4日、於：国立国語研究所（立川市））
京極興一・松井栄一(1973)「接続詞の変遷」『品詞別日本文法講座6　接続詞・感動詞』鈴木一彦・林巨樹編　pp.90-135　明治書院
金水敏(2006)『日本語存在表現の歴史』ひつじ書房
高橋尚子(1985)「中古語接続詞の機能と変遷―物語文学作品を資料にして―」『愛文』21: pp.8-17
塚原鉄雄(1958)「接続詞」『続日本文法講座1　文法各論編』pp.156-174　明治書院
築島裕(1963)『平安時代の漢文訓讀語につきての研究』東京大学出版会
福島直恭(2008)『書記言語としての「日本語」の誕生―その存在を問い直す―』笠間書院
村田菜穂子(2001)「平安時代の形容動詞　―～ゲナリと～カナリ―」『国語学』52(1): pp.16-30

付　記

　本稿は第4回コーパス日本語学ワークショップ（2013年9月4日、於：国立国語研究所）での口頭発表を改稿したものである。席上、その後も多くの方々から貴重なご教示を頂いた。記して感謝申し上げる。

中古和文における文体別の特徴語

小木曽智信

1. はじめに

　国立国語研究所「通時コーパス」のデータ整備が進み、平安時代の仮名文学作品については小学館『新編日本古典文学全集』をコーパス化したものが『日本語歴史コーパス　平安時代編』として公開された。このコーパスには、文体に関わる情報（地の文・会話文・和歌等の区別）が付けられているため、コーパスの単語情報と合わせ、語彙の位相差を検出することが可能になった。
　本稿はこのコーパスを用いて、平安時代の仮名文学作品について文体別の特徴語を抽出し、その分析を行おうとするものである。一部の助詞・助動詞の文体上の使用の偏りや、歌語のような際だった文体的特徴を持つ語については、これまでに多くの研究の蓄積があるが、文体的特徴語の網羅的な調査は、コーパスの整備によってはじめて可能になったものである。
　本稿では、平安時代の仮名文学作品を中古和文として一括し、ひとまとまりのものとして扱う。作者が違い時代差もある作品群を一括りにすることには問題もあるが、個別作品における差に拘らず、大きな傾向を掴むことを優先する。ようやく利用可能になった多作品のコーパスを活かし、corpus-driven な探索的研究を行うことを主眼とするからである。

2. 調査の方法

2.1　対象としたコーパス

　調査対象は、『日本語歴史コーパス　平安時代編』（短単位データ1.0、長単位データ1.0）の次の14作品である。

　　　　古今和歌集、土佐日記、竹取物語、伊勢物語、落窪物語、大和
　　　　物語、枕草子、源氏物語、紫式部日記、和泉式部日記、平中物
　　　　語、堤中納言物語、更級日記、讃岐典侍日記

　コーパスでは、これらの作品の本文を構成する全ての語について、短単位と長単位という2つの言語単位で情報が付与されている（冨士池2015）。本稿の調査では、このうち記号・空白のほか「漢文」を除いた、短単位のべ725131語、長単位のべ641859語を対象とし*1、これを文体別に集計した。

　ここでいう「文体」とは、『日本語歴史コーパス　平安時代編』に付与されている「文体種別」属性による。この属性は、このコーパスの底本となった小学館『新編日本古典文学全集』に付与されている情報をもとにしたもので、括弧によって示された「会話」と、字下げなどによって示される「和歌」「手紙」、それ以外の「地の文」の別を基本としている。たとえば、次に示す例の波線部が「会話文」、下線部が「和歌」であり、それ以外の部分が「地の文」にあたる。このほかの文体種別として「手紙」があるほか、『古今和歌集』では、「詞書」「古注」などの情報が付けられている。

　　その沢にかきつばたいとおもしろく咲きたり。それを見て、ある人のいはく、「かきつばた、といふ五文字を句のかみにすゑて、旅の心をよめ」といひければ、よめる。
　　　　から衣きつつなれにしつましあればはるばるきぬるたびをしぞ思ふ
　　とよめりければ、みな人、かれいひの上に涙おとしてほとびにけり。　　　『伊勢物語』（『新編日本古典文学全集』12巻 p.121）

　今回の調査では、これらのうち、語数の少ない「手紙」や『古今和歌集』の「和歌」以外の部分（「詞書」「古注」および左注などの要素を含む）を調査対象から除外した。したがって、調査対象の文体は「地の文」「会話文」「和歌」の3種になる。表1に、調査対象の作品・文体別の語数（短単位・長単位）を示す。

　なお、『新編日本古典文学全集』において、「心話」は会話と区別されていないことから、今回の調査では会話文に一括されている。心話文中の語彙については、会話文とは違いがあるという指摘もさ

表1　調査対象の作品・文体別語数

作品名	短単位 地の文	会話文	和歌	計	長単位 地の文	会話文	和歌	計
伊勢物語	9199	536	4048	13783	8593	510	3908	13011
源氏物語	300783	129409	13120	443312	258257	114846	12650	385753
古今和歌集	2462	0	18622	21084	2306	0	17959	20265
更級日記	10126	3055	1478	14659	9308	2811	1417	13536
讃岐典侍日記	11394	3792	369	15555	9665	3303	356	13324
紫式部日記	16158	989	293	17440	13810	889	281	14980
大和物語	15586	2496	4978	23060	13989	2294	4843	21126
竹取物語	5389	4299	255	9943	4868	3988	248	9104
堤中納言物語	9511	5375	813	15699	8409	4856	781	14046
土佐日記	5080	547	1058	6685	4755	514	1023	6292
平中物語	7724	1864	2815	12403	7306	1761	2706	11773
枕草子	52085	13347	602	66034	47261	12314	584	60159
落窪物語	27893	25523	1167	54583	24429	22880	1121	48430
和泉式部日記	5124	3302	2465	10891	4611	3058	2391	10060
合計	478514	194534	52083	725131	417567	174024	50268	641859

れてきたが、ここでは区別していない。また、中古和文における地の文と会話文については区別が難しい場合も少なくなく原理的な問題もあるが、本稿では『新編日本古典文学全集』の区別を所与のものとして扱って独自の文体判別は行っていない。これには、例えば、会話文に特徴的な語が用いられているからこの部分は会話文としてアノテーションするというような循環論を避ける意味もある。

調査対象の語数を文体別に見ると、どの作品でも地の文が過半を占め、短単位では全体の約66％に及び、次いで会話文が約27％、和歌は約7％となっている。長単位では、地の文が約65％、会話文が約27％、和歌が約8％である。また、短単位での語数を作品別に見ると、『源氏物語』が約61.1％を占める。次いで『枕草子』が約9.1％、『落窪物語』が約7.5％であるが、残りの作品はいずれも4％未満に過ぎない。全体として『源氏物語』の割合が極めて大きいが、この偏りは現存する資料の制約から避けがたい問題である。

調査する語彙は、原則としてコーパスの「語形」レベルで区別し

た。コーパスの形態論情報のうち「語形」「語形代表表記」「品詞」と必要に応じて「語彙素細分類」*2 によって語を同定している。異なり語数は短単位で10022語、長単位で24532語である。

　こうしてまとめた語の頻度を、文体・出典情報とともにコーパスから取得した表を基礎データとした。表2に、コーパスから取得したデータの一部を示す。ここで「語」とした項目は、語を区別する情報を「語形代表表記_語形（品詞大分類）」の形にまとめて1項目で同語判別ができるようにしたものである。

表2　コーパスから取得したデータの形式

語	語形代表表記	語形	品詞	品詞大分類	作品	文体	用例数
肖物_アエモノ(名詞)	肖物	アエモノ	名詞-普通名詞-一般	名詞	源氏物語		2
肖物_アエモノ(名詞)	肖物	アエモノ	名詞-普通名詞-一般	名詞	源氏物語	会話	3
襖_アオ(名詞)	襖	アオ	名詞-普通名詞-一般	名詞	更級日記		1
襖_アオ(名詞)	襖	アオ	名詞-普通名詞-一般	名詞	枕草子		3
襖_アオ(名詞)	襖	アオ	名詞-普通名詞-一般	名詞	源氏物語		1
青_アオ(名詞)	青	アオ	名詞-普通名詞-一般	名詞	土佐日記	歌	1
青_アオ(名詞)	青	アオ	名詞-普通名詞-一般	名詞	枕草子		5
青_アオ(名詞)	青	アオ	名詞-普通名詞-一般	名詞	源氏物語		1
葵_アオイ(名詞)	葵	アオイ	名詞-普通名詞-一般	名詞	古今和歌集	詞書	1
葵_アオイ(名詞)	葵	アオイ	名詞-普通名詞-一般	名詞	堤中納言物語		2
葵_アオイ(名詞)	葵	アオイ	名詞-普通名詞-一般	名詞	堤中納言物語	歌	2
葵_アオイ(名詞)	葵	アオイ	名詞-普通名詞-一般	名詞	更級日記		1
葵_アオイ(名詞)	葵	アオイ	名詞-普通名詞-一般	名詞	枕草子		5
葵_アオイ(名詞)	葵	アオイ	名詞-普通名詞-一般	名詞	源氏物語		2
葵_アオイ(名詞)	葵	アオイ	名詞-普通名詞-一般	名詞	源氏物語	歌	4

　なお、利用したコーパスは、通時コーパス用「中納言」で公開されているものと同一のデータだが、調査には「中納言」を利用していない。コーパスが格納された「形態論情報データベース」（小木曽・中村2014）から、表2の形式の情報をSQLで取り出して集計を行った。

2.2　特徴語の抽出

　前節で示した基礎データをもとに、各文体においてそれぞれの見

出し語の用例がどのように分布しており、見出し語がどの程度文体的な偏りをもっているのかを調査したい。従来の研究では、このような場合にも単純な用例数を用いたり、当該語の全用例のうち会話文では何例あったかを計算した文体別の割合を用いたりすることが多かった。しかし、用例数（粗頻度）だけでは、他の文体と比較したときの相対的な多さ・少なさが分からない。文体別の割合を用いれば用例の偏りは出せるが、そこでは各文体のテキストの総語数が考慮されていないし、低頻度語では割合が極端に振れるために特徴的な語を適切に抽出することができない。

　このような問題に対し、コーパス言語学の分野では「ダイス係数」「カイ二乗値」「対数尤度比」などの統計的指標を用いることで対処してきた。いずれも、調査対象のテキスト（対象テキスト）における当該語の用例数が、比較のため参照するテキスト（参照テキスト）における当該語の用例数から期待される数と比較してどの程度多いのか、あるいは少ないのかを示す指標である。ある語が文体的な偏りを持つとき、1つの文体でしか現れないという現象は稀であって、多くの場合は程度の差として現れる。そうである以上、その程度こそが問題にされるべきであり、そのために偏りの程度を数値化することのできる特徴語抽出の方法は有効である。

　いくつもある指標の中で、対数尤度比は、特徴語抽出の指標として英語コーパスを活用した研究で多く用いられてきた実績がある（石川2012）。また、宮島・近藤（2011）は日本語の『古典対照語い表』を用いた古典作品別の特徴語抽出を行っているが、ここでも対数尤度比が利用されており、さらに小林・小木曽（2013）でも中古和文の作品別の特徴語抽出にこれを利用している。そこで、本稿でも対数尤度比を用いて文体別の特徴語の抽出を行うこととした。実際の計算では、Kilgariff（2001）の式を用いて宮島・近藤（2011）と同様の処理を行った。対象テキストでの使用率が参照テキストの使用率よりも低い場合には−1を乗じて補正し、反特徴語（現れにくいという意味で特徴的な語）を取り出すようにしている点も同じである。本調査では、たとえば対象テキストとして会話文を選んだ場合、それ以外の文体（地の文と和歌）を参照テキストと

して計算を行った。処理の内容を、実際に計算に用いた Excel VBA の関数としてリスト1に示す*3。

リスト1　対数尤度比を計算する関数（Excel VBA）

```
Public Function LogLikelihoodRatio(ByVal target As Long, comparison As Long, targetTotal As Long, comparisonTotal As Long) As Variant
'引数の target は対象テキストでの語 W の度数、comparison は参照テキストでの語 W の度数、targetTotal は対象テキストののべ語数、comparisonTotal は参照テキストののべ語数
    a = target
    b = comparison
    c = targetTotal - a
    d = comparisonTotal - b
    If a = 0 Then aloga = 0 Else aloga = a * Log(a)
    If b = 0 Then blogb = 0 Else blogb = b * Log(b)
    LogLikelihoodRatio = 2 * (aloga + blogb + c * Log(c) + d * Log(d) - (a + b) * Log(a + b) - (a + c) * Log(a + c) - (b + d) * Log(b + d) - (c + d) * Log(c + d) + (a + b + c + d) * Log(a + b + c + d))
    If target / targetTotal < comparison / comparisonTotal Then LogLikelihoodRatio = LogLikelihoodRatio * (-1)
End Function
```

　この関数によって得られる対数尤度比（Log Likelihood Ratio、以下 LLR）の数値は、その値が正の場合、当該語が対象テキストにおいて、参照テキストにおける用例数から期待される値に比べて高い頻度で現れていることを示す。数値が大きければ大きいほど、その程度が甚だしく、対象テキストにおいて特徴的に多く用いられている語であると言える。値が負の場合には、参照テキストから期待される値に比べて対象テキストで低い頻度で現れている（または全く現れていない）ことを示す。小さければ小さいほど、対象テキストでは用いられないという意味で特徴的な語であるといえる。数値は連続的なものであるが、本稿では便宜上、各文体における LLR の上位50語を「特徴語」、下位50語を「反特徴語」とみなすことにする。

3. 文体別の特徴語（短単位）

3.1 文体別特徴語の品詞

『日本語歴史コーパス　平安時代編』の短単位の見出し語全てについてLLRを計算し、地の文・会話文・和歌のそれぞれでLLRが大きいものから順に並べ替えることによって、各文体の特徴語を抽出した。分析は他の文体の特徴語や反特徴語とともに後で行うこととし、ここでは各文体の特徴語の傾向を概観していきたい。

まず、各文体の特徴語の品詞についてみておこう。表3に各文体のLLR上位50語の品詞（品詞大分類）別集計結果を示す。すでにこのレベルでも各文体で特徴語の傾向が異なっており、地の文においては接頭辞・接尾辞、会話文においては助動詞・副詞・感動詞、和歌においては名詞が、特徴語として特に多く抽出されていることが分かる。また、地の文では代名詞が、和歌では副詞が特徴語になっていないのが目をひく。

表3　文体別特徴語の品詞

品詞	地の文	会話文	和歌
感動詞	0	2	0
形容詞	3	1	2
助詞	7	11	9
助動詞	3	9	3
接頭辞	3	0	0
接尾辞	5	0	1
代名詞	0	6	3
動詞	16	7	12
副詞	1	9	0
名詞	12	5	20

3.2　地の文の特徴語

表4に地の文の特徴語（LLRの上位50語）のリストを掲げる。表中の「地の文」「会話文」「和歌」はそれぞれの文体における当該語の用例数である。なお、表の見出し語は、語形代表表記を元にわかりやすく簡略に書き改めた。

地の文の特徴語は、おおよそ次のように整理できる。
【尊敬語】「給ふ（尊敬）」「思す」「宣ふ」、「御-」「-君」という多くの尊敬語要素が特徴語となっている。敬語動詞は全て尊敬語であり、会話文の特徴語が丁寧語・謙譲語に偏るのと対照的である。
【接続助詞】　助詞では、「て」「ば」「とて」「つつ」「ど」と接続助詞が多数抽出される。接続助詞以外の助詞としては「など」がある。
【助動詞「たり」「り」「けり」】　助動詞では、過去・完了の助動詞「たり」「り」「けり」が抽出される。これは、会話文の特徴語「つ」、会話文と歌の特徴語「き」と好対照をなす。
【様相の表現】「-気（げ）」「気配」「気色」「様」のように、様子を描写する表現に用いられる語が多く含まれる。また「-がる」のように他者の立場からの描写でしか用いられない語が抽出されるのは地の文の性格を反映している。このほかに「例の～」として用いられる「例」が抽出されているが、これも読者と知識・経験を共有する地の文特有の表現である。

　地の文の特徴語には実質的な内容語も多く、次のような語が抽出されている。
【名詞：人物】　登場人物を指す「男」「女」「人々」「宮」「君」「大臣」が特徴語となっている。このほかには「几帳」が抽出された。
【動詞：行動の描写】　動詞は、登場人物の行動を描写するものが多い。「言ふ」「居る」「入る」「書く」「出づ」「笑ふ」「伏す」「泣く」「引く」「続く」「遣る」「読む」「笑む」の13語がある。
【接頭辞・接尾辞】　語に意味を添えて複雑な表現を可能にする接頭辞「うち-」「差し-」や、接尾辞「-ども」が特徴語となっている。
　以上のほかに、形容詞では「をかし」「美し」「面白し」「白し」、副詞では「いと」が特徴語となっている。中古和文の典型的な語である「をかし」や「いと」が地の文の特徴語であることは注意されてよいだろう。

表4　地の文の特徴語（短単位）

語	地の文	会話文	和歌	LLR
て（助詞）	19782	4979	1038	1447.445
など（助詞）	5199	797	1	1349.214
給ふ-尊敬（動詞）	13908	4035	2	1163.280
たり-完了（助動詞）	6728	1533	78	891.724
と（助詞）	13581	3155	1113	880.954
り（助動詞）	3867	686	206	549.846
言ふ（動詞）	4006	852	165	465.748
可笑し（形容詞）	1264	143	3	427.906
打ち（接頭辞）	1705	216	57	419.539
けり（助動詞）	5936	1321	540	383.148
思す（動詞）	3019	762	0	355.081
男（名詞）	740	50	0	350.565
共（接尾辞）	1727	342	0	318.950
とて（助詞）	1928	346	64	317.090
ば（助詞）	7656	2013	705	298.595
御［オオン］（接頭辞）	4650	1480	0	283.917
宣ふ（動詞）	1557	320	0	270.981
居［イ］る（動詞）	876	83	35	258.745
気［ゲ］（接尾辞）	1656	366	8	244.342
入る（動詞）	1170	197	35	215.466
書く（動詞）	709	85	9	212.563
人々（名詞）	927	164	1	199.469
女（名詞）	904	161	0	194.361
出づ（動詞）	2297	537	132	186.536
君［ギミ］（接尾辞）	737	126	0	167.133
笑ふ（動詞）	387	32	0	164.718
伏す（動詞）	409	34	9	148.757
いと（副詞）	4669	1718	10	146.265
宮（名詞）	992	224	2	143.827
泣く（動詞）	491	28	44	133.054
引く-他動詞（動詞）	716	109	33	131.736
つつ（助詞）	943	89	134	127.057
続く（動詞）	295	23	1	126.726
例［レイ］（名詞）	616	117	0	120.955
気配［ケワイ］（名詞）	373	46	0	119.365
差し（接頭辞）	489	77	7	110.181
遣る（動詞）	717	112	49	106.788
美し（形容詞）	237	18	0	105.751
君［キミ］（名詞）	1020	243	34	100.251
ど（助詞）	2606	776	158	96.150
白し（形容詞）	217	15	2	95.207
返し（名詞）	188	11	0	94.958
読む（動詞）	420	71	4	89.916
がる（接尾辞）	287	39	0	83.992
様［サマ］（名詞）	1627	551	6	74.104
大臣［オトド］（名詞）	537	129	0	70.017
几帳（名詞）	195	21	0	69.644
日［カ］（接尾辞）	242	28	6	68.521
気色［ケシキ］（名詞）	805	216	17	66.415
笑む（動詞）	98	2	0	66.183

3.3　会話文の特徴語

　会話文には会話ならではの制約があるため、それに伴う表現が特徴語として現れると考えられる。井島（2011）は、中古和文における会話文の制約について述べ、次のような表現が会話文では用いられるが地の文では用いられないことを挙げている。

　　・言語行為に関わる制約：命令・禁止・依頼表現、希望・願望表現
　　・コミュニケーション行為に関わる制約：語りかけを表す終助詞・係助詞
　　・ポライトネスに関わる制約：丁寧語
　　・その他：省略表現、倒置表現、一・二人称表現

こうした表現の中には省略や倒置のように語彙として現れないものや、命令法のように今回の調査方法では検出できないものもあるが、それ以外のものは会話文の特徴語として抽出されることが期待される。

　表 5 に会話文の特徴語のリストを掲げたが、その傾向は以下のようにまとめられるだろう。このうち、従来より指摘のある「侍り」「なむ」が際だって大きな LLR を示しているほか、助動詞「む」や「こそ」もこれに次いで大きく特徴的である。

【丁寧語・謙譲語】「侍り」「給ふ（謙譲）」「罷る」「承る」の 5 語が抽出される。特に「侍り」の LLR は 6400 以上と際だって高い。丁寧語・謙譲語に限られるのは地の文で尊敬語ばかりが抽出されるのと対照的である。婉曲表現の「ものす」も会話文の特徴語となっている。

【係助詞】　係助詞の大半にあたる「なむ」「こそ」「か」「や」「は」が会話文の特徴語となっている。とくに「なむ」は LLR が 2100 で、「侍り」に次いで大きい。

【助動詞】　過去・完了の「き」「つ」、推量の「べし」「なり（伝聞）」「めり」、意志・推量（打消の意志・推量）の「む」「じ」「まじ」という多数の助動詞が会話文の特徴語となっている。「き」「つ」は地の文の「けり」「たり」「り」と対照的である。このほか、使役・尊敬の「さす」が特徴語となっている。

【禁止表現】　禁止表現「な〜そ」で用いられる「な」と「そ」の両

表5　会話文の特徴語（短単位）

語	地の文	会話文	和歌	LLR
侍り（動詞）	248	3049	2	6442.202
なむ（助詞）	907	2004	83	2101.884
む（助動詞）	3420	3874	658	1744.903
こそ（助詞）	1053	1837	282	1357.345
給ふ-謙譲（動詞）	27	548	0	1242.142
事（名詞）	3945	2748	172	566.984
か（助詞）	762	1059	328	490.612
は（助詞）	8920	5604	1661	486.644
つ（助動詞）	1260	1264	193	482.508
や（助詞）	1546	1661	661	467.507
べし（助動詞）	2387	1824	206	433.878
なり-伝聞（助動詞）	215	436	39	398.482
き（助動詞）	2385	1938	561	381.862
ものす（動詞）	229	404	0	378.056
めり（助動詞）	671	713	25	358.750
斯く（副詞）	850	793	40	316.036
そ（助詞）	9	185	28	310.001
あな（感動詞）	55	216	15	293.950
な（副詞）	7	172	28	286.443
此処（代名詞）	129	274	11	278.910
今（名詞）	621	654	116	258.573
など（副詞）	104	249	27	247.692
然［サ］り（動詞）	907	715	6	219.665
麻呂（代名詞）	1	92	2	217.366
じ（助動詞）	324	472	165	215.936
然［サ］（副詞）	548	516	26	208.805
さす（助動詞）	909	693	1	199.822
かな（助詞）	315	497	262	185.694
罷る（動詞）	37	128	0	184.360
如何で（副詞）	263	324	28	183.769
如何に（副詞）	333	377	48	179.504
いで（感動詞）	31	123	4	178.475
承る（動詞）	23	107	0	174.633
何（代名詞）	302	376	90	170.185
此れ（代名詞）	409	392	19	163.943
とも（助詞）	167	301	117	159.151
かし（助詞）	479	413	11	147.863
まじ（助動詞）	376	343	1	141.745
よ（助詞）	143	204	19	135.551
斯う（副詞）	210	236	1	134.663
な（助詞）	61	187	81	130.948
有り（動詞）	4967	2598	412	130.084
早（副詞）	4	69	6	127.822
世（名詞）	1096	828	269	124.692
如何（副詞）	190	225	23	118.359
某（代名詞）	9	63	0	117.165
賢し（形容詞）	80	132	2	113.745
何事（名詞）	168	192	3	110.123
只今（名詞）	60	112	0	109.766
誰［タ］（代名詞）	9	80	20	102.367

方が会話文の特徴語となっている。

【指示詞】「斯く」「斯う」「此れ」「此処」「然り」「然」「如何で」「如何に」「何」「何事」「某(なにがし)」「誰(た)」と非常に多くの指示詞類が会話文の特徴語となっている。これら以外の代名詞類として「麻呂」が現れる。

【感動表現】 感動詞として「あな」「いで」、終助詞として「かな」「よ」「かし」がある。

　以上のように、会話文の制約に伴う表現形式が多く特徴語として抽出された。このほかに、名詞では「事」「今」「世」「只今」があるが、ここでも「今」というダイクティックな表現が特徴的である。動詞では「有り」「捨つ」、形容詞は「かしこし」があった。

3.4　和歌の特徴語

　表6に和歌の特徴語のリストを掲げた。さきに会話文の制約について触れたが、そのうちの「言語行為に関わる制約」は和歌にも共通するものだと考えられ、会話と和歌は、この点では共通性を持っている。そのため、歌の特徴語は会話文の特徴語と重なることがあり、係助詞「は」「や」「か」、終助詞「かな」は会話文の特徴語でもある。一方、地の文の特徴語との重複は全くない。和歌の特徴語はおおよそ次のようにまとめられる。

【助詞】　格助詞・連体助詞の「の」「が」が抽出された。また、係助詞では「ぞ」が上位の特徴語であるほか、会話文と共通する「や」「は」「か」、強意の「し」が抽出された。接続助詞では逆接の「ども」が特徴語となっている。

【助動詞】　助動詞では「らむ」「ず」「まし」が和歌の特徴語となっている。

【一人称・二人称代名詞】「君」「吾(わ)」「我」が和歌の特徴語となっている。会話文でも代名詞が多く特徴語になるが、和歌の代名詞とは語彙が異なる。

　このほかに機能的な語としては、ミ語法の接尾辞「-み」がある。しかし、和歌の特徴語として目立つのは、歌語として捉えられるよ

表6　和歌の特徴語（短単位）

語	地の文	会話文	和歌	LLR
君（代名詞）	5	58	245	988.753
花（名詞）	258	70	299	757.209
秋（名詞）	106	31	203	631.843
ぞ（助詞）	1989	930	688	547.346
袖（名詞）	89	16	165	524.297
宿（名詞）	6	7	106	478.346
鳴く（動詞）	87	10	148	465.384
の（助詞）	24659	8945	3787	462.097
山（名詞）	196	84	198	436.654
や（助詞）	1546	1661	661	425.014
わ（代名詞）	487	175	277	419.436
春（名詞）	75	47	143	405.988
が（助詞）	1126	652	454	403.365
会ふ（動詞）	167	82	165	349.794
らむ（助動詞）	492	419	295	348.595
恋ふ（動詞）	42	9	101	345.781
憂し（形容詞）	136	64	148	335.017
散る（動詞）	87	15	118	333.111
み（接尾辞）	3	3	71	332.798
身（名詞）	357	346	252	330.581
かな（助詞）	315	497	262	308.313
行く（動詞）	466	167	229	303.074
露（名詞）	57	21	101	298.575
し（助詞）	94	30	114	289.603
てふ（動詞）	1	1	48	236.362
色（名詞）	225	43	133	231.135
消ゆ（動詞）	67	20	86	226.222
ども（助詞）	125	54	111	225.561
恋（名詞）	7	1	51	223.024
我（代名詞）	385	219	190	217.319
波（名詞）	45	14	74	215.959
海女（名詞）	15	3	56	215.581
風（名詞）	172	58	119	213.353
は（助詞）	8920	5604	1661	210.449
川（名詞）	65	13	77	202.409
涙（名詞）	176	17	105	195.216
桜花（名詞）	0	0	37	194.904
流る（動詞）	29	5	58	189.405
ず（助動詞）	6256	2895	1119	188.445
降る（動詞）	177	37	107	186.977
恋し（形容詞）	125	41	96	186.226
まし（助動詞）	268	209	155	183.622
咲く（動詞）	66	15	72	179.804
来（動詞）	838	326	251	173.249
今日（名詞）	158	140	119	172.669
影（名詞）	55	17	66	167.374
か（助詞）	762	1059	328	163.381
名（名詞）	127	58	93	163.160
時鳥（名詞）	24	6	50	162.014
思ほゆ（動詞）	21	6	47	154.499

うな内容語である。歌題として好んで詠まれる名詞と関連する動詞が多数抽出されている。

【名詞】「花」「秋」「袖」「宿」「山」「春」「身」「露」「恋」「波」「海女」「風」「川」「涙」「桜花」「今日」「影」「名」「時鳥」

【動詞】「鳴く」「会ふ」「恋ふ」「散る」「行く」「てふ」「消ゆ」「流る」「降る」「咲く」「来」「思ほゆ」

【形容詞】「憂し」「恋し」

　これらは、文体や表現が担う機能と言うよりは、内容そのものに起因する特徴語であり、今後、文学的な観点から作品・歌集別・時代別の特徴語の分析が望まれるところである。

4. 反特徴語（短単位）

　第3節の特徴語抽出と同様の方法で、見出し語をLLRが小さいものから順に並べ替え、各文体の「反特徴語」の上位50語を抜き出したものを表7に示す。それぞれの文体で現れにくいという点で特徴的な語である。表4～6に挙げたものと重複する語も多いため、ここでは文体別の用例数は省略し、LLRのみを掲出した。

　反特徴語は、地の文と会話文で多くの場合には裏腹の関係にある。例えば、会話文の反特徴語50語は、地の文の特徴語37語と和歌の特徴語8語で大部分を占めており、それ以外のものは助詞「に」、動詞「眺む」「見ゆ」「着る」、名詞「声」の5語に過ぎない。また、地の文の反特徴語は会話文の特徴語37語と和歌の特徴語10語で大部分を占めており、それ以外のものはわずかに動詞「知る」「頼む」、助動詞「ぬ」の3語に過ぎない。

　しかし、和歌の反特徴語はこれと異なり、地の文の特徴語23語と会話文の特徴語8語を含むものの、次の19語はいずれのリストにもない。

　　動詞：「奉る」「参る」「おはす」「覚ゆ」「おはします」「侍ふ」「申す」
　　接頭辞：「御」、接尾辞：「-君(ぎみ)」、形容詞：「いみじ」「怪し」
　　代名詞：「是(こ)」「彼(か)」、名詞：「程」「所」「有様」「大臣(おとど)」
　　副詞：「少し」「え（不可能）」

表7 各文体の反特徴語（短単位）

地の文	LLR	会話文	LLR	和歌	LLR
侍り（動詞）	-5049.780	と（助詞）	-849.684	給う-尊敬（動詞）	-2679.772
む（助動詞）	-1771.803	て（助詞）	-825.355	御［オオン］（接頭辞）	-917.841
なむ（助詞）	-1590.152	など（助詞）	-650.404	など（助詞）	-883.543
こそ（助詞）	-1420.815	けり（助動詞）	-431.133	いと（副詞）	-859.790
や（助詞）	-1094.688	り（助動詞）	-426.632	たり-完了（助動詞）	-763.870
給う-謙譲（動詞）	-987.391	たり-完了（助動詞）	-331.238	思す（動詞）	-565.170
は（助詞）	-838.188	ば（助詞）	-315.838	聞こゆ（動詞）	-516.985
か（助詞）	-833.211	打ち（接頭辞）	-305.624	なり-断定（助動詞）	-480.822
き（助動詞）	-609.169	つつ（助詞）	-278.389	侍り（動詞）	-469.536
君（代名詞）	-606.854	言ふ（動詞）	-275.616	て（助詞）	-468.572
かな（助詞）	-600.307	可笑し（形容詞）	-242.695	奉る（動詞）	-317.030
つ（助動詞）	-439.763	男（名詞）	-221.269	共（接尾辞）	-308.886
じ（助動詞）	-415.573	居［イ］る（動詞）	-216.723	事（名詞）	-297.934
そ（助詞）	-391.718	とて（助詞）	-195.246	宜ふ（動詞）	-280.184
な（副詞）	-376.153	泣く（動詞）	-185.358	様［サマ］（名詞）	-274.002
なり-伝聞（助動詞）	-347.571	給う-尊敬（動詞）	-183.244	す（助動詞）	-267.445
とも（助詞）	-341.054	の（助詞）	-173.350	御［ミ］（接頭辞）	-258.558
身（名詞）	-324.720	入る（動詞）	-133.263	参る（動詞）	-254.179
らむ（助動詞）	-318.934	書く（動詞）	-129.894	気［ゲ］（接尾辞）	-239.402
な（助詞）	-313.435	出づ（動詞）	-125.231	さす（助動詞）	-227.591
べし（助動詞）	-270.514	共（接尾辞）	-123.871	いみじ（形容詞）	-219.366
今（名詞）	-265.371	伏す（動詞）	-109.335	様［ヨウ］（名詞）	-202.188
あな（感動詞）	-264.084	遣る（動詞）	-103.041	然［サ］り（動詞）	-194.433
世（名詞）	-238.023	引く-他動詞（動詞）	-101.520	可笑し（形容詞）	-182.835
など（副詞）	-235.896	宜ふ（動詞）	-100.691	おわす（動詞）	-168.886
ものす（動詞）	-233.528	笑ふ（動詞）	-99.904	宮（名詞）	-162.312
が（助詞）	-228.471	花（名詞）	-93.410	女（名詞）	-158.882
何（代名詞）	-227.115	思す（動詞）	-91.543	人々（名詞）	-152.037
事（名詞）	-216.973	涙（名詞）	-89.920	程（名詞）	-144.641
此処（代名詞）	-208.457	鳴く（動詞）	-89.581	是［コ］（代名詞）	-144.013
宿（名詞）	-201.224	に（助詞）	-87.641	覚ゆ（動詞）	-143.776
めり（助動詞）	-200.025	人々（名詞）	-87.512	言ふ（動詞）	-142.300
麻呂（代名詞）	-192.519	気［ゲ］（接尾辞）	-87.174	君［ギミ］（接尾辞）	-128.728
ぞ（助詞）	-182.409	女（名詞）	-83.812	おわします（動詞）	-120.370
秋（名詞）	-171.009	続く（動詞）	-80.196	男（名詞）	-117.833
斯く（副詞）	-170.898	袖（名詞）	-79.341	彼（代名詞）	-117.624
知る（動詞）	-168.584	君［ギミ］（接尾辞）	-74.531	なむ（助詞）	-112.597
ぬ（助動詞）	-166.234	秋（名詞）	-67.063	例［レイ］（名詞）	-109.327
花（名詞）	-161.126	美し（形容詞）	-65.308	所（名詞）	-106.906
誰［タ］（代名詞）	-161.080	白し（形容詞）	-64.862	有り様（名詞）	-106.872
春（名詞）	-156.483	気配（名詞）	-64.089	侍ふ（動詞）	-99.926
如何に（副詞）	-154.127	色（名詞）	-63.593	大臣（名詞）	-99.329
まし（助動詞）	-146.594	眺む（動詞）	-63.580	申す（動詞）	-99.001
いで（感動詞）	-143.298	返し（名詞）	-61.323	少し（副詞）	-98.713
如何で（副詞）	-138.395	差し（接頭辞）	-60.271	まじ（助動詞）	-97.345
み（接尾辞）	-136.776	散る（動詞）	-58.029	ものす（動詞）	-94.405
今日（名詞）	-136.729	見ゆ（動詞）	-55.841	え（副詞）	-90.370
早（副詞）	-133.458	声（名詞）	-54.972	とて（助詞）	-89.505
罷る（動詞）	-131.257	例［レイ］（名詞）	-49.117	怪し（形容詞）	-87.891
頼む（動詞）	-129.356	着る（動詞）	-48.985	めり（助動詞）	-86.969

これらの語は、いずれも中古和文において一般的な語であり、地の文でも会話文でも用いられるものが多いのに対し、和歌にはほとんど用いられないものであって、散文に対する和歌という語彙の対立が見て取れる。

　したがって、単に各文体の特徴語だけを見るのではなく、反特徴語を合わせて検討することによって語彙の文体差が詳細に読み取れることになる。第6節で改めて特徴語とともに検討する。

5. 長単位の特徴語

　長単位は、短単位より長い単位で、おおむね文節で区切った後に文節末の付属語を切り離したものになる。そのため、短単位と比較すると、接頭辞・接尾辞は長単位の一部となるため見出し語でなくなり、複合動詞や複合名詞が新たに見出しとなるなどの違いがある。長い単位であるため、コーパス全体ののべ語数は少なくなるが、異なり語数は多くなる。このような長単位での特徴語は、短単位と比較してどのようなものとなるだろうか。

　表8に、長単位で見た文体別の特徴語（LLR上位50語）を挙げた。個別の頻度は省略し、LLRのみを掲出している。長単位の定義上、接頭辞や接尾辞が現れず、その代わりに接尾辞が付いて形容動詞となった「をかしげ」が地の文で特徴語となっている。このほか、複合動詞の「差し出づ」、敬語の補助動詞が付いた「聞こえ給ふ」「参り給ふ」「居給ふ」「渡り給ふ」（地の文）、「思ひ給ふ」「思ひ侍り」「し侍り」「ものし給ふ」（会話文）などが新たにリストに加わっている。

　しかし、総じて短単位の特徴語と比べて大きな差はない。現代語では、漢語の複合名詞が多く用いられるため、短単位と長単位で特徴語に大きな違いが見られる場合があるが、漢語が極めて少なく複合語が少ない中古和文では、短単位と長単位の差が小さいため、このような結果となっている。

　長単位の反特徴語についても結果は同様であり、短単位における反特徴語と大差ない。そのため、ここで特に取り上げることはしない。

表8　各文体の特徴語（長単位）

地の文	LLR	会話文	LLR	和歌	LLR
て（助詞）	1704.777	侍り（動詞）	3118.448	君（代名詞）	947.271
など（助詞）	1456.306	なむ（助動詞）	2068.339	花（名詞）	713.791
と（助詞）	1047.204	む（助動詞）	1701.159	秋（名詞）	596.240
たり（助動詞）	998.716	こそ（助詞）	1329.637	袖（名詞）	536.316
り（助動詞）	612.608	事（名詞）	596.151	見る（動詞）	477.107
けり（助動詞）	452.842	か（助詞）	476.890	ぞ（助詞）	469.015
言ふ（動詞）	380.051	つ（助詞）	467.314	宿（名詞）	464.529
可笑し（形容詞）	371.946	は（助詞）	451.015	鳴く（動詞）	429.382
ば（助詞）	371.239	や（助詞）	449.853	春（名詞）	383.648
思す（動詞）	354.950	べし（助動詞）	415.791	わ（代名詞）	382.938
とて（助詞）	350.070	き（助動詞）	364.098	散る（動詞）	376.950
男（名詞）	334.016	めり（助動詞）	349.187	の（助詞）	357.502
宣ふ（動詞）	284.395	そ（助詞）	306.391	や（助詞）	355.383
聞こえ給ふ（動詞）	230.542	斯く（副詞）	306.295	が（助詞）	349.793
人々（名詞）	208.736	思ひ給ふ（動詞）	295.023	恋ふ（動詞）	328.717
いと（副詞）	186.291	あな（感動詞）	289.945	らむ（助動詞）	310.308
つつ（助詞）	141.909	な（副詞）	283.091	憂し（形容詞）	305.455
例（名詞）	134.895	此処（代名詞）	264.047	身（名詞）	302.743
女君（名詞）	130.641	今（名詞）	263.921	山（名詞）	295.219
宮（名詞）	124.225	など（副詞）	243.467	行く（動詞）	278.228
ど（助詞）	120.024	然［サ］り（動詞）	221.727	露（名詞）	275.302
女（名詞）	108.344	し侍り（動詞）	221.522	かな（助詞）	274.352
書く（動詞）	108.063	じ（助動詞）	206.958	し（助詞）	271.620
気配（名詞）	105.360	麻呂（代名詞）	202.723	会ふ（動詞）	266.022
白し（形容詞）	98.353	然（副詞）	202.410	消ゆ（動詞）	241.516
出で給ふ（動詞）	96.349	思ひ侍り（動詞）	194.384	知る（動詞）	240.657
思し出づ（動詞）	92.244	かな（助詞）	179.719	色（名詞）	232.845
哀れ（形状詞）	88.912	如何で（副詞）	179.209	てふ（動詞）	228.086
参り給ふ（動詞）	85.601	思う給ふ（動詞）	176.820	海女（名詞）	214.546
少将（名詞）	83.701	いで（感動詞）	176.153	待つ（動詞）	214.099
返し（名詞）	81.406	如何に（副詞）	174.529	頼む（動詞）	213.118
様（名詞）	78.555	さす（助動詞）	169.505	ども（助詞）	208.867
読む（動詞）	77.642	此れ（代名詞）	165.100	恋（名詞）	202.461
大臣（名詞）	72.485	ものす（動詞）	163.447	波（名詞）	200.067
居給ふ（動詞）	72.403	何（代名詞）	162.013	我（代名詞）	198.869
差し出づ（動詞）	70.491	とも（助詞）	155.019	風（名詞）	195.735
面白し（形容詞）	70.296	参り来（動詞）	154.799	涙（名詞）	191.541
可笑し気（形状詞）	70.074	ものし給ふ（動詞）	149.463	桜花（名詞）	188.503
に（助詞）	68.973	覚え侍り（動詞）	145.818	咲く（動詞）	182.483
渡り給ふ（動詞）	65.696	成り侍り（動詞）	144.486	流る（動詞）	178.456
程（名詞）	65.532	かし（助詞）	142.976	名（名詞）	171.005
気色（名詞）	64.720	まじ（助動詞）	138.514	分く（動詞）	168.041
めでたし（形容詞）	64.536	よ（助詞）	132.511	まし（助動詞）	163.889
居る（動詞）	60.738	斯う（副詞）	131.331	恋し（形容詞）	161.756
少し（副詞）	59.020	な（助詞）	128.110	来（動詞）	160.870
懐かし（形容詞）	58.696	早（副詞）	126.443	影（名詞）	160.329
御方（名詞）	57.793	世（名詞）	119.981	降る（動詞）	159.171
美し（形容詞）	56.671	罷る（動詞）	118.915	思ほゆ（動詞）	158.811
髪（名詞）	56.522	有り（動詞）	116.015	今日（名詞）	156.258
いみじ（形容詞）	56.486	如何（副詞）	115.274	経（動詞）	155.078

6. 文体別特徴語の分析

第3節、第4節で見たように、LLRによって文体別の特徴語がよく抽出されているが、その中で多くの語群が文体ごとに対照的な関係を示していた。丁寧語「侍り」、係助詞「なむ」が会話文に偏って用いられることは、古くから指摘されてきたことであるが、その偏りがどれほど大きなものであったのかも、数値としてはっきりと現れていた。

しかし、一概に特徴語と言ってもその中身は混質的である。ここで改めて主な文体別特徴語を品詞や語群ごとに整理してその中身を検討したい。ここでは、短単位の特徴語を中心としつつ、反特徴語や、長単位の特徴語も考慮し、特に興味深い対応を持つ語群を中心に見ていくことにする。

6.1 助詞

助詞は、さまざまな語が各文体で特徴語・反特徴語となっており、文体ごとに際だった違いや対照的な分布が見られる。表9に、文体と助詞の種類ごとにその関係を整理して示した。それぞれの区分において無印で挙げた語が特徴語、×を付した語が反特徴語である。

表9　文体別の特徴語となる助詞

	地の文	会話文	和歌
係助詞	×なむ、×こそ、×や、×は、×か、×ぞ	なむ、こそ、か、は、や	ぞ、や、は、か ×なむ
接続助詞	て、とて、ば、つつ、ど ×とも	とも ×て、×ば、×つつ、×とて	ども ×て
終助詞	×そ、×な、×よ	かな、かし、よ、な、そ	かな
格助詞	と ×が	×と、×の	の、が
副助詞	など ×だに	×など	し ×など

係助詞は、「なむ」「こそ」「か」「や」「は」が会話文の特徴語となっており、「ぞ」「や」「は」「か」が歌の特徴語となっている。「なむ」が会話文に偏ることは以前からよく知られていたが、これ以外の係助詞「こそ」「か」「や」「は」は従来、必ずしも会話文に特徴的であるとは考えられてこなかったと思われる。しかし、調査結果から見て、「も」を除く係助詞全般が会話文に特徴的な語であるといってよい。情報構造や対聞き手の機能を担う係助詞は、会話や歌でこそ多く用いられるということであろう。「なむ」「こそ」「か」「や」「は」「ぞ」はいずれも、地の文の反特徴語になっており、これらの係助詞が地の文のテキストに現れにくいことがはっきりしている。ただし、一文が長い地の文においては、1つの文で原則1つしか用いられない係助詞は原理的に現れにくくなるとも考えられる。文数を考慮に入れることで異なった見方ができる可能性はある。
　接続助詞では、「て」「ば」「とて」「つつ」「ど」が地の文の特徴語となっている。文を組み合わせて長いまとまりを構成するという地の文の性質によるものである。同時に、「て」「ば」「とて」「つつ」は会話文の反特徴語であり、接続助詞が会話文においては用いられにくいことを示している。ただし、逆接の接続助詞は、会話文で「とも」が、和歌では「ども」が特徴語となっている。逆接の「ど」「ども」「とも」の分布は、文体的な違いによる棲み分けのようにも見える。
　終助詞では、「かな」「かし」「よ」「な」「そ」が会話文の特徴語であり、「そ」「な」「よ」は地の文の反特徴語となっている。また、「かな」は和歌においても特徴語となっている。いずれも命令、希望・願望に関わる表現形式であり、言語行為に関わる制約から地の文では用いられない。
　このほかでは、格助詞（連体助詞）の「の」「が」が和歌の特徴語となり、地の文・会話文の反特徴語となる。これは、和歌において喚体句などの形で希望・感動が表される場合が多いことに由来すると思われ、やはり言語行為に関わる制約が関わっている。
　また、副助詞「など」が地の文の特徴語となり、和歌・会話文の反特徴語となるのも対照的である。

6.2 助動詞

文体別の特徴語となる助動詞をおおまかな意味別にまとめると表10のようになる。この表では、上位50語には入らないもののLLRが100以上となっている特徴語を括弧に入れて示した（仮に準特徴語とよぶ）。

表10 文体別の特徴語となる助動詞

	地の文	会話文	和歌
過去	けり ×き	き ×けり	（き） ×けり
完了	たり、り ×つ、×ぬ	つ ×り、×たり	（ぬ） ×り、×たり
モダリティ	 ×む、×じ、 ×伝聞なり、 ×らむ、×べし、 ×めり、×まし	む、べし、 じ、まじ、 伝聞なり、めり	らむ、ず、まし （らし）、（べらなり）、 （じ） ×めり
使役・尊敬		さす ×す、×さす	

「き」が会話文、「けり」が地の文で特徴語となっており、古くから指摘されてきた両語の文体的特徴が確認される。「き」は和歌でもLLRが100以上の準特徴語となっている。反特徴語はちょうど逆転させた形で分布しており、文体上対立的である。

完了の助動詞も同様で、「たり」「り」が地の文、「つ」は会話文で特徴語となり、「ぬ」は和歌で準特徴語となっている。地の文で「つ」「ぬ」が、会話文と和歌で「り」「たり」が反特徴語となっており、ここでも文体での対立が見て取れる。

打消を含むモダリティの助動詞類は、「む」「べし」「じ」「まじ」「伝聞なり」「めり」が会話文の特徴語、「らむ」「ず」「まし」が和歌の特徴語となっている。また、和歌において「らし」「べらなり」「じ」が準特徴語となっている。一方、地の文の特徴語にモダリティの助動詞はなく、「む」「じ」「伝聞なり」「らむ」「べし」「めり」「まし」と大部分が地の文の反特徴語となっている。このよう

にモダリティの助動詞類は会話文・和歌で多く用いられ、地の文では用いられにくい。特に「む」は会話文の特徴語でLLRが大きく、かつ地の文の反特徴語であって、係助詞の「なむ」と同じくらいに会話に偏るものであることは、注意されるべきであろう。

歌の特徴語の「らむ」は、「らし」と比較して「和歌でも散文でも幅広く使われる」とされ、また反実仮想の「まし」は「会話・心話で多く用いられた」と記述される（小学館『日本国語大辞典第2版』）。しかし今回の調査ではこれに反し、いずれも歌の特徴語として抽出されており、かつ地の文の反特徴語となっている。

使役・尊敬の助動詞「さす」が会話文の特徴語であり、「す」「さす」が和歌の反特徴語であるが、これは敬語表現が和歌では用いられないことによる。

6.3　動詞・形容詞

動詞と形容詞の文体別の特徴語を、敬語動詞（尊敬語と謙譲語・丁寧語）とその他の動詞、形容詞に分けてまとめると表11のようになる。

敬語については、地の文では尊敬語（「給ふ（尊敬）」「思す」「宣ふ」）、会話文では謙譲語・丁寧語（「侍り」「給ふ（謙譲）」「参り来」「承る」「罷る」）が用いられ、和歌ではいずれも用いない、という特徴がはっきりと現れた。会話文では、地の文の特徴語である尊敬語が全て反特徴語として現れ、地の文では、会話文の特徴語である謙譲語・丁寧語のほとんどが反特徴語として現れており、両者が対立している。また、和歌ではほぼ全ての敬語動詞が反特徴語となっている。「侍り」の会話文への偏りは古くから指摘されてきたが、今回の調査でもLLRが際だって大きい特徴的な語であることが明らかになった。

一般の動詞では、各文体で表現される内容から、地の文では登場人物の起居動作を表すものが、会話文では「ものす」のような婉曲的表現や「然り」のような指示詞を含むものが、和歌では歌題に関わるものが、それぞれ特徴語として多く抽出されている。各文体の特徴語に共通するものはなく、他の文体における特徴語がほぼその

まま反特徴語となっている。

　地の文の形容詞の特徴語には、「をかし」「美し」「白し」があり、会話文では「賢し」、和歌では「憂し」「恋し」があった。この中で「をかし」が地の文で上位の特徴語として現れ、かつ会話文と和歌の反特徴語となっていることが目を引く。「をかし」の文学とされる『枕草子』で地の文の中で多用されていることが想起されるが、調査データを源氏物語だけに限って特徴語を抽出し直しても「をかし」はやはり地の文の特徴語として現れる。『枕草子』の影響はあったとしても限定的であって、「をかし」自体が地の文で用いられやすい語なのである。

表11　文体別の特徴語となる動詞・形容詞

	地の文	会話文	和歌
尊敬語	給ふ（尊敬）、思す、宣ふ	×給ふ（尊敬）、×宣ふ、×思す、	×給ふ（尊敬）、×思す、×聞こゆ、×宣ふ、×おはす、×おはします
謙譲語・丁寧語	×侍り、×給ふ（謙譲）、×罷る	侍り、給ふ（謙譲）、罷る、承る	×侍り、×奉る、×参る、×侍らふ、×申す
一般動詞	言ふ、居る、入る、書く、出づ、笑ふ、伏す、泣く、引く、続く、遣る ×ものす、×知る、×頼む	ものす、然り、有り、捨つ ×言ふ、×居る、×泣く、×入る、×書く、×出づ、×伏す、×遣る、×引く、×笑ふ、×鳴く、×続く、×眺む、×散る、×見ゆ、×着る	鳴く、会ふ、恋ふ、散る、行く、てふ、消ゆ、流る、降る、咲く、来、思ほゆ ×然り、×覚ゆ、×言う、×ものす
形容詞	をかし、美し、白し	賢し ×をかし、×美し、×白し	憂し、恋し ×いみじ、×をかし、×怪し

6.4　名詞・代名詞

　名詞と代名詞の文体別の特徴語をまとめると表12のようになる。それぞれの文体の特徴語に共通するものはない。

表12　文体別の特徴語となる名詞・代名詞

	地の文	会話文	和歌
名詞	男、人々、女、宮、例(れい)、気配、君、返し、様(さま)、大臣、几帳、気色	事、今、世、何事、只今	花、秋、袖、宿、山、春、身、露、色、恋、波、海女、風、川、涙、桜花、今日、影、名、時鳥
	×身、×今、×事、×宿、×秋、×花、×春、×今日	×男、×花、×涙、×人々、×女、×袖、×秋、×気配、×色、×返し、×声、×例	×事、×様、×様(よう)、×宮、×女、×人々、×程、×男、×例、×所、×有様、×大臣
代名詞		此処、麻呂、何、此れ、某(なにがし)、誰(た)	君、吾(わ)、我(われ)
	×君、×何、×此処、×麻呂		×是(こ)

　実質的な内容を持つ名詞の特徴語には表現内容の偏りによって生じているものが目立つ。特に和歌の特徴語は歌題に直結する名詞がほとんどである。そして、和歌以外の文体における特徴語がほぼそのまま反特徴語となっている。こうした表現内容に由来する特徴語は、作品別・テーマ別の特徴語として調査することで作品論等の研究につなげられるものだろう。先に述べたとおり地の文では、登場人物を指す名詞と、様相を表す表現が目に付く。会話文では「今」「只今」のようにダイクティックな語が入っているのが特徴的である。

　より機能的な語である代名詞は会話文と和歌で特徴語となっており、地の文では反特徴語としてのみ現れている。和歌では一・二人称代名詞「君」「吾(わ)」「我(われ)」が特徴語となっているが、会話文では、「此処」「此れ」などの指示詞や「何」「誰」のような疑問代名詞が特徴語となっており、どちらも代名詞であるとはいえ中身は大きく異なるものである。

7. おわりに

『日本語歴史コーパス 平安時代編』から単語情報と文体情報とをあわせて抽出し、対数尤度比によって特徴語を抽出してその中身を分析してきた。完全に機械的・客観的な方法で抽出したものであるが、各文体に特徴的な語が非常によく選ばれていることが分かった。選ばれた特徴語を、反特徴語と合わせてみることで、それぞれの語群の中で文体の対立を見て取ることができ、助詞や助動詞、敬語などの対立は意外なほどはっきりしていた。

長い研究史を持つテーマであるため、個々の語について先行研究における指摘の有無を確認することは容易ではないが、抽出された特徴語や文体的対立には、以前より指摘のあったものが含まれる一方で、これまで特に注意されていなかった語も多く含まれている。こうした文体的な偏りは、今後各々の語について研究していく上で考慮しなければならない情報となるであろう。

特に助詞・助動詞等の機能語の文体差については、作品別の調査や具体例の検討など、さらなる研究を行う価値があると思われる。また、今回の調査により、どのような語が文体的な特徴を持つのかは明らかになったが、それが何に起因しているのかは、各語の問題としてまた別に探られなければならないことである。いずれも今後の課題としたい。

---

*1 コーパスサイズに関するデータは、『日本語歴史コーパス』「中納言」の「語数について」のページからダウンロード可能であるが、「漢文」の扱いの違いにより、このデータは本稿が対象としたデータよりも若干語数が多くなっている。
*2 語彙素細分類は、伝聞「なり」と断定「なり」を区別するなどの特別な場合にのみ、語形代表表記の後にハイフン区切りで付与している。
*3 この関数は、Excelのユーザ定義関数として読み込んで次のようにして呼び出すことで利用できる。=LogLikelihood(<当該語の対象テキストでの用例数>, <当該語の参照テキストでの用例数>, <対象テキストの総語数>, <参照テキストの総語数>)

参考文献

Kilgariff, Adam. (2001) Comparing corpora. *International Journal of Corpus Linguistics*, 6 (1): pp.1–37. Reprinted in Corpus Linguistics: Critical Concepts in Linguistics. Teubert and Krishnamurthy, editors. Routledge. 2007.
石川慎一郎（2012）『ベーシックコーパス言語学』ひつじ書房
井島正博（2011）『中古語過去・完了表現の研究』ひつじ書房
小木曽智信（2013）「中古仮名文学作品の形態素解析」『日本語の研究』9(4): pp.49-61（通巻 255）
小木曽智信・中村壮範（2014）「『現代日本語書き言葉均衡コーパス』形態論情報アノテーション支援システムの設計・実装・運用」『自然言語処理』21(2): pp.301–332
国立国語研究所コーパス開発センター（2014）『日本語歴史コーパス 平安時代編』（日本語歴史コーパス「中納言」 https://maro.ninjal.ac.jp/）
小林雄一郎・小木曽智信（2013）「中古和文における個人文体とジャンル文体：多変量解析による歴史的資料の文体研究」『国立国語研究所論集』6: pp.29–43
冨士池優美（2015）「『日本語歴史コーパス 平安時代編』の形態論情報」本書 pp.237–280
宮島達夫・近藤明日子（2011）「古典作品の特徴語」『計量国語学』28(3): pp.94–105

『今昔物語集』に見る文体による語の対立
本朝仏法部と本朝世俗部の語彙比較

田中牧郎

1. 目的

　平安時代の日本語の文体は、漢文訓読文と和文の二極に分かれており*1、それに伴って、語彙も漢文訓読語と和文語とに分かれる部分があることが、先行研究によって言われてきた。特に築島(1963)は、『興福寺本大慈恩寺三蔵法師伝古点』(11世紀末〜12世紀初期、以下『慈恩伝』と記す)の語彙調査を行って、『源氏物語』(11世紀初期、以下『源氏』と記す)でのその語の有無や使用範囲などを調べることで、漢文訓読語を抽出し、漢文訓読語とほぼ同義の語が『源氏』で多用されている対を指摘し、これを漢文訓読語と和文語の「二形対立」とした。この研究によって、後に漢文訓読語と和文語の存在が定説化することになった。

　築島の研究は、漢文訓読語と和文語の対立を提示し、これを実証した研究であるが、その対立のありようを追究し、平安時代の語彙を体系的に記述しようとすると、次のような問題が指摘できる。

(1) 『慈恩伝』の全語彙を調査し、『源氏』の語彙と比較が行われているが、反対方向の、『源氏』の全語彙を調査し、『慈恩伝』と比較することは行われておらず、語彙の比較研究として半面にとどまっている。

(2) 漢文訓読語と和文語の「二形対立」について、それが対立する対であることの十分な根拠やその意味付けが、示されていない。

　これらの問題を克服するには、(1)については、資料それぞれの語彙調査を行って双方向から比較することが必要であり、(2)については、語の意味・用法の分析を行って、対立関係にある語の対であることの根拠を示すとともに、なぜそのような対立を持っている

のかを説明することが必要である。築島の研究に即せば、この2つのことを『慈恩伝』と『源氏』の2資料で行うべきであるが、漢文訓読文の資料、和文の資料は、『慈恩伝』と『源氏』以外にも存在するので、比較に適した資料を別に選ぶことも考えられる。また、(1)(2)いずれも、近年整備が進められている形態論情報が付与されたコーパスを用いて行うのに適した研究である。

　本稿では、『今昔物語集』(以下、『今昔』と記す)という一作品をコーパス化したデータをもとに、その内部で、漢文訓読文の資料と和文の資料を設定して相互に語彙を比較することで、上記の問題を克服する研究の手順について、見通しを得ることを目指す。一作品の内部での語彙比較は、書かれている内容や、その基盤にある社会や思想の均質性が高いために、異なる作品同士のそれと比べて、文体による語彙の相違や対立がとらえやすいという利点があると予想される*2。

2. 方法

2.1 『今昔』の文体

　12世紀前期に書かれた『今昔』は、日本語史上、本格的な和漢混淆文の始点に位置付き、巻や説話によって、漢文訓読文で書かれた部分と、和文で書かれた部分とに分かれる資料である。『今昔』の文体については、佐藤(1984)、藤井(2003)、舩城(2011)などに至る多くの先行研究によって、全体として巻1～10の天竺・震旦部と巻11～20の本朝仏法部は、漢文訓読文が中心で一部の巻や説話には和文が交じり、巻22～31(巻21は欠巻)の本朝世俗部は和文であることが実証されている*3。この性質を利用すれば、『今昔』という同一作品の中に、漢文訓読文の資料と和文の資料を設定することができる。

2.2 『今昔』のコーパス作成

　国立国語研究所では『日本語歴史コーパス』に、『今昔』を組み入れるための作業を行っている。この作業では、『新編日本古典文

学全集』（小学館）の対象となっている巻11～31の本朝部のコーパス化を行っているが、2014年7月現在、現存最古の写本である鈴鹿本が存していて、これを底本としている巻12、17、27、29の作業を先行して進めている。このコーパスは、平安時代の和文作品を対象として構築し、公開済みの『日本語歴史コーパス　平安時代編』と同一の言語単位による形態論情報が付与されている＊4。『今昔』には、例えば、「取るべし」を「可取し」と表記する（平仮名部分の原表記は片仮名）返読表記が多く含まれているなど、原文テキストのままでは形態素解析にかけることができないところがあるため、いくつかの前処理を行った上で＊5、MeCabとUniDicで自動形態素解析を施し、誤解析箇所を人手で修正するなど、和文作品に比べて多くの手間をかけてコーパス化を行っている。作業途上の現段階では、データの精度は部分的に不十分なところがあるが、全体としては利用に耐えるものとなっており、本稿ではこの4巻分のデータを利用していく。

2.3　語彙の比較

　本朝仏法部に属する巻12と巻17は漢文訓読文で書かれ、本朝世俗部に属する巻27と巻29は和文で書かれている。巻12と巻17を合わせた部分を、以下「仏法部」と呼び、漢文訓読文の資料と扱う。同様に、巻27と巻29を合わせた部分を、「世俗部」と呼び、和文の資料と扱う。

　上記4巻に使われているすべての語（短単位の自立語）の、仏法部と世俗部それぞれの頻度を集計し、総頻度が10以上の語について、各部全体の延べ語数を用いて、「使用率＝（頻度／延べ語数）×10,000」という計算式によって、10,000語あたりに何件使われるかの使用率を算出した。そして、その使用率の比を計算し、「仏法部比率」と「世俗部比率」を求め、各々の値が0.8以上のものを、「仏法部特徴語」「世俗部特徴語」と認定した＊6。

　表1は、動詞を例に、上記の情報を50音順配列の冒頭10語について示したものである。いちばん右側の2列の「仏法部比率」「世俗部比率」の数値に下線を施した、「与える」は「仏法部特徴

語」、「上がる」「開く」「開ける」は世俗部特徴語である。なお、本稿での「語彙素読み」「語彙素」の表示は、現代語見出しによって示す。

表1 仏法部と世俗部の語彙頻度の比較（動詞の50音順冒頭）

語彙素読み	語彙素	仏法部頻度	世俗部頻度	総頻度	仏法部使用率	世俗部使用率	総使用率	仏法部比率	世俗部比率
アウ	会う	26	45	71	7.49	14.33	21.82	0.34	0.66
アウ	合う	43	25	68	12.38	7.96	20.34	0.61	0.39
アガル	上がる	3	22	25	0.86	7.01	7.87	0.11	0.89
アク	開く	1	17	18	0.29	5.41	5.70	0.05	0.95
アケル	開ける	6	46	52	1.73	14.65	16.37	0.11	0.89
アケル	明ける	29	35	64	8.35	11.14	19.50	0.43	0.57
アゲル	上げる	34	36	70	9.79	11.46	21.26	0.46	0.54
アタエル	与える	32	5	37	9.22	1.59	10.81	0.85	0.15
アタル	当たる	13	18	31	3.74	5.73	9.48	0.40	0.60

　このようにして、漢文訓読文で書かれた仏法部に特徴的な語彙と、和文で書かれた世俗部に特徴的な語彙とを抽出したところ、それぞれ229語、190語となった。

3．説話内容の違いに基づく特徴語

3.1　説話内容の違いに基づく仏法部特徴語

　仏法部特徴語や世俗部特徴語の中には、それぞれの部や、今回調査対象にしている、巻12・17、巻27・29に収録されている説話によく描かれる内容が、他方の部や巻に収録されている説話にはあまり描かれないことに起因するものがある。それらの語彙を「説話内容の違いに基づく特徴語」と呼ぶことにし、筆者が説話を読んで判断したところでは、仏法部特徴語のうち163語（71%）が、これに該当する。それらは、その指示する物事が、「人物」「神仏」「動物」「時空間」「事柄」の5つのタイプに分けられる。

　例えば、「大（だい）」という接頭辞は、巻12に28件、巻17に9件、巻27に2件、巻29に0件で、巻12に極めて多い。これは、

「大僧正」の位にある僧侶が、この巻の多くの説話に登場する（巻12-9、32、33、36の慈恵大僧正、巻12-21、22の明尊大僧正、巻12-22の済信大僧正）ことによっており、説話に登場する人物に起因する特徴語である。また、「天（てん）」は、巻12・17で「毘沙門天」の「天」として使われることが多く、巻27・29にはこれがほとんどなく、説話に登場する神仏による特徴語であり、「魚」「亀」は、巻12と巻17に、それぞれ魚が法華経に化身する説話や亀を助ける説話があることによって、仏法部特徴語となっている。

また、「御代（みよ）」「年（ねん）」「月（がつ）」「日（にち）」などは、「淳和天皇ノ御代ニ」（巻12-15）、「宝亀六年ト云フ年ノ六月十六日ニ」（巻12-14）のように、説話の時点である時代や年月日を示す表現として、巻12や巻17に多いのに対して、巻27や巻29ではそれが記されることがあまりない。「極楽」「冥土」の死後の世界や、「寺（じ）」「寺（てら）」「山寺」の寺院なども、仏法部の説話の舞台としては頻出するが、世俗部の説話はそこが舞台になることは少ない。これらは、説話に描かれる時空間の違いに基づく特徴語である。さらに、「霊験」は経や仏が効くことを指すが、この事柄は仏法部によく描かれるのに対して、世俗部にはほとんど描かれない。同じように「安置」は仏像を置くこと、「座」は法会における座を指し、いずれもやはり、仏法部の説話によく描かれている。

以上5つのタイプ別に語彙リストを示す。配列は、国立国語研究所（2004）の分類語彙番号順である*7。個々の語の状況を説明することは省略するが、いずれも説話内容の違いに起因する特徴語と見ることができる。

○人物
大、冠、者、氏、女王、天皇、聖人、入道、聖、阿闍梨、尼、行者、講師、僧、僧正、僧都、沙弥、律師、司、官人、大織、小僧、仏師、学生、座主、師、弟子、使い、檀越、願主、持経、阿清、源信、公真、惟高、寂照、浄照、聖武、蔵満、兵平介、文時、用方、横川、世経

○神仏

天、地蔵、天女、普賢、菩薩、仏（ぶつ）、仏（ほとけ）、維摩、釈迦、毘沙門、弥勒、薬師

○動物

亀、魚

○時空間

後世、御代、年、月、日、極楽、冥土、寺（じ）、寺（てら）、山寺、金堂、塔、大門、空、峰、愛宕護、関、津、比叡、山階、法輪

○事柄

霊験、安置、座、三、四、七、二十、百、六、部、化身、三宝、夢、願い、道心、信、利益、帰依、念仏、法華、学問、法、書写、経、音楽、出家、勤め、講、法会、供養、礼拝、功徳、善根、会、誓い、放生、銭、布、念珠、房、像、雷、舎利、作る、保つ、整える、優れる、覚める、敬う、尊ぶ、叫ぶ、願う、祈る、念ずる、習う、修する、示す、唱える、宣う、写す、講ずる、説く、読む、誦する、怠る、勤める、籠もる、拝む、詣でる、跪く、握る、行う、遂げる、請ずる、奉る、施す、焼ける、蘇る、貧しい、懇ろ、偏に、専ら、尊い、端厳

3.2　説話内容の違いに基づく世俗部特徴語

同じようにして、世俗部特徴語についても、説話内容の違いに基づくと考えられるもの111語（58%）のリストを挙げよう。

○人物

左、中、位、人、小男、翁、兄、弟、敵、殿、侍、下種、死人、盗人、住持、大夫、薬師、宰相、判官、前司、弁、検非違使、滝口、僕、中将、兵、師、従者、衛門、陰陽、放免、乞丐、老い、章家、貞盛、季武、大紀二、遠助、安高、頼信

○動物

犬、狼、狐、猿、虎、鷹、鷲、蛇、蜂、蜘蛛、網（蜘蛛の巣）

○時空間

夜半、今宵、南面、大路、橋、三条

○事柄

仲、空、隣り、霊、物忌み、袴、蔵、鐘堂、門、板敷、天井、戸、玉、調度、刀、太刀、矛、弓、胡録、裸、足、血、走る、通る、罷る、抜く、込める、乗せる、番う、突く、巻く、吠える、認める、図る、試みる、探る、隠す、隠れる、見せる、罵る、宿る、踊る、騒ぐ、構える、負う、飲む、招く、争う、借る、射る、灯す、殺す、強い、遅い

　仏法部特徴語にあった「神仏」はないが、「人物」「動物」「時空間」「事柄」の4つに分かれる。全体に、仏法部特徴語の場合に比べて語数が少なくなっているのは、仏法部が仏法や僧に関わる説話に限定されて、その説話内容が特徴を示しやすかったのに対し、世俗部は説話内容が多様で、特徴を示しにくい面があるからだろう。内容の違いに基づく世俗部特徴語は、人物では僧以外の様々な階層や職を指す語が見られ、動物を指す語が多いこと、事柄を指す語では武具や争乱に関する語が目立つことなどが、指摘できる。

4. 文体の違いに基づく特徴語

4.1 文体の違いに基づく仏法部特徴語

　仏法部と世俗部の説話内容の違いからは説明できない特徴語が、この2つの部の文体の違い、すなわち本稿のテーマである、漢文訓読文と和文の文体の違いに基づく特徴語であると予想される。

　本稿の末尾の別表1は、仏法部特徴語のうち、3.1に記した説話内容の違いに基づく特徴163語以外の66語の情報を掲げたものである。掲出したのは「分類語彙番号」「語彙素読み」「語彙素」「品詞」「仏法部比率」「巻12頻度」「巻17頻度」「巻27頻度」「巻29頻度」「タイプ」「用例」である。「タイプ」には、「対立語」と「漢の表現」の2つの場合がある。「用例」の欄に、「対立語」の場合は、対立語同士がほぼ同じ意味を表していることが分かる用例を、仏法部のものと世俗部のものとを対比できるように掲げ、「漢の表現」の場合は、仏法部の例と、もとになった漢字や漢語による表現も示した。行の配列は、「タイプ」「分類語彙番号」の順である。

例えば、1番「験（しるし）」は、効き目の意味の語で、巻12に多く使われている。世俗部には、この語はあまり使われず、よく似た文脈で同じような意味を表す「甲斐」がよく使われている。このように、仏法部特徴語と対立していると思われる語の世俗部における用例を探す作業を行ったが、その際、巻27・29だけでなく、『新編日本古典文学全集』の電子テキストを用いて、世俗部の全巻から用例を探した。また、例示に適切な例が巻12・17にない場合は、仏法部の別の巻から例を挙げた場合もある。その結果、44番までの語に対立語と思われるものが見つかった*8。

　45番以下は、世俗部の中に対立語らしきものが見つからなかったものである。例えば、45「為」は、「放生ノ為ニ来レリ」（巻12–17）、「盗人ノ為ニ被盗ヌ」（巻12–17）のように、体言＋ノに付いて目的や原因を表す用法と、「聖人ヲ迎ヘムガ為ニ来レル也」（巻12–32）、「妻子ヲ恋フルガ為ニ本ノ所ニ返リ至ル」（巻12–14）のように、用言＋ガ（ノ）に付いてやはり目的や原因を表す用法との2種類があるが、前者は仏法部・世俗部ともに多く、後者は仏法部に特に多い。これは、後者の、用言に付く用法が漢文の訓読に由来するためであり、それによって「為」が仏法部特徴語になっているのだと考えられる。また、46「難」、48「東西」などは、漢語がそのまま字音語として取り入れられたもの、55「掌（たなごころ）」、56「涙」などは、それぞれ「合掌」「流涙」などの漢語を訓読した「掌を合わす」「涙を流す」という表現が、仏法部に多く使われたものだと考えられる。これらは漢文を通して日本語に取り入れられた慣用句や漢語であり、それが和文に使用範囲を広げるところまでは至らなかったものと解される。

4.2　文体の違いに基づく世俗部特徴語

　末尾の別表2は、世俗部特徴語のうち、説話内容の違いに基づく特徴語111語以外の79語の情報を掲げたものである。表の見方は別表1と同じである。

　例えば1番の「甲斐」は、別表1の1番「験（しるし）」の対立語であったが、これが世俗部特徴語として抽出され、その対立語が

「験（しるし）」になっているものである。2番「侭（まま）」は、「そのもの」「その通り」という意味の語で、体言に「侭に」が付く用法と、用言に「侭に」が付く用法とが主なものである。前者の用法では、「約束ノママニ」（巻27–43）、「聖人ノ言ノ如ク」（巻12–1）のように「如し」が対立語になり、後者の用法では、「箭ノ尻答フト聞ケルママニ、其ノ梠ノ木俄ニ失ニケリ。」（巻27–37）、「鞭ヲ打テ逃グル時ニ、女ノ云ク」（巻12–28）のように、「時に」が対立語になっている。これら「如し」「時に」は、付属語や複合語であるために、今回の調査での語彙集計ではリスト化されていなかったものである。以下53番「浅ましい」までの語は、仏法部に対立語と思われる語が見つかった。

　54番以下は、仏法部の中に対立語と思われる語が見つからないものである。例えば、54「気（け）」は、世俗部にある11件すべてが「然る気無し」という慣用句の例であり、「然気無テ逃ゲム」（巻27–14）のように使われ、「そのような様子もない」という意味を表しているが、この意味に相当する語を仏法部の中に見出すことは難しい。これは、そのような意味を表す言い方を和文ではよくするのに対して、漢文訓読文ではしないということだと考えられる。「タイプ」の欄に「和の表現」と記した79番までの語は、漢文訓読文には使われにくい、和文に特有の言い方に使われる語だと考えられる。

5. 文体による語の対立

5.1　文体的対立関係にある語

　今回の調査で抽出した語のうち、築島（1963）以来言われてきた、文体的な「二形対立」に相当する対に当たるのは、別表1・2で、「タイプ」を「対立語」とした、仏法部特徴語44語とその対立語、及び、世俗部特徴語53語とその対立語であると考えられる。それらをリスト化すると、以下のようになる。

A 「仏法部特徴語」とその対立語

- ☆1 験（しるし）／甲斐
- ◆2 齢／年（とし）
- ☆3 諸々／万（よろづ）
- ◆4 歳（さい）／年（とし）
- ☆5 汝／己（おのれ）
- ◆6 誰人／誰
- ☆7 女人／女（おんな）
- ☆8 女子（おんなご）／女（め）の童（わらわ）
- ◆9 童子／童（わらわ）
- ☆10 父母（ぶも）／親
- ◆11 俗／人（ひと）
- ☆12 僧／法師
- ☆13 大臣（だいじん）／大臣（おとど）
- ◆14 苦しみ／苦しい
- ■15 懺悔／悔いる
- ■16 修行／修する
- ◆17 疑い〔無し〕／必ず
- ◆18 言／言う
- ◆19 読誦／読む
- ◆20 食／食物（じきもつ）
- ■21 光／光る
- ■22 往生／生まれる
- ■23 入滅／死に給う
- ◆24 病（やまい）／病む
- ☆25 まします／います、おはす
- ◆26 終わる／果てる
- ◆27 至る／着く
- ◆28 及ぶ／成る
- ◆29 満つ／成る
- ◆30 経る／過ぎる
- ◆31 悲しむ／悲しい
- ◆32 悩む／煩う
- ◆33 哀れむ／哀れ
- ◆34 信ずる／頼む
- ☆35 怪しむ／怪しい
- ◆36 住する／住む
- ◆37 救う／助ける
- ※38 与える／取らす
- ＊39 生まれる／産む
- ☆40 奇異／浅ましい
- ※41 端正／清気（きよげ）
- ☆42 忽ち／きと
- ◆43 速やか／疾い
- ◆44 微妙／目出たい

B 「世俗部特徴語」とその対立語

- ☆1 甲斐／験（しるし）
- ※2 偽／如し、時に
- ◆3 様（さま）／方（かた）
- ※4 様（よう）／如し
- ◆5 限り／のみ
- ■6 夕暮れ／夕
- ◆7 奥／深い
- ■8 余り／余（よ）
- ☆9 万（よろず）／諸々
- ◆10 奴（やつ）／人
- ☆11 己（おのれ）／汝
- ☆12 女（おんな）／女人
- ☆13 女（め）〔の童〕／女子（おんなご）
- ☆14 親／父母（ぶも）
- ☆15 法師／僧
- ☆16 大臣（おとど）／大臣（だいじん）
- ◆17 衣（きぬ）／衣（ころも）
- ◆18 着物／衣（ころも）
- ＊19 装束／衣服
- ◆20 築垣／垣
- ◆21 狭間／隙（ひま）
- ◆22 顔／面（おもて）
- ■23 尻／後（しり）え
- ☆24 います／まします
- ☆25 おわす／まします
- ◆26 逃げる／逃れる
- ◆27 落とす／落ちる
- ◆28 絡める／捕らえる
- ◆29 解く／脱ぐ
- ◆30 開（あ）く／開（ひら）く

- ◆31 開(あ)ける／開(ひら)く
- ◆32 閉じる／差す
- ◆33 叩く／打つ
- ◆34 忍ぶ／密(ひそ)か
- ◆35 思し召す／思い給う
- ＊36 呑みる／辞する
- ◆37 斯かる／然る
- ◆38 斯様(かよう)／如此(かくのごとし)
- ◆39 然(さ)／然(し)か
- ◆40 然様(さよう)／如然(しかのごとし)
- ◆41 思しい／覚える
- ◆42 いみじい／極めて
- ◆43 暫し／暫く
- ◆44 やがて／即ち
- ◆45 乍ら／共に
- ◆46 数多／多く
- ＊47 いと／甚だ
- ◆48 え／得る
- ◆49 恐ろしい／恐れる
- ☆50 きと／忽ち
- ☆51 怪しい／怪しむ
- ＊52 賢い／悟り有り
- ☆53 浅ましい／奇異

5.2 文体的対立の段階差

上記の2つのリストで、☆を付した、A12対、B13対(仏法部特徴語1語に世俗部特徴語2語が対立しているものが1対ある)は、どちらのリストにも挙がり、仏法部特徴語、世俗部特徴語の双方向から対立語が指摘できるもので、文体的な対立が非常に鮮明なものだと言える。それ以外の対には、対立に様々なありようがある。

まず、今回の語彙調査の単位に用いた、自立語の「短単位」という基準に合致しないために特徴語として挙がってこなかったもので、調査単位を変えれば特徴語になるものがある。リスト中に※を付したものがそれで、A8「女の童」、A38「取らす」、A41「清気」、そして、B2「時に」は、この単位で語彙を集計すれば、世俗部特徴語や仏法部特徴語となる。また、助動詞であるB2・B4「如し」は自立語でないため今回の調査対象外になっていたものだが、これもこの単位で集計を行えば、仏法部特徴語になる。

また、今回の調査対象になった巻にはたまたま用例が少なかったため特徴語として挙がってこなかったが、世俗部や仏法部の他の巻には用例が多く、それらの巻を調査すれば特徴語となる可能性が高いものがある。リスト中に＊を付した、A39「産む」、B19「衣服」、B36「辞する」、B47「甚だ」、B52「悟り有り」などである。

以上は、対立語が、他方の文体の特徴語になるもので、文体的対立が非常に鮮明にとらえられるものである。一方、対立語が他方の

文体の特徴語になっていない対も多い。上記のリストで、◆を付した対においては、対立語は、仏法部にも世俗部にもよく用いられ、どちらかに偏ることのないものである。A2・A4「年（とし）」、A6「誰」、A9「童」、そして、B3「方（かた）」、B5「のみ」、B7「深い」など、Aのリストにおいても、Bのリストにおいても、それは非常に多い。これらの対立は、一方の文体の特徴語と、中立的な語との間で形成されており、そこでの文体的対立は、やや不鮮明になる。

そして、■を付した対においては、仏法部特徴語に対する対立語も、どちらかというと仏法部でよく使われ、世俗部特徴語に対する対立語も、どちらかいうと世俗部でよく使われるものである。例えば、A15における「懺悔」に対する対立語「悔いる」は、巻12に4件、巻17に3件使われ、巻27・29で使われておらず、仏法部に偏っている（総頻度が10未満であるため特徴語には挙がっていない）。ところが、本朝部全体で「懺悔」と「悔いる」を比較すると、本朝世俗部に「懺悔」は全く使われないのに対して、「悔いる」は少数ではあるが使われている。このことから、ともに仏法部に特徴的な語ではあるが、その特徴性は、「懺悔」の方により色濃く備わっており、「悔いる」はそれが淡い。その濃淡の差が、文体的な段階差となって見えている。

このように、文体的な対立関係にあると見た語の対には、その対立の濃淡にいくつかの段階差があるということができる。これら◆や■を付した対は、漢文訓読語と和文語との鮮明な対立を持つとは言えないが、それと同じ軸での文体的な段階差があることも確かなのである。

5.3 文体的対立と語種・品詞

文体的対立関係にある語の対は、Aのリストに44対、Bのリストに53対あるが、そのうち13対が双方向から挙がっているので、異なりでは84対あることになる。この84対について、語種や品詞の観点から、相互関係を見ると、異語種の対立、異品詞の対立、同語種・同品詞の対立、の3つの場合があることがわかる。

まず、異語種の対立はＡに16対、Ｂに6対あり、重複を除くと18対ある。以下のリストでは、〔　〕内に5.1に示した記号と番号を示す。

　　歳（さい）／年（とし）〔A4〕　　　信ずる／頼む〔A34〕
　　女人／女（おんな）〔A7〕　　　　　住する／住む〔A36〕
　　童子／童〔A9〕　　　　　　　　　　奇異／浅ましい〔A40〕
　　父母／親〔A10〕　　　　　　　　　　端正／清気〔A41〕
　　俗／人〔A11〕　　　　　　　　　　　微妙／目出たい〔A44〕
　　大臣（だいじん）／大臣（おと　　　余り／余（よ）〔B8〕
　　ど）〔A13〕　　　　　　　　　　　　女（おんな）／女人〔B12〕
　　懺悔／悔いる〔A15〕　　　　　　　　親／父母（ぶも）〔B14〕
　　修行／修する〔A16〕　　　　　　　　大臣（おとど）／大臣（だいじん）
　　読誦／読む〔A19〕　　　　　　　　　〔B16〕
　　往生／生まれる〔A22〕　　　　　　　否みる／辞する〔B36〕
　　入滅／死に給う〔A23〕　　　　　　　浅ましい／奇異〔B53〕

　Ａの16対のうちA16「修行／修する」を除く15対が、仏法部特徴語が漢語または混種語で、その対立語が和語になっている。また、Ｂの6対はすべて世俗部特徴語が和語で、その対立語が漢語または混種語になっている。漢語・混種語と和語との間にある文体的対立が意味的対立を持つ場合が多いことについては、かつて具体的事例によって指摘した*9。

　次に、異品詞の対立を見ると、Ａに7対、Ｂに10対あり、重複を除くと16対になる。Ａには、仏法部特徴語が「体」でその対立語が「用」であるもの（18言／言う、21光／光る、24病／病む）と、仏法部特徴語が「用」でその対立語が「相」であるもの（31悲しむ／悲しい、33哀れむ／哀れ、35怪しむ／怪しい）が目立つ。また、Ｂには、世俗部特徴語が「相」でその対立語が「用」になるもの（41思しい／覚える、49恐ろしい／恐れる、51怪しい／怪しむ）が多い。ここでは、Ａ・Ｂいずれにも、感情動詞と感情形容詞の対立が特に多いことが注目される。感情動詞と感情形容詞の文体的対立が、人称や文構造上の対立を持つ場合があることは、以前報告した*10。

　以上のいずれにも該当しない対立が、同語種・同品詞同士の対であるが、Ａに19対、Ｂに36対あり、重複を除くと50対となり、

異語種や異品詞の対立に比べて格段に多い。その内訳は、漢語同士の対立が3対ある（A12・B15「法師/僧」、A20「食/食物」、B19「装束/衣服」）ほかは、すべて和語同士で、品詞は多様である。先行研究で、漢文訓読語と和文語の対立の事例として注目されてきたのもこの種の対立で、例えば、A26「終わる/果てる」（大坪1976、藤井1988）、A43「速やか/疾い」（山本1988）、B4「様（よう）/如し」（堀田1941、舩城2011）、B24「います/まします」B25「おわす/まします」（桜井1966）などは、文体的対立を持つ対であることが研究され、その中には意味的対立を持つことについて報告されているものもある。

5.4　本稿の「文体的対立」と築島の「二形対立」

　本稿では、『今昔』における漢文訓読文の仏法部と、和文の世俗部とについて、語彙頻度に基づく特徴語を抽出し、それとほぼ同義の対立語を他方の資料から探す作業を行って、文体の相違に基づく「文体的対立」の関係にある対を84対指摘した。この84対を、築島（1963）が、漢文訓読語と和文語の「二形対立」と指摘した85対と対照してみると、重なるのはA43「速やか/疾い」、B34「忍ぶ/密（ひそ）か」、B43「暫し/暫く」、B47「いと/甚だ」の4対と少ない。これは一見不審に思われるかもしれないが、次のように考えれば説明が付く。築島は、『慈恩伝』と『源氏』という、相当に距離のある漢文訓読文と和文の語彙を比較したのに対して、本稿では和漢混淆文の一作品である『今昔』内部での漢文訓読文と和文を比較したため、文体的に距離を大きく隔てない位置にある語の対が、抽出されたのである。築島が、漢文訓読文と和文の両極を見ていたのに対して、本稿は両極の間で連続している文体的な段階差を見たわけである。

　築島は、和語のみを対象に、同品詞内でのみ対立語を指摘し、先行研究のほとんども、和語の同品詞同士で対立語のありようを研究してきた。しかし、本稿で見てきたように、漢語・混種語と和語との間や、異なる品詞の間でも、文体的な対立関係を形成する場合があり、そこに意味的な対立があることも多いのである。築島の言う

文体の違いに基づく「二形対立」は、築島が指摘した、「漢文訓読語」と「和文語」の対立の範囲を超えて、広い範囲の語彙に及んでいると考えられる。

6. おわりに

　以上、本稿では、『今昔』における漢文訓読文で書かれた仏法部と和文で書かれた世俗部の語彙を比較し、それぞれの特徴語を抽出し、内容の違いに基づく特徴語と区別することで、文体の違いに基づく特徴語を特定した。その上で、2つの文体で対立する語の対が多くあることを指摘し、その対立は、従来言われていた「漢文訓読語」と「和文語」の対立の間に、段階的に層をなしていることを見てきた。このような語の文体的な層については、『今昔』と『宇治拾遺物語』の同文説話の語の比較を行った、田中・山元（2014）において、宮島（1994）の現代語や外国語に関する研究に依拠して、「文体的価値の硬軟の段階差」と見るべきものであると述べたが、本稿では、それがより広範囲に見出せたと考えることができる。文体の異なる資料を形態論情報付きコーパスにして、相互に語彙を比較する研究方法の有効性が示せたと言えよう。

　本稿ではまた、先行研究や筆者の以前の研究をもとに、文体的な対立関係にある語の間には意味的な対立関係がある場合が多いという見通しを述べたが、それがどのような意味的な対立であるかについて、意味・用法の具体的な分析に即して提示することはできなかった。これについては、今後個々の対立例を取り上げて質的な分析を行い、意味対立の類型を見出していくことなどが望まれよう。その上で、文体的価値の段階差と、意味的な対立がどのような関係を持つかについて研究することが、求められるだろう。

＊1　和化漢文（変体漢文）は、漢文訓読文とは別の文体とする立場もあるが、本稿では、これも漢文訓読文の極に寄った文体と考える。

＊2 この利点を生かした同趣旨の研究に、『宇治拾遺物語』の「漢文訓読語」と「和文語」の意味比較を行った、関（1993）がある。
＊3 『今昔』の漢文訓読文と和文とは截然と区別できるものではなく、連続的であり、先行研究では、『今昔』全体に統一的な文体を認めてきた。その統一的な文体の中においても、巻による文体の相違はやはり相当に顕著であり、『今昔』を全体として見た場合、その境目は、巻20までとその後とで分けることができる。
＊4 『日本語歴史コーパス 平安時代編』の言語単位については、本書に収録している冨士池論文や、小木曽ほか（2012）を参照。
＊5 この前処理の詳細については、冨士池ほか（2013）を参照。
＊6 0.8以上を特徴語とすることに積極的な根拠はない。
＊7 国立国語研究所（2004）にその語が収録されていない場合は、収録されている語で最も意味の近いと考えられる語の分類番号をあてた。固有名詞は、各タイプのリストの最後に50音順にあげた。
＊8 電子テキストを利用しつつも、基本的には説話を読みながら、類似の文脈を探す作業によって対立語を見付けていったものであり、取り落としもあるだろうし、類似性の判断が甘いものも混じっているであろう。このことは、後に述べる、文体の違いに基づく世俗部特徴語についても同様である。
＊9 田中（2000）は、「奇異・浅ましい」「微妙・目出たい」を詳しく扱い、田中（2003）は、「懺悔・悔いる」「読誦・読む」「往生・生まれる」についての報告を含む。
＊10 田中（1995）では「恐れる・恐ろしい」を、田中（1998）では「悲しむ・悲しい」を、それぞれ詳しく取り上げた。

参考文献

大坪併治（1976）「ヲハルとハツ」『岡大国文論稿』4: pp.7–21
小木曽智信・小椋秀樹・須永哲矢（2012）『中古和文 UniDic 短単位規程集』科研費報告書
国立国語研究所（2004）『分類語彙表増補改訂版』大日本図書
桜井光昭（1966）『今昔物語集の語法の研究』明治書院
佐藤武義（1984）『今昔物語集の語彙と語法』明治書院
関一雄（1993）『平安時代和文語の研究』笠間書院
田中牧郎（1995）「今昔物語集のオソロシとオソルについて」『学苑』661・662: pp.71–82　pp.55–68
田中牧郎（1998）「今昔物語集の情意述語文と文体」『国語学』194: pp.1–14
田中牧郎（2000）「今昔物語集における和漢の対語の意味対立―〈奇異〉〈微妙〉を例として―」遠藤好英編『語から文章へ』pp.17–30
田中牧郎（2003）「語彙層別化資料としての今昔物語集」『国語語彙史の研究』22: pp.17–36　和泉書院

田中牧郎・山元啓史（2014）「『今昔物語集』と『宇治拾遺物語』の同文説話における語の対応―語の文体的価値の記述―」『日本語の研究』10(1): pp.16–30

築島裕（1963）『平安時代の漢文訓読語につきての研究』東京大学出版会

藤井俊博（1988）「今昔物語集の「畢」―ヲハル・ハツの表現と語法―」『国文学論叢』33: pp.26–44

藤井俊博（2003）『今昔物語集の表現形成』和泉書院

冨士池優美・河瀬彰宏・野田高広・岩崎瑠莉恵（2013）「『今昔物語集』のテキスト整形」『第4回コーパス日本語学ワークショップ予稿集』pp.125–134 国立国語研究所

舩城俊太郎（2011）『院政時代文章様式史論考』勉誠出版

堀田要治（1941）「『如シ』と『様ナリ』とから見た今昔物語集の文章」『国語と国文学』210: pp.157–175

宮島達夫（1994）『語彙論研究』むぎ書房

山本真吾（1988）「今昔物語集における『速ニ』の用法について」『鎌倉時代語研究』11: pp.159–184

付　記

　本稿は、国立国語研究所共同研究プロジェクト「通時コーパスの設計」の成果であるほか、日本学術振興会科学研究費基盤研究（B）「和漢の両系統を統合する平安・鎌倉時代語コーパス構築のための語彙論的研究」（研究代表者：田中牧郎）の成果である。

別表1　文体の違いに基づく仏法部特徴語

番号	分類語彙表番号	語彙素読み	語彙素	品詞	仏法部比率	巻12頻度	巻17頻度	巻27頻度	巻29頻度	タイプ	用例
1	1.1112	シルシ	験	体	0.81	14	2	2	1	対立語	様々ノ御祈有リト云ヘドモ、其ノ験ナシ。（巻12-34）／皆泣キ騒ギ迷ヘドモ甲斐無クテ止ニケリ。（巻27-13）
2	1.1901	ヨワイ	齢	体	1.00	3	9			対立語	蔵海、齢と百歳ニ満テ遂ニ命ノ終ル時、（巻17-16）／翁既ニ年（とし）八十ニ罷リ成ニタレバ、物見ムト心モ不候ズ。（巻31-6）
3	1.1940	モロモロ	諸々	体	0.90	25	24	1	4	対立語	諸ノ上中下ノ人参リ集ル程ニ、（巻12-24）／万（よろづ）ノ人皆参リ仕リテ（巻31-20）
4	1.1962	サイ	歳	体	0.81	12	11	1	4	対立語	十七八歳許ノ童子、長短こテ身太クテ（巻12-34）／年（とし）十四五許ナル女子、未ダ男ニハ不触ザリケル有テ（巻26-2）
5	1.2010	ナンジ	汝	体	0.95	44	95	6	1	対立語	汝ガ持タル物ヘ、此ニ何ゾ有ル。此ヨリ此ヘ能ナーセン（巻27-41）
6	1.2010	ダレビト	誰人	体	0.89	1	8		1	対立語	此レ、誰人ノ盗メルト云フ事ヲ不被知デケリ。（巻17-38）／遂ニ誰ト云フ事ヲ不被知デ止ニケリ。（巻29-2）
7	1.2040	ニョニン	女人	体	1.00	16	19			対立語	形端正ニシテ身ニ微妙ノ衣服ヲ着セルリデ、（巻12-40）／藤大納言ノ北ノ方コソ実ニ世ニ不似ズ、微妙キ女（をんな）ニハ御スレ。（巻22-8）
8	1.2040	オンナゴ	女子	体	0.89	7	2		1	対立語	七歳ノ女子ヲ手ヲ引シメテ（巻12-19）／京ノ方ニ来ヌル女（め）ノ童立テリ。（巻27-41）
9	1.2050	ドウジ	童子	体	1.00	13	5			対立語	形見端正ナル童子、阿闍梨ノ前ニ出来レリ。（巻12-37）／只幼キ童（わらは）一人ナム有ケルモ、（巻30-4）

136　田中牧郎

10	1.2120	フモ	父母	体	0.85	32	11	3	対立語	父母ハ既ニ死ニタリ。(巻12-37) / 其ノ祖(おや)死ニケレバ、(巻27-35)
11	1.2340	ゾク	俗	体	1.00	5	7		対立語	其ノ傍ニ一人俗有リ。(巻13-6) / 其ノ中ニ、一人ノ人、思量有リ(巻28-29)
12	1.2410	ソウ	僧	体	0.87	98	163	27	対立語	一ノ僧有テ此ノ菩薩ノ所ニ来タル。(巻12-31) / 阿弥陀ノ聖ト云テ行フ法師有リ。(巻29-9)
13	1.2411	ダイジン	大臣	体	0.82	15	9	3	対立語	関白内大臣殿ニ始メ奉テ(巻12-22) / 西ノ宮ノ左ノ大臣(おとど)ニナム住給ケル(巻27-3)
14	1.3014	クルシミ	苦しみ	体	0.84	6	6	2	対立語	身ノ苦ビ難堪ジ。(巻12-36) / 身ヲ重ヶ極ク苦シキ也。(巻28-23)
15	1.3041	ザンゲ	懺悔	体	1.00	4	6		対立語	更ニ持経者ノ御為ニ悪キ心ヲ不思ジト誓テ、涙ヲ流シテ答ニ懺悔シテ(巻17-40) /「仏神ノ助ケ給ケルヲ吾愚ニ思ケル事」ヲ悔、(巻26-11)
16	1.3050	シュギョウ	修行	体	1.00	10	12		対立語	仏ノ道ヲ求テ勲ニ修行シテ年ヲ経ル間(巻12-11) / 勲ニ法ヲ行ジテ有ケレバ(巻28-20)
17	1.3061	ウタガイ	疑ひ	体	1.00	10	6		対立語	徒ニ餓死ナム事疑ヒ有ジ。(巻12-9) / 我ニ必ズ死ナムトス。(巻27-33)
18	1.3101	コト	言	体	0.92	4	8	1	対立語	此ノ言ヲ聞テ云ヘドモ(巻13-31) / 此ク云フヲ聞ケナム。(巻28-27)
19	1.3150	ドクジュ	読誦	体	1.00	23	6		対立語	法花経ヲ読誦シテ失ニケリ。(巻13-28) / 法花経ヲ読ミ奉テ失ニケレバ(巻31-07)
20	1.3331	ジキ	食	体	1.00	7	5		対立語	食ヲ儲テ変ズ事ヲ成ケリ。(巻17-46) / 食物(じき もつ)ヲ儲ケ、鮑・魚ナド取テ、(巻26-9)
21	1.5010	ヒカリ	光	体	0.91	8	15	2	対立語	暗キ穴ノ内ニ俄ニ火ヲ見ル。(巻17-13) / 死人ノ物ナド成テ光ニヤ有ラム。(巻27-35)

『今昔物語集』に見る文体による語の対立　137

番号	分類語彙番号	語彙素読み	語彙素	品詞	仏法部比率	巻12頻度	巻17頻度	巻27頻度	巻29頻度	タイプ	用例
22	1.5702	オウジョウ	往生	体	1.00	4	8			対立語	極楽世界ニ住生スルヲ得テキ（巻17-17）／示現ノ如ク他国ニ生レニケリ（巻24-25）
23	1.5702	ニュウメツ	入滅	体	1.00	6	5			対立語	西向ニ居テラ入滅シニケリ。（巻12-33）／程モ無ク死給ヒニケリ。（巻27-16）
24	1.5721	ヤマイ	病	体	0.83	24	19	6	2	対立語	身ニ病有テ有久ヶ煩ヒ給フ間（巻12-3）／弟子ノ僧ヘ死群病テ、落居テ死不成ス。（巻28-17）
25	2.1200	マシマス	まします	用	0.98	29	31	1		対立語	仁和寺ノ済信大僧正ノ在スヤリ。（巻12-22）／其ノ主達ヤ坐（いま）スルニヨ（巻29-12）、小野ノ宮ノ右大臣ト申ケル人飽（おは）しケリ。（巻27-16）
26	2.1503	オワル	終わる	用	0.95	27	13	1	1	対立語	八年ニ一部ヲ誦ジ畢ル。（巻12-36）／家内ノ事共皆シ畢（は）テケレバ（巻27-11）
27	2.1521	イタル	至る	用	0.81	29	22	3	8	対立語	今亦其ノ所ニ返リ至リナバ（巻12-14）／西ノ京ノ家ニ夜半許ニ返リ着（つき）タリケル。（巻27-33）
28	2.1521	オヨブ	及ぶ	用	1.00	7	6			対立語	既ニ年八十ニ及テ（巻17-10）／年ノ七十ニ成タレバ（巻28-4）
29	2.1580	ミツ	満つ	用	0.82	6	14	1	3	対立語	既ニ六十ニ満ヌ。亦、身ニ病有テ命尽ムトス。（巻17-15）／此男ハ年既ニ七十ニ成テ、今日明日共知ル。（巻26-5）
30	2.1600	ヘル	経る	用	0.87	26	32	4	4	対立語	此ノ願ヲ遂ズシテ年月ヲ経ル二（巻12-18）／墓無ク月日モ過テ、（巻27-24）
31	2.3014	カナシム	悲しむ	用	0.90	36	45	2	6	対立語	涙ヲ流シテ悲ビ合ヘル事限ナシ。（巻12-32）／悲キ事云ヘル方無ク思エケレドモ、（巻27-15）

138　田中牧郎

32	2.3014	ナヤム	悩む	用	0.90	5	5	1	対立語	日来煩テ此ノ暁ニ死ニケリ。(巻12-39) /其ノ母重キ病ヲ受テ日来頃(わづらひ)ケレバ、(巻27-33)
33	2.3020	アワレム	哀れむ	用	0.90	7	3	1	対立語	此レヲ聞テ哀ムデ此レヲ養フニ (巻12-14) /此ヲ見テ哀レニ思テ、懐ニ差入レテ (巻31-8)
34	2.3047	シンズル	信ずる	用	1.00	7	9		対立語	地蔵菩薩ノ霊験ヲ信ジ奉ケリ。(巻17-21) /大菩薩ヲ憑ミ奉テ (巻31-1)
35	2.3061	アヤシム	怪しむ	用	0.82	22	13	2	対立語	何ヨリ来レルト知ズシテ怪ビト思フ程ニ (巻12-37) /「何ナルニカ」ト怪ク思フ程ニ (巻27-40)
36	2.3333	ジュウスル	住する	用	0.95	14	8	1	対立語	年来、海ノ辺ニ住シテ、(巻12-1) /今昔、西ノ京ノ辺ニ住ム者有ケリ。(巻27-33)
37	2.3650	スクウ	救う	用	0.90	4	6	1	対立語	我ガ今日ノ命救給ヘ (巻12-28) /此ヲ難有キ命ヲ助ケツ開エヽ (巻31-14)
38	2.3770	アタエル	与える	用	0.85	20	12	3	対立語	清水ノ相ヒ知レル僧ノ有ルニ此ヲ与ラヘツ。(巻12-24) /此ノ箱ヲ女ニ取セムトテ (巻27-21)
39	2.5701	ウマレル	生まれる	用	1.00	20	10		対立語	其ノ生レタル児ヲ見レバ (巻12-2) /賤ド置ド敷テ取セタレバ、程モ無ク平カニ産(うみ)ツ。(巻27-15)
40	3.1331	キイ	奇異	相	0.94	19	13	2	対立語	此レ、奇異ノ事也。(巻12-27) /此レヲ見ルニ、奇異(あさまし)キ事無限シ。(巻27-39)
41	3.1345	タンセイ	端正	相	1.00	5	9		対立語	形端正ニシテ身ニ微妙ノ衣服ヲ着セル女人 (巻12-40) /形ヲ浄気ニシテ愛敬付タル不似事世ニ微妙カリケレバ (巻29-28)
42	3.1671	タチマチ	忽ち	相	0.83	32	47	8	対立語	一人ノ小サキ僧忽ニ出来テ、此ノ津ノ人ノ家毎ニ走リ行ツヽ叫デ云フ (巻17-6) /彼長、急(き)ト出来テ、守ノ現ヘニ居エタル所エタリケレバ (巻26-15)

『今昔物語集』に見る文体による語の対立　139

番号	分類語彙番号	語彙素読み	語彙素	品詞	仏法部比率	巻12頻度	巻17頻度	巻27頻度	巻29頻度	タイプ	用例
43	3.1913	スミヤカ	速やか	相	0.83	17	26	2	6	対立語	「~速ニ出ネ」ト云テ、(巻12-34) /「只、疾ク行キ」ト云テ、(巻29-29)
44	3.1920	ビミョウ	微妙	相	1.00	7	3			対立語	咲ヲ合テ微妙ノ衣ヲ着テ、(巻14-2) /左ノ競馬ノ微妙(めでた)キヲ着セテ(巻28-35)
45	1.1112	タメ	為	体	0.80	54	37	8	13	漢の表現	「為」の訓読表現。聖人ヲ迎ヘムガ為ニ来レル也。(巻12-32)
46	1.1346	ナン	難	体	1.00	4	6			漢の表現	「遭難」などの訓読表現。其ノ難ニ値フ(巻12-26)
47	1.1612	ニチヤ	日夜	体	1.00	8	18			漢の表現	「日夜朝暮」「日夜晴昧」などの漢語表現。日夜朝暮ニ恭敬供養シ奉ル事無限シ。(巻17-20)
48	1.1730	トウザイ	東西	体	0.94	5	12	1		漢の表現	「東西ヲ来ム」「東西ニ走ル」などの漢語表現。東西ニ走リ廻テ(巻17-21)
49	1.2020	ミズカラ	自ら	体	0.84	12	24	3	3	漢の表現	「自」の訓読表現。自ラ法花経一部ヲ書シテ奉ル。(巻12-29)
50	1.2040	ナンニョ	男女	体	0.95	8	12		1	漢の表現	「道俗男女」などの漢語表現。貴賎ノ道俗男女リ来テ、結縁ニ為ニ聴聞スル事無限シ。(巻15-35)
51	1.2410	ドウゾク	道俗	体	1.00	8	9			漢の表現	「道俗男女」などの漢語表現。道俗ノ内ノ道俗男女、首ヲ低テ恭敬シ奉ル事无限シ。(巻12-12)
52	1.3020	ダイヒ	大悲	体	1.00	9	11			漢の表現	「大悲観音」などの漢語表現。大悲観音、願ハ、持チ奉ルニ依テ、此ノ世ノ、今ハ、此テ止ミえ、後生三途ニ不堕ズシテ、必ズ浄土ニ迎ヘ給ヘ。(巻16-6)
53	1.3021	クギョウ	恭敬	体	1.00	9	8			漢の表現	「恭敬礼拝」「恭敬供養」などの漢語表現。恭敬礼拝セムト思フ間ニ、(巻12-18)

140　田中牧郎

54	1.5601	コウベ	頭	体	1.00	8	6		漢の表現	「傾首」「挙首」の訓読表現。国ノ人皆ナ皆ヲ傾テ詣デヽ(巻17-16)
55	1.5603	タナゴコロ	掌	体	1.00	7	12		漢の表現	「合掌」の訓読表現。掌ヲ合セテ入滅セリ。(巻12-35)
56	1.5607	ナミダ	涙	体	0.91	11	36	1	漢の表現	「流涙」の訓読表現。皆、涙ヲ流シテ貴ビケリ。(巻12-37)
57	2.1112	ヨル	因る	用	0.89	70	48	6	漢の表現	「因」の訓読表現。不飲食ザルニ依テ、力無クシテ目不見ズ。(巻12-14)
58	2.1211	オコス	起こす	用	0.90	34	42	2	漢の表現	「発心」の訓読表現。心ヲ発シテ貴ブ事無限シ。(巻12-29)
59	2.1250	タエル	絶える	用	0.86	10	10	3	漢の表現	「絶入」の訓読表現。暫ク寝ルガ如クシテ絶入ス。(巻17-20)
60	2.1513	カタムケル	傾ける	用	0.90	6	4	1	漢の表現	「傾首」の訓読表現。国ノ人皆ナ皆ヲ傾テ詣デヽ(巻17-16)
61	2.1522	ナガス	流す	用	0.95	10	36	2	漢の表現	「流涙」の訓読表現。皆、涙ヲ流シテ貴ビケリ。(巻12-37)
62	2.1573	ナラブ	並ぶ	用	1.00	13	6		漢の表現	「并」の訓読表現。人并ニ牛馬(巻12-11)
63	2.1611	ノゾム	臨む	用	1.00	7	8		漢の表現	「臨時」などの訓読表現。最後ノ時ニ臨テ(巻12-32)
64	2.3430	イタス	致す	用	0.95	19	20	2	漢の表現	「至心」の訓読表現。心ヲ至シテ仏ヲ念ジ奉リ。(巻12-28)
65	3.3068	ツブサニ	具に	相	1.00	7	5		漢の表現	「具」の訓読表現。父母妻子ニ此ノ事ヲ具ニ語ル。(巻12-28)
66	4.3210	イナ	否	他	1.00	3	8		漢の表現	「否」の訓読表現。汝ヂ知レリヤ否ヤ。(巻12-28)

別表2 文体の違いに基づく世俗部特徴語

番号	分類語彙 番号	語彙素読み	語彙素	品詞	世俗部 比率	巻12 頻度	巻17 頻度	巻27 頻度	巻29 頻度	タイプ	用例
1	1.1112	カイ	甲斐	体	1.00			1	10	対立語	皆泣キ騒ギ迷ヘドモ甲斐無クテ止ニケリ。(巻27-13)／様々ノ御祈有リト云ヘドモ、其ノ験(しるし)無シ。(巻12-34)
2	1.1130	ママ	侭	体	0.93		3	13	26	対立語	約束ノママニ懸タリケル物共皆取出シタリケルン (巻27-43)／聖人ノ言ノ如クニ水ヲ可出シ (巻12-1)／尻答ト聞ケルママニ、其ノ楉ノ木俄ニ失ニケリ。(巻27-37)／鞭ヲ打テ逃ゲル時ニ、女ノ云ク (巻12-28)
3	1.1300	サマ	様	体	0.93	4	1	35	26	対立語	東様ニ行カムト為ルニ (巻27-15)／池ノ方(かた)ニ将行クニ (巻16-15)
4	1.1300	ヨウ	様	体	0.83	16	20	62	102	対立語	瀧口、前ノ様ニ、「此ノ馬ノ尻ニ乗レ。利児ト云ヘバ (巻27-41)／前ノ如ク「家ノ主ニ物宣ハム」ト有ル女人、門ニ在マシマスト (巻17-47)
5	1.1584	カギリ	限リ	体	0.94		1	7	7	対立語	男ノ持チ出ニシ物ヲ限リ有リ (巻29-9)／只、此ノ垢衣ニミ有リ (巻16-8)
6	1.1635	ユウグレ	夕暮レ	体	0.85	1	1	4	6	対立語	次ノ日ノ夕暮ニ白地様ニ持成シテ引出シケルニ、(巻29-3)／祖父麿、五日ト云フ日ニ、不慮ザルほかに、淡路ノ国ノ面ニ田野ノ浦ト云フ所ニ、塩焼ク海人ノ住ム所ニ至リ着キス。(巻12-14)
7	1.1771	オク	奥	体	0.89		2	5	10	対立語	山ノ奥ヘ龍入レ、入レ (巻29-23)／山深クステ峯々谷々テ行クフ間ニ (巻13-12)
8	1.1931	アマリ	余リ	体	0.80	1	2	4	7	対立語	十日許リ有テ (巻27-41)／十余日ノ前ニ死期ヲ知デ、(巻12-33)

9	1.1960	ヨロヅ	万	体	0.89	2	1	8	14	対立語	万ノ事ヲ知テ／事ヲ兼テ知レリ。(巻11-10)	万ノ事ヲ知ル／語(もろもろ)ノ事ヲ兼テ知レリ。(巻11-10)
10	1.2000	ヤツ	奴	体	0.96	1	1	4	17	対立語	物ニ狂フ奴哉。(巻27-44)／希有ノ事モ宣セケル人カナ。(巻20-44)
11	1.2010	オノレ	己	体	0.95	2	2	20	36	対立語	己ヨ、今リ此ル態ナセン。(巻27-41)／汝ガ持タル物へ、此レ何物ゾ。(巻12-27)
12	1.2040	オンナ	女	体	0.80	18	1	111	164	対立語	藤大納言ノ北ノ方ニツ実ニ世ニ不似ズ、徴妙キ女ヘ御ズレ。(巻22-8)／形端正ニシテ身ニ徴妙ノ衣服ヲ着セレ女人、時々来テ廻リテ、(巻12-40)
13	1.2040	メ	女	体	0.89	3	3	71	43	対立語	京ノ方ニ来ニ一女ノ童立テリ。(巻27-41)／七歳ノ女子(おんなご)ニ手ヲ引シメテ、(巻12-19)
14	1.2120	オヤ	親	体	0.85	1	1	3	16	対立語	其ノ祖死ニケレバ(巻27-35)／父母(ぶも)ニ既ニ死タリ。(巻12-37)
15	1.2410	ホウシ	法師	体	0.80	5	12	4	60	対立語	男法師ヲ呼テ答ヘズ。(巻29-9)／貴キ僧ヲ呼テ祈ラセケレドモ(巻16-22)
16	1.2411	オトド	大臣	体	1.00			18	1	対立語	西ノ宮ノ左ノ大臣ガム住給ケル。(巻27-3)／関白内大臣(だいじん)殿ヲ始メ奉テ(巻12-22)
17	1.4210	キヌ	衣	体	0.86	1	5	11	17	対立語	檜皮色ノ衣ヲ着タリ。(巻27-31)／青衣(こう)ヲ着セル官人(巻17-17)
18	1.4210	キモノ	着物	体	0.92		1	2	9	対立語	男赤着物ヲ脱テ裸ニ成テ(巻27-44)／貴キ僧来テ、其ノ衣(ころも)ヲ令脱メタレバ(巻13-33)
19	1.4210	ショウゾク	装束	体	1.00			4	13	対立語	着ケ欲キ程ノ装束ヲ取出シテ着セケレバ(巻29-3)／身ニ徴妙ノ衣服ヲ着セル人(巻12-40)
20	1.4420	ツイガキ	築垣	体	0.91				9	対立語	築垣ニ向テ蹲ニ居タリ。(巻29-39)／家ノ北ノ垣ノ辺ニ有リ。(巻12-34)

『今昔物語集』に見る文体による語の対立　143

番号	分類語彙表番号	語彙素読み	語彙素	品詞	世俗部比率	巻12頻度	巻17頻度	巻27頻度	巻29頻度	タイプ	用例
21	1.5240	ヘザマ	狭間	体	0.91	1		6	3	対立語	部ノ迫ヨリ臨ケレバ、(巻27-22) /戸ノ隙(ひま)ヨリ和ラ臨クニ(巻16-33)
22	1.5601	カオ	顔	体	0.94	1	1	14	15	対立語	扇ヲ以テ顔ヲ指隠シテ(巻27-38) /欄ノ柚ヲ面(おもて)ニ塞テ(巻12-24)
23	1.5602	シリ	尻	体	0.83		3	11	2	対立語	小僧ノ尻ニ立テ、漸ク行ケ程(巻17-13) /僧、召ス人ノ後(しりへ)ニ立テ参ル(巻14-35)
24	2.1200	イマス	坐す	用	0.83	1	1	2	7	対立語	此様ニ常ニ坐セ(巻29-6) /此ノ家ニ人ヤ在(まし)マス。(巻12-28)
25	2.1200	オハス	おはす	用	0.89	1	5	33	11	対立語	小野ノ宮ノ右大臣ト申ケル人ノ御ケル。/仁和寺ニ済信大僧正ニ在(まし)マス也ケリ。(巻12-22)
26	2.1525	ニグル	逃げる	用	0.80	15	7	27	55	対立語	怖レテ逃ゲ去ヌルニコソ有ヌレ(巻27-29) /其ノ所ヲ遁レ去テ(巻16-1)
27	2.1540	オトス	落とす	用	0.84	3		8	6	対立語	目ヨリ大ナル涙ヲ落シテ(巻28-31) /涙、雨ノ如ク落(おち)テ(巻15-30)
28	2.1551	カラメル	絡める	用	0.85	1	3	9	12	対立語	其ノ女ヲ搦テ将テ参ベシ。(巻29-14) /我ヲ捕ヘ将行ケリ。(巻17-28)
29	2.1552	トク	解く	用	1.00			3	12	対立語	云フニ随テ衣ヲ解ツ(巻29-23) /我ガ衣ヲ令脱(ぬが)メタレバ(巻13-43)
30	2.1553	アク	開く	用	0.95	1	14	14	3	対立語	開タル脇戸ノ許ニ副立テ(巻27-10) /堂ノ戸不開(ひらか)シテ(巻15-20)
31	2.1553	アケル	開ける	用	0.89	1	5	18	28	対立語	遣戸ノ有ルヲ開クルヲ見レバ(巻27-15) /南ノ門ヲ開(ひらき)テ、(巻12-16)

32	2.1553	トヂル	閉じる	用	0.83	1	7	2	対立語	門ヲ強ク閉テ（巻27-24）／門ヲ即ハ差（さし）ツ（巻11-11）
33	2.1561	タタク	叩く	用	1.00		4	12	対立語	金鼓ヲ扣テ（巻29-9）／金鼓ヲ打為ニ（巻29-6）
34	2.3040	シノブ	忍ぶ	用	0.89	2		15	対立語	忍テ可申キ事ノ候フ也（ひそか）ニ弟子ニ語テ云ク（巻12-27）
35	2.3061	オボシメス	思し召す	用	0.83	1	2	7	対立語	「此ヘ何ナル人ノ有ルゾ」ト思シ食テ（巻27-29）／「後生ヲダニ助フラム」ト思ヒ給テ（巻19-13）
36	2.3532	イナミル	否みる	用	0.83	1	2	7	対立語	泣泣ク辞ケレドモ、本所ニ至ニケリ（巻27-41）／度々辞（じ）ストテ云ヘドモ、守不承引ズシテ（巻19-7）
37	3.1010	カカル	斯かる	用	0.98	1	23	27	対立語	此レ程ニ（巻27-24）／而ル間ニ（巻12-34）
38	3.1010	カヨウ	斯様	用	0.85	4	8	13	対立語	此様ニシツヽ常ニ此ノ男ニ副テ（巻27-40）／如此シテ既ニ三月来ニ成ル間ニ（巻12-34）
39	3.1010	サ	然	相	0.83	9	23	34	対立語	実ニ鬼有ラバ、然モ知ラム。（巻27-44）／舎利ヲ捨シテラ以テ然（し）カ知ベシ。（巻12-33）
40	3.1010	サヨウ	然様	相	0.95	1	10	6	対立語	然様ナラム所ニハ、独リマニハ不立入マジキ事也（巻27-15）／如然キ所ナレバ不知ラム所ニハ不可宿ズ。（巻13-17）
41	3.1130	オボシイ	思しい	相	0.83	2	2	7	対立語	仏ノ御前ト思シキ所ニ居ヘツ（巻27-16）／家ノ主ト思（おぼ）ユル人出来テ（巻16-17）
42	3.1302	イミジイ	いみじい	相	0.97	1	2	38	52	対立語	此ヲ嬉ヲ見ルニ、極ク気怖シク思ユ。（巻27-15）／人極キ見ルニ、極（きはめ）テ恐シ。（巻14-7）
43	3.1600	シバシ	暫し	相	0.93	1	11	14	対立語	近付キ見ルニ、極（きはめ）テ恐シ。（巻14-7）／暫ク立留マリ給ヘ。（巻27-20）／暫ク立給ヘレ。（巻12-28）

145

番号	分類語彙番号	語彙素読み	語彙素	品詞	世俗部比率	巻12頻度	巻17頻度	巻27頻度	巻29頻度	タイプ	用例
44	3.1643	ヤガテ	軈て	相	1.00			6	10	対立語	其ノ男ヤガテ霊ニ成ニケリ（巻27-1）／法会事ヲ後ニ即チ死ヌ（巻12-34）
45	3.1671	ナガラ	乍ら	相	0.88	1	1	9	4	対立語	二人モテ堂ノ内ニ入ニケル。（巻27-44）／二人共ニ空ニ昇ヌ。（巻14-2）
46	3.1910	アマタ	数多	相	0.88	1	6	18	22	対立語	車共数遣次ケテ（巻27-41）／大小ノ諸ノ木、多（お枝く）河ヨリ流レ下ル（巻12-14）
47	3.1920	イト	いと	相	0.85	6	8	35	39	対立語	糸奇怪ナル事也。（巻27-16）／甚ダ奇特也。（巻17-8）
48	3.1920	エ	え	相	0.99		1	27	34	対立語	否尋ネ会ヒ不得ズ（巻28-11）／不尋得ザリケレバ（巻16-9）
49	3.3012	オソロシイ	恐ろしい	相	0.81	10	7	47	19	対立語	此レヲ見ルニ、怖シク思エレバ、（巻27-16）／此ヲ見テ大キニ恐（おそれ）テ、（巻12-15）
50	3.3030	キト	きと	相	0.92	1	1	2	8	対立語	彼長、急ト出来テ、守現ヘニ居タル所ニ見エタリケレバ（巻26-15）／一人ノイササキ僧忽ニ出来テ、此ノ津ノ人ノ家毎ニ走リ行ケ叫テ云ク（巻17-6）
51	3.3068	アヤシイ	怪しい	相	0.80	1	11	22	22	対立語	「何ナルニカ」ト怪ク思フ程ニ（巻27-40）／何ヨリ来レルヘト知ズシテ怪ビ思フ程ニ（巻12-37）
52	3.3421	カシコイ	賢い	相	0.91	1	2	6	23	対立語	身ノ才微妙ク、心賢ク御ケレバ（巻27-19）／身ヲ有リ、心悟リ有テ、内外ノ道ニ達レリ。（巻12-5）
53	3.3422	アサマシイ	浅ましい	相	0.96	1	2	31	28	対立語	此レヲ見ルニ、奇異キ事無限ジ。（巻27-39）／比レ、奇異ノ事也。（巻12-27）
54	1.1302	ケ	気	体	1.00			6	5	和の表現	然気無テ逃ゲヌ（巻27-14）
55	1.1561	ウチ	打ち	体	0.85	10	8	46	43	和の表現	若キ女三人打群テ（巻27-8）

146　田中牧郎

56	1.1561	サシ	差し	体	0.96	1	15	24	和の表現	赤色ノ扇ヲ指ヲ隠タルヨリ出タル額ツキ（巻27-31）
57	1.1642	ヤゼン	夜前	体	1.00		7	5	和の表現	夜前ノ者共ニハ非デ（巻29-3）
58	1.2000	モノ	物	体	0.80	35	85	134	和の表現	物ニ狂フ奴哉。（巻27-44）
59	1.5605	ケ	毛	体	0.93	1	11	2	和の表現	頭ノ毛太リテ怖シキ事限ナシ。（巻27-43）
60	2.1200	サブラウ	侍ら	用	0.94	9	50	94	和の表現	己ガ只一人持テ候フ娘也。（巻29-4）
61	2.1513	カカル	掛かる	用	0.83	2	17	14	和の表現	此ノ狗ニ踊懸リツツ吠テル也ケリ。（巻29-32）
62	2.1522	ハウ	這う	用	1.00		4	12	和の表現	其ノ馬ニ這乗テ（巻29-3）
63	2.1540	アガル	上がる	用	0.89	1	9	13	和の表現	空ノ上ノ方ニ踊上テ物ニ昨付ス。（巻29-32）
64	2.1635	フケル	更ける	用	0.81	4	9	6	和の表現	夜漸ク深更テ（巻27-12）
65	2.3066	アツカウ	扱う	用	1.00		7	9	和の表現	病付デ有シニ、繚フトモ無ク此ノ夏失ニシテ（巻27-25）
66	2.3430	タマエル	給える	用	1.00		3	15	和の表現	慎シク難堪ク思給フレドモ（巻29-4）
67	3.1010	シカジカ	然々	相	0.93	2	10	17	和の表現	近江ノ国ニ然々ト申シ候ヒシ者ニ候フ（巻29-4）
68	3.1113	ヨシナイ	由無い	相	0.96	1	12	8	和の表現	由無キ物飲ウシテ命ヲ亡ス奴原哉カナ（巻29-6）
69	3.1332	ヨイ	良い	相	0.93	2	8	28	和の表現	其ノ家ニ吉キ女房ノ御座ケル（巻29-8）
70	3.1346	ヤスイ	安い	相	0.82	1	4	4	和の表現	糸安キ事ニ候フ（巻29-25）
71	3.1642	ハヤク	早く	相	0.84	1	2	12	和の表現	早ク、此ノ狼ヘヲ取ラムトニハ非ザリケリ（巻29-35）
72	3.1920	ヨモ	よも	相	0.92		1	9	和の表現	今夜ヘ狐、ヨモ出来ジ（巻27-41）
73	3.3068	イブカシイ	訝しい	相	0.82	2	5	3	和の表現	年来不審ク悲ク思フ祖ヲ思フ事ヲ（巻27-13）
74	4.1120	カテ	斯くて	他	1.00		8	10	和の表現	七日許ニハ此デ御レデ返リ給ヘ（巻27-15）
75	4.1170	サデ	扠	他	0.96	4	19	60	和の表現	然デ、其ノ女ノ、年ナド老ノ後ニハ非ザル也。（巻27-15）

『今昔物語集』に見る文体による語の対立　147

番号	分類語彙番号	語彙素読み	語彙素	品詞	世俗部比率	巻12頻度	巻17頻度	巻27頻度	巻29頻度	タイプ	用例
76	4.1170	サテ	然て	他	0.83	3		3	10	和の表現	未ダ然テ有ルヲ（巻27-15）
77	4.1180	ナド	など	他	0.95		1	9	7	和の表現	何ドヾ久ク参リ給ザリ給リツルゾ（巻27-32）
78	4.3010	イザ	いざ	他	1.00			11	8	和の表現	去来、行テ見ム。（巻27-36）
79	4.3110	ト	と	他	1.00			1	9	和の表現	此モ為レバ隠ラシ行キ給テ（巻29-17）

人工頭脳プロジェクト「ロボットは東大に入れるか」国語試験古文問題解答に向けて

横野光

　本稿では国立情報学研究所で取り組んでいる人工頭脳プロジェクト「ロボットは東大に入れるか」における大学入試の国語試験古文問題解答に向けての取り組みについて述べる。センター試験においてどのような問題が出題されるかについての分析を行い、それらに対するアプローチや必要となる言語資源について検討する。

1. はじめに

　現在、国立情報学研究所で推進している人工頭脳プロジェクト「ロボットは東大に入れるか」(新井・松崎 2012)*1 は、細分化された人工知能分野を再統合することで分野全体としてどこまで達成できているのか、また残っている問題は何かということを明らかにすることを目的とし、そのベンチマークとして2016年度に大学入試センター試験を、2021年度に東京大学入学試験を突破することを目標としている。

　大学入学試験は一般的に、国語、英語、数学、理科、社会の5科目からなっており、それぞれに対して解答に必要となる知識、手法は異なる。そのため問題解答にはそれぞれの科目毎にどのように解けば良いかを検討しなければならない。

　本稿では最初の目標である大学入試センター試験の解答に向けて、国語の古文問題ではどのような問題が出題されるかを分析し、その解答に向けて必要な言語資源、手法について検討する。また、内容問題解答のベースラインモデルとその性能について述べる。

2. センター試験古文問題の分類と解答手法

大学入試センター試験の国語問題は基本的に4つの大問で構成されており、1問目、2問目が現代文(論説文、小説)問題、3問目が古文、4問目が漢文の問題となっている。小問の選択肢の数は1問につき5個程度である。

古文の問題では日本の古典作品の一部分が提示され、その内容が理解できるかが問われる。出典は基本的に受験生が読んだことのないような、あまり知られていない作品が選ばれることが多い。

我々は過去16回分のセンター試験本試験、追試験からどのような問題が出題されたかについての分析と、それらを解くための手法についての検討を行った。なお、過去に行われたセンター試験の問題は大学入試センターで公開されている*2。

問われている内容に基づいた設問の分類の結果を表1に示す。出題数は分析に利用した16回分の試験問題での小問の数を表す。

表1 問題分類と出題数

大分類	小分類	出題数
文法	表現の構成要素(品詞など)	12
	主語の同定	1
	会話文の発話者推定	2
	敬意表現(敬語の種類など)	4
和歌	和歌の表現技法	1
	和歌の解釈	5
内容	現代語訳	16
	内容理解	29
	心情説明	8
	理由説明	5
	文章全体の内容理解	10
その他	文学史	4

古文の問題の大まかな構成としては、6問程度の設問からなり、第1問目に本文傍線部の現代語訳、文法問題が1問程度、和歌に関する問題や文学史に関する問題は出題されない回もあるがそれぞれ1問程度出題される。残りは内容理解に関する問題であり、半分以

上の割合を占める。したがって内容理解の問題が解けるかどうかが高得点を得るためには重要となる。

以降、それぞれの分類について例題を元に述べ、その解答手法について議論する。

2.1 文法問題

文法問題では主に表現の構成要素に関する問題、敬意表現に関する問題が出題される。この種の問題では対象となっている語についての情報（品詞や敬語の種類など）が焦点となっている。これらは本文中に表層的に現れているわけではなく、本文を解析することによって得られる情報である。このため文法問題は主に形態素解析や辞書から得られる知識を用いて解くことを考える。

2.1.1 表現の構成要素に関する問題

表現の構成要素に関する問題では傍線部の表現を構成する形態素、それぞれの品詞や活用形、助動詞の場合にはその用法などが問われる。例を図1に示す。

問われる内容は、形態素の区切り、品詞、（用言の場合）活用形、助動詞の用法である。このうち助動詞の用法以外は形態素解析に

問4　傍線部B「許さるべきにや」の文法的説明として正しいものを、次の①〜⑤のうちから、一つ選べ。解答番号は25。
① 「許さ」は動詞の未然形＋「る」は完了の助動詞の連体形＋「べき」は推量の助動詞の終止形＋「にや」は願望の終助詞
② 「許さる」は動詞の終止形＋「べき」は推量の助動詞の連体形＋「に」は完了の助動詞の連用形＋「や」は疑問・反語の係助詞
③ 「許さ」は動詞の未然形＋「る」は受身の助動詞の終止形＋「べき」は可能の助動詞の連体形＋「に」は断定の助動詞の連用形＋「や」は疑問・反語の係助詞
④ 「許さる」は動詞の終止形＋「べき」は可能の助動詞の連体形＋「に」は接続助詞＋「や」は疑問・反語の終助詞
⑤ 「許さ」は動詞の未然形＋「る」は可能の助動詞の終止形＋「べき」は意志の助動詞の終止形＋「に」は断定の助動詞の連用形＋「や」は疑問・反語の終助詞

図1　品詞問題の例（2009年度国語追試験より引用）

よって得ることができるため、文法問題はこれによって得られた情報を元に解答する。

具体的な手法としては、対象の表現の形態素解析結果と選択肢の記述との類似度を計算する、というものが考えられるが、問題のパターンとしては、単純に形態素の構成情報を問うもの以外に、本文中に出現する同じ表層の形態素の中で異なる品詞のものを問う、といったような場合もあるため、解答形式の分類を行い、それぞれに対応する必要がある。

図1の問題にある「許さるべきにや」という表現に対して中古和文 Unidic を用いた MeCab で形態素解析を行った結果を図2に示す。

```
許さ     動詞,一般,*,*,文語四段-サ行,未然形--一般,ユルス,許す,許さ,
ユルサ,ユルサ,和,許す,ユルス,ユルス,ユルス,*,*,*,*,*,2,C1,*
る       助動詞,*,*,*,文語下二段-ラ行,終止形--一般,レル,れる,る,ル,
ル,和,る,ル,ル,ル,*,*,*,*,*,*,動詞%F3@0,*
べき     助動詞,*,*,*,文語助動詞-ベシ,連体形--一般,ベシ,べし,べき,
ベキ,ベキ,和,べし,ベシ,ベシ,ベシ,*,*,*,*,*,*,動詞%F2@1,*
に       助動詞,*,*,*,文語助動詞-ナリ-断定,連用形-ニ,ナリ,なり-断定,
に,ニ,ニ,和,なり,ナリ,ナリ,ナリ,*,*,*,*,*,*,"名詞%F2@1,形容詞
%F2@-1動詞%F2@0",*
や       助詞,係助詞,*,*,*,*,ヤ,や,や,ヤ,ヤ,和,や,ヤ,ヤ,ヤ,*,*,*,*,
*,*,*,*,*
。       補助記号,句点,*,*,*,*,,。,。,,,記号,。,,,,*,*,*,*,*,*,
*,*
EOS
```

図2　形態素解析結果

この結果を使って問題を解く場合、動詞の未然形、助動詞の終止形、助動詞の連体形、助動詞の連用形、係助詞という解析結果から正しい答え（③）が求まる。

しかし、形態素解析によって得られる情報だけでは不十分なこともある。2001年度から2009年度までの奇数年度のセンター試験*3 の本試験、追試験で出題された語構成に関する問題11問のうち MeCab によって得られる形態素解析結果のみを用いて正解が得られるかどうかを人手で確認したところ、実際に正答を得られる

と考えられるものは5問だけであった。正答が得られなかった原因には、形態素解析誤りや、解の決定に助動詞の用法の推定が必要であるということが挙げられる。

　助動詞の用法の推定に関しては、一意にその用法が定まるものは形態素解析の情報と助動詞の意味を記述した辞書を利用することで推定することができるが、例えば、「る」や「べし」のような複数の用法がある助動詞に関しては文脈からその用法を推定しなければならない。

　この問題は言語処理における語義曖昧性解消（Navigli 2009）のタスクとして見ることができる。語義曖昧性解消では、正解のラベルを付与したデータに対して、各語の語義識別モデルを学習するという手法が一般的である。モデルに使用される素性としては対象の語の周辺に出現する語が主に使われる。助動詞の用法推定においてこの手法を採用するためには、文章中の助動詞にその用法をアノテーションしたデータが必要になる。最も単純なデータ作成方法は人手でアノテーションを行うというものであるが、現代文に対する語義付与に比べて、古文の場合は書かれてある内容を理解するためにある程度の古文に関する知識が必要となるため、データ作成のコストがかかる。

2.1.2　敬意表現に関する問題

　敬意表現に関する問題は、傍線部の表現が尊敬語であるか、謙譲語であるか、丁寧語であるか、またどの登場人物からどの登場人物への敬意であるかを問うものが多い（図3）。

　これらの問題を解くためには、まず対象となっている表現が取り得る種類（尊敬語か謙譲語か丁寧語）を記述した辞書が必要となる。助動詞の用法と同様にその種類が一意に定まる場合は問題ないが、複数の種類を持つ表現が対象とされることが多く、その意味を文脈から推定する必要がある。それに加えて、誰から誰への敬意であるかということがあわせて問われることもあり、そのために対象の敬意表現の主語や、会話文に関しては話し手や聞き手を推定する必要がある。

問2　波線部a〜cの敬語についての説明として正しいものを、次の①〜⑤のうちから一つ選べ。解答番号は24。
① a……兵衛佐から兵部卿宮への敬意を示す謙譲語　b……作者から常磐への敬意を示す尊敬語　c……常磐から兵部卿宮への敬意を示す丁寧語
② a……兵衛佐から兵部卿宮への敬意を示す丁寧語　b……作者から兵部卿宮への敬意を示す謙譲語　c……常磐から兵衛佐の妹への敬意を示す尊敬語
③ a……兵衛佐から式部卿宮への敬意を示す謙譲語　b……常磐から兵部卿宮への敬意を示す丁寧語　c……常磐から兵衛佐への敬意を示す尊敬語
④ a……兵衛佐から兵部卿宮への敬意を示す丁寧語　b……作者から兵部卿宮への敬意を示す謙譲語　c……常磐から兵部卿宮への敬意を示す尊敬語
⑤ a……兵衛佐から兵部卿宮への敬意を示す謙譲語　b……女房たちから常磐への敬意を示す尊敬語　c……常磐から兵部卿宮への敬意を示す丁寧語

図3　敬意表現に関する問題の例（2009年度国語本試験より引用）

　述語の主語といったような項構造の特定は述語項構造解析と呼ばれるタスクであり、日本語を対象としたものにおいても様々な研究がなされている（吉川ら2010、Taira et al. 2008など）。古文に対してもデータがあれば同様の手法で解析が可能であると考えられるが、やはりデータの規模の点を考えると古文を直接扱うというのは困難である。

　敬意表現の決定には登場人物の身分が関係する。この身分関係は文章中では登場人物間の身分の上位下位関係で記述することができ、その文章内では基本的には変わらない。また"天皇は他の登場人物に敬意を示すことはない"といった制約もあることから、解答手法では対象となっている表現のみを考慮するだけではなく、これら人物間の関係を考慮し、例えば、個々の表現において身分関係に矛盾が生じないなどのような制約を満たすように推定する必要がある。

2.2　和歌問題

　本文中に和歌が出現している場合、その和歌に関する問題が出題されることがある（図4）。

問3　A〜Cの歌の表現技法とその効果に関する説明として適当でないものを、次の①〜⑤のうちから一つ選べ。解答番号は25。
① Aの歌では白菊の花を「君」になぞらえることによって、手折った菊の美しさをまだ見ぬ兵衛佐の妹の容色と重ねて想像する兵部卿宮の心情を表している。
② Aの歌に用いられた「うつろふ」には、兵衛佐の妹に対して兵部卿宮の心が傾くようになることと、白菊の花が色変わりすることとの、両方の意味が重ねられている。
③ Bの歌の「逢坂の関」を「越え」るとは、兵部卿宮が兵衛佐の妹に「逢ふ」ことの比喩表現で、上の句「行き通ふ跡は知らねど」が「逢（ふ）」を導く序詞となっている。
④ Cの歌の「ふみ」には同音異義語としての「文」と「踏み」とを重ねることによって、二つの意味を織り込む掛詞の技法が用いられている。
⑤ Bの歌とCの歌は、「こそ」を用いた係り結びによって、兵部卿宮の、まだ見ぬ兵衛佐の妹に対する思い、返事を受け取ることができない悲しみの心情が強調されている。

図4　和歌に関する問題の例（2009年度国語本試験より引用）

　和歌には掛詞や枕詞のような通常の文には用いられない表現技法が用いられ、その現代語訳も通常の古文に対する訳とは異なる表現となることが多い。和歌に関する問題ではそのような表現技法や解釈に関する問題が出題される。表現技法に関しては、新しい枕詞や序詞のようなものが出題されることはほとんどないと考えられるため、これらに関しては辞書を用意することができれば、それを用いて解答が可能になると考えられる。

　しかし、和歌の解釈に関しては表層的な意味にとどまらず、さらに深い解が求められるため、一般的な文の内容理解に比べて困難である。例えば、図4の問題の選択肢にもあるように、和歌中の語が本文中の何に例えられているか、といった比喩に関する理解などが求められる。

　和歌そのものの内容を理解する、即ち、現代語訳を行う、ということは機械翻訳などを用いることで可能であると考えられる。しかし、それはあくまでも表層的な解釈に過ぎず、そこからその和歌の本文中での用いられ方や詠み手の意図の推定については、古文本文の解釈とは別に考える必要がある。

2.3 内容問題

　古文問題の主軸は本文の内容理解に関する問題である。実際に出題されるものには、単純な現代語訳から、本文中の記述についての理由や説明、そこから推測される登場人物の心情など様々なものがある（図5）。問われる事柄は様々ではあるが、基本的には本文の内容と選択肢の内容が合致しているかどうかが問われていると見なすことができる。

　内容理解に関する問題には、例えば登場人物の心情推定など現代文の小説問題でも出題されるようなものがある。しかし、必要となる知識は古文と現代文では異なると考えられる。例えば、小説の心情推定の問題では、その心情を表す直接的な表現が本文中に出現することはあまりなく、「父は縁側で背中を丸めて足の爪を切っていた。」といった人物の行動に関する表現から、その心情（この場合は、父親が落ち込んでいる、あるいは悲しんでいる）を推測するということが必要となる。

問5　この文章を通して、兵衛佐の妹に対する兵部卿宮の気持ちはどのように移り変わっているか。その説明として最も適当なものを、次の①～⑤のうちから一つ選べ。解答番号は27。

① 最初はお気に入りの兵衛佐の妹なら美しいだろうから会ってみたいと執心していたのに、何度も贈った和歌をはねつけられて落胆した。しかし、常磐に兵衛佐の邸に忍び込むように進言されて再び希望を見出した。

② 最初はほんの遊び心で臣下の兵衛佐の妹に会ってみようと思ったが、和歌のやりとりをするうちに本気で兵衛佐の妹を想うようになってきた。そしてついに、兵衛佐が不在の夜に勇んで兵衛佐の邸に忍び込むことにした。

③ 最初は兵衛佐の熱意におされて気乗りのしないまま兵衛佐の妹に会ってみようと思ったが、兵衛佐が妹に詠ませた和歌に心が動いた。そのうえ、常磐に兵衛佐の邸に忍び込んではどうかとそそのかされて興味がいっそうわいてきた。

④ 最初は兵衛佐の妹を垣間見してその美しさに心惹かれ、一途に思い詰めて何度も和歌を贈るが、突き返されて立腹した。そこで、恨み言を直接兵衛佐の妹に言うために、常磐に先導させて兵衛佐の留守中に邸に忍び込もうと考えた。

⑤ 最初は両親を亡くして不遇な兵衛佐の妹に同情して世話をしたいと思ったが、意地悪な返事をもらい、一度はあきらめた。けれども、常磐の勧めにより、直接会って再度自分の気持ちを伝えたいと兵衛佐の邸に忍び込む決意をした。

図5　内容理解の問題の例（2009年度国語本試験より引用）

このように本文中に直接的に書かれていないことを使って解かなければならないような問題が小説の問題では多い。

　一方で、古文の問題においても心情推定の問題は出題されるが、手掛かりとなる情報は小説に比べて表層的に現れていることが多い。例えば、図5の問題では、①が正解であるが、「兵衛佐の妹なら美しいだろうから会ってみたいと執心していた」という箇所は、本文中の「女にてかれが妹ならば、いかにいつくしからん。あはれ、見ばや」と、深く御心移りて」に、「落胆した」という箇所は本文中の「宮の思し召し沈み給へる」に対応している。

　これは、論説文や小説のような現代文の問題では、本文で書かれてあることは受験者は大まかなところは理解できるとしたうえで設問ではより深い理解が必要となる問題が出題されるのに対し、古文の問題では"古文が正しく理解できるか"が焦点となるため、現代文として解釈できるかどうかに重点が置かれているからだと考えられる。したがって、現代文と古文の問題を比較すると、本文で書かれてあることが理解できていれば、古文の方が解答は容易であると考えられる。

　しかし、本文は古文であるのに対して、選択肢は現代語で記述されているため、これらを直接比較することはできない。そこで、本研究では機械翻訳モデルを用いて古文を現代文に翻訳し、それに対して選択肢を比較することを考える。

　言語処理において機械翻訳は主流の1つであり、現在では翻訳元の言語で書かれた文章とそれの対訳となる言語で書かれた文章の対からなる対訳コーパスを用いた統計的機械翻訳が主な手法となっている（Koehn 2009）。

　古文の翻訳も同様のフレームワークで行うことが可能であるが、一般的に機械学習による翻訳モデルの学習には翻訳元言語と翻訳先言語の対からなる対訳コーパスが必要となる。

　本研究では対訳コーパスとして、小学館の『新編日本古典文学全集』の電子データ（以降、小学館コーパスと呼ぶ）を利用する。このデータには古文本文とその対訳、注釈が含まれている。実際にこのコーパスによって作成した翻訳モデルについては4節で述べる。

また、本文中の傍線部の現代語訳を問う問題が第1問目に毎年3問程度出題される。基本的にはそれぞれの単語の意味が理解できれば解ける問題であるが、対訳候補としては複数存在し、そのうちどちらが正解かは文脈によって決まるような問題もあるため、辞書を持っていれば解けるというわけではない。

2.4　その他（文学史）

文法知識、内容理解の問題に比べると数は少ないが、文学史の知識に関する問いが出題されることもある（図6）。

問7　平安・鎌倉時代の歌人についての説明として正しいものを、次の①〜⑤のうちから一つ選べ。解答番号は32。
① 藤原俊成は「ますらをぶり」の歌風を尊重し、歌論書『近代秀歌』を著した。
② 藤原定家は第八代の勅撰和歌集『新古今和歌集』の撰者であり、その歌論に『毎月抄』がある。
③ 後鳥羽上皇は『新古今和歌集』の編纂を命じ、自らも歌謡集『梁塵秘抄』を編んだ。
④ 西行は『新古今和歌集』に最も多くの歌が載る歌人であり、家集に『発心集』がある。
⑤ 鴨長明は無常観を基調とした随筆『方丈記』ならびに歌論書『無名草子』を著した。

図6　文学史に関する問題の例（2001年度国語Ⅰ・Ⅱ本試験より引用）

文学史の問題では本文の内容ではなく、問題に用いられている文献の種類やその成立時期に関係した設問が出されることがある。これらの問題の解答に必要な知識は本文の内容に関するものというよりは、教科書や参考書などに記述されている情報である。

例えば、図6の問題では、藤原定家に関するWikipediaの記述に「2つの勅撰集、『新古今和歌集』、『新勅撰和歌集』を撰進。ほかにも秀歌撰に『定家八代抄』がある。歌論書に『毎月抄』『近代秀歌』『詠歌大概』があり、本歌取りなどの技法や心と詞との関わりを論じている。」とあり、ここから②の選択肢が正解であることが分かる。

この種類の問題は世界史や日本史の問題の解答と同じアプローチ、即ち、例えばWikipediaや教科書を知識源とし、その知識を用い

て設問の選択肢が真であるか偽であるかを判断する、という含意関係認識のタスクとして解くことができると考えられる（田・宮尾 2013）。

3. 古文を対象とした言語資源、言語処理ツール

　自然言語処理の分野では、新聞やWebなどの現在用いられている言語を対象として研究が進められ、現代日本語書き言葉均衡コーパス（BCCWJ）*4のような言語資源やMeCab*5やJUMAN*6などの形態素解析器をはじめとした様々なツールが開発されてきた。
　一方で、古文を対象とした言語処理研究には古語動詞の格フレーム構築（神山ら1999）や文語文に対する濁点の自動付与（岡ら2011）があるが、数としては多くない。また、利用可能な言語処理ツールとしては形態素辞書である中古和文UniDic（小木曽ら2010）を用いたMeCabがあるが、古文を対象とした係り受け解析器などは公開されていない。
　現在の言語処理においては、推定したい情報をアノテーションしたコーパスを用意し、それを用いて機械学習の手法によってモデルを学習するという手法が主流となっている。性能の良いモデルを学習するためには網羅的かつ大規模なコーパスがあることが望ましい。現時点では国語研究所が古文を対象とした『日本語歴史コーパス』の整備を行っているが、規模としては現代語のコーパスと比べると大きくはない。
　古典作品の著作権は既に失われており利用可能な状態ではあるが、電子化に加え、統語情報や対訳などのアノテーションには専門的な知識が必要となるため、言語資源として利用できるようにするためにはコストがかかる。

4. 機械翻訳を用いた内容理解問題解答

　内容理解の問題に対するベースラインとして、小学館コーパスを学習データとした機械翻訳モデルを用いた類似度ベースの解答器を

作成し、その性能を調査した（横野・星野 2014）。

　学習に用いた小学館コーパスにおける古文と現代語訳との対応は複数文からなるセグメント単位でなされており、統計的機械翻訳に望ましい文対応付けされたデータではない。基本的には古文から現代文の翻訳は逐語的に行われるため、多くの場合は対応するセグメント内の文の数は一致し、前から順に対応付けを行えば文対応の対訳データが作成できる。しかし、中には1文に対して複数の文、あるいは、複数の文に対して1文に翻訳されることもあり、この場合は文対応が取れない。元となるデータが大量に存在すれば、そのようなセグメントは無視し、利用できるものだけを使うということもできるが、本研究のように利用できるコーパスに限りがあるという状況ではできる限り全てのデータを使うことが望ましい。

　そこで対応するセグメント内の文の数に注目し、古文と現代文で文の数が等しければ、前から順に文の対応付けを行い、文の数が等しくなければ、文の数が多いセグメントを少ない方のセグメントの数に合わせて分割する。この分割では、古文と現代文で単語数と文の長さの分布が似ているものが良い分割の部分集合であると仮定し、これに基づいたスコア関数を定義する。このスコア関数が最大になるような分割を見つけることで、文の数が一致しないセグメントに対しても、文対応の取れた対訳コーパスを作成することができる（星野ら 2014）。

　学習データ作成に使用した小学館コーパスの統計を表2に示す。

表2　小学館コーパス統計情報

	古文	現代語	合計
単語数	2,837,101	3,720,257	6,557,358
文字数	12,763,402	17,300,081	30,063,483
セグメント数		19,102	

　この手法によって小学館コーパスから得られた対訳コーパスの規模は86684文対であった。このデータを学習コーパスとしてMoses（Koehn et al. 2007）を用いて翻訳モデルを構築し、問題文

を現代語に翻訳する。

翻訳された本文と選択肢の類似度はコサイン類似度で計算する。コサイン類似度は本文の特徴ベクトル T と選択肢の特徴ベクトル c_i に対して、以下の式で求める。

$$sim(T, c_i) = \frac{T \cdot C_i}{|T||c_i|}$$

本文と選択肢の特徴ベクトルは形態素の n-gram を要素とする。

内容理解に関する問題の多くは、本文中で指示されている傍線部についてのものである。このような問題では、その傍線部の近くに解答の手がかりが存在することが多い。そこで類似度の計算において問題本文全てを利用するのではなく、傍線部を含む文の前 l 文から後ろ m 文のみを利用する。

提案モデルは基本的に類似度が最も高い選択肢を解として出力する。しかし、問題には"適切でないものを選べ"と指示されたものもあり、このような問題に対しては類似度が最も低いものを解として出力する。

提案モデルの評価のために、2009年度、2005年度のセンター試験国語問題から傍線部の現代語訳問題と内容理解に関する問題を人手で選別し、これらの正答率を調査した。なお、実験に作成した翻訳モデルは言語モデルに 6-gram 言語モデルを用い、語の並び替えを行わないという制約を加えている。

提案モデルでは本文として傍線部を含む文の前後何文を利用するか（l, m）、また、n-gram の n の値をあらかじめ指定する必要がある。これらに対しては別年度の問題を開発データとして決定した。

実験結果を表3に示す。括弧の中は正答数と実験の対象となった設問数を表している。

実験で使用した問題数が多くないため、この結果から提案モデルの有効性を主張することはできないが、1設問につき選択肢の数は5個程度であり、ランダムに答えた場合の正答率が約0.2であることを踏まえると、全く見込みがないとは言えないであろう。しかし、試験毎に正答率にばらつきがあり、安定した性能ではないというのは今後の検討課題である。

表3　実験結果

問題	正答率
2009年度国語本試験	0.4　（2/5）
2009年度国語追試験	0.4　（2/5）
2005年度国語I本試験	0.33（2/6）
2005年度国語I追試験	0.17（1/6）
2005年度国語I・II本試験	0.2　（2/5）
2005年度国語I・II追試験	0.43（3/7）
合計	0.32（11/34）

　翻訳モデルの性能に関して、実験で使用した問題の本文と人手による翻訳、翻訳モデルによる翻訳結果を図7に示す。「わが母にておはせり。」が「ご自分の母でいらっしゃいました。」と翻訳されているように敬意表現や助動詞に関してはある程度は翻訳できているが、一方で、「心すごき所」が「うつ所」となっているなど、一部の内容語に関しては正しく翻訳がなされていなかったり、翻訳元の表現がそのまま用いられていたりしている箇所があった。これは学習に使用したデータが少ないことが原因の1つであると考えられる。統計的機械学習ベースで翻訳モデルを構築する場合、学習に使うデータのサイズが重要となる。例えば、日英の対訳データであるWikipedia日英京都関連文書対訳コーパス*7は約50万文対からなる。これに対し、我々が取り組んでいる古文-現代文翻訳においては、利用可能な電子化された古文データはそれほど多くなく、このために翻訳の精度が上がらなかったと考えられる。

　対訳データを追加で作成すれば精度の向上が見込まれるが、古文-現代文の対訳データを増やすことは困難である。新しいテキストが日々生成されている現代文に比べて、古文は現在においては基本的には生成されておらず、既に明らかになっている文献がほぼ全てである。現存する全ての古文テキストに対して電子化を行い、形態素情報などの構文情報や対訳などを付与することは原理的には可能であるが、電子化から始める必要があるものも多く、コストの面なども考慮すると現実的ではない。

　このような状況は一般的なドメインを対象としたときに生じる問

> **問題文** ある時、中将、昼寝せさせ給ひける御夢に、いづちともなく荻薄生ひ茂りたる野原の、まことに心すごき所に、うす絹のすそ、露にうちしほれたる女房ただひとり立ち給へり。いたはしと思ひて立ち寄り見給へば、わが母にておはせり。中将を見たてまつりて、袖もしぼりあへず、仰せけるは、「都に捨ておき給ひしその嘆きに、月日の行くもおぼえはべらねども、はや六年になりぬ。この思ひゆゑ、われこの世になき身となりにき」とて、さもうらめしげなる気色にて、道もそこはかとなき野中を西へ向きて行き給ふ、とおぼして、夢うちさめぬ。
>
> **人手による翻訳** あるとき、中将が昼寝をなさっていたその御夢に、どことはわからない萩やすすきがおい繁っている野原で、本当に人けがなくものさびしい所に、薄衣のすそが露に濡れている女性がたった一人で立っていらっしゃる。中将がお気の毒にと思って近寄ってご覧になると、自分の母上でいらっしゃった。母は中将を見申し上げると、絞りきれないほど袖を涙でぬらして、「あなたが私を都に見捨てたまま消息を絶ってしまわれたその嘆きのために、月日のたつのも忘れておりますけれども、もはや六年になりました。この悲しい思いのために、私はこの世の者ではなくなってしまいました」とおっしゃって、いかにもうらめしい様子で、道もはっきりと分からない野原の中を西方浄土の方へ向かっていらっしゃる、と思われたところで夢からさめた。
>
> **翻訳モデルによる翻訳結果** ある時、中将は、ちょうどお昼寝をなさった時の夢で、どこへともなく荻薄の生い茂っている野原のは、本当にうつ所に、うす絹の裾、露に内でうちしおれて、ただ一人で立っていられた。不憫でならないと思って、お立ち寄りご覧になると、ご自分の母でいらっしゃいました。中将のを拝見して、袖も涙でぬらし終らないうちに、おっしゃったことには、「都に捨ておきれたその嘆きに、月日の行方も思われませんが、早く六年になった。この思いから、私はこの世にいない身となってしまった」といって、さも恨めしそうな様子で、道もどこがどうということもない野中を西の方へ向って行った、とお思いになって、夢がさめた。

図7　翻訳例（問題文は2005年度センター試験国語Ⅰ・Ⅱ本試験より引用）

題である。しかし、我々は対象の領域を大学入試に限定しており、問題解答というタスクに焦点を当てれば必要となる知識は一般的に高校教育で教えられるものに限定できる。このことから本研究では言語資源の規模の拡大ではなく、既に明らかになっている知見を生かすことによる小規模な言語資源の有効活用に焦点を当てる。

5. おわりに

　本稿ではセンター試験国語の古文問題に対してどのようなアプローチで解答すればよいかを議論した。古文の問題は主に文法に関するものと内容理解に関するものがあり、文法問題に関しては形態素解析によって得られた情報を用い、内容理解に関しては本文を現代文へと翻訳することで問題解答を目指す。また、内容理解問題に関しては類似度を利用したベースラインシステムを作成し、その性能を調査した。

　現状では古文を対象とした言語処理ツールや言語資源は非常に少なく、また言語資源の規模を拡大していくというのは現代文のテキストと比べると困難である。このような状況は、古文に限らず存在し、例えば少数言語や方言などを対象にした場合に問題となると考えられる。

　そのため、本研究では大学入試問題解答のための古文を対象とした言語処理だけではなく、この応用を通じて、小規模の言語資源を如何に効率的に活用するかということにも焦点を当て、その方法論の確立も視野に入れて研究に取り組む予定である。

＊1　http://21robot.org
＊2　http://www.dnc.ac.jp/modules/center-exam/
＊3　偶数年度のデータは最終的な性能評価に用いるため現時点での評価は利用しない。
＊4　http://www.ninjal.ac.jp/corpus_center/bccwj/
＊5　https://code.google.com/p/mecab/
＊6　http://nlp.ist.i.kyoto-u.ac.jp/index.php?JUMAN
＊7　http://alaginrc.nict.go.jp/WikiCorpus/

参考文献

新井紀子・松崎拓也（2012）「ロボットは東大に入れるか？ ―国立情報学研究所「人工頭脳」プロジェクト―」人工知能学会誌 27(5): pp.463–469

田然・宮尾祐介（2013）「関係代数に基づく推論の含意関係認識への応用」2013 年度人工知能学会全国大会（JSAI2013）

Hirotoshi Taira, Sanae Fujita, and Masaaki Nagata. (2008) *A Japanese Predicate Argument Structure Analysis using Decision Lists*, In Proceedings of the 2008 Conference on Empirical Methods in Natural Language Processing.

星野翔・宮尾祐介・大橋駿介・相澤彰子・横野光（2014）「対照コーパスを用いた古文の現代語機械翻訳」言語処理学会第 20 回年次大会

神山義之・松尾剛・上原徹三・石川知雄（1999）「古語辞典を用いた古語動詞の格フレーム獲得」情報処理学会研究報告 自然言語処理研究会報告 NL-133

小木曽智信・小椋秀樹・田中牧郎・近藤明日子・伝康晴（2010）「中古和文を対象とした形態素解析辞書の開発」情報処理学会研究報告 人文科学とコンピュータ CH-85

岡照晃・小町守・小木曽智信・松本裕治（2011）「機械学習による近代文語文への濁点の自動付与」情報処理学会研究報告 自然言語処理研究会報告 NL-201

Philipp Koehn (2009), *Statistical Machine Translation*, Cambridge University Press.

Philipp Koehn, Hieu Hoang, Alexandra Birch, Chris Callison-Burch, Marcello Federico, Nicola Bertoldi, Brooke Cowan, Wade Shen, Christine Moran, Richard Zens, Chris Dyer, Ondrej Bojar, Alexandra Constantin and Evan Herbst (2007), *Moses: Open source toolkit for statistical machine translation*, Proceedings of the 45th Annual Meeting of the Association for Computational Linguistics Companion Volume Proceedings of the Demo and Poster Sessions, pp.177–180.

Roberto Navigli (2009), *Word sense disambiguation: A survey*, ACM Computing Surveys, Vol.41, No.2.

横野光・星野翔（2014）「統計的現代語訳モデルを用いたセンター試験古文問題解答」第 5 回コーパス日本語学ワークショップ

吉川克正・浅原正幸・松本裕治（2010）「Markov Logic による日本語述語項構造解析」情報処理学会研究報告 自然言語処理研究会報告 NL-199

謝　辞

本稿は国立情報学研究所人工頭脳プロジェクト「ロボットは東大に入れるか」によるものである。また、本稿で使用しているデータに関して、国立国語研究所通時コーパスプロジェクトから小学館 新編日本文学全集の電子データ、

独立行政法人大学入試センター、株式会社ジェイシー教育研究所からセンター試験過去問データの提供を受けた。

Why Romanize a Corpus of (Old) Japanese?

Bjarke Frellesvig

At the University of Oxford we have over the past five years, since January 2009, been engaged in developing a heavily annotated, TEI conformant corpus of the texts from the Old Japanese (上代日本語) period (henceforth abbreviated as 'OJ'; mainly 8th century AD). This corpus, the *Oxford Corpus of Old Japanese* (abbreviated 'OCOJ'), is described in detail in the paper in this volume by Horn and Russell. One feature of the OCOJ is that the texts in the corpus are romanized, in addition to representing the original script of the texts, and a question which is often asked about the OCOJ is the one of the title of this paper: Why is the OCOJ romanized?; or, more generally, why should we romanize a corpus of Japanese? This is, at least superficially, a natural question, given that Japanese has a widely used and successful indigenous writing system. In this paper I would like to address this question and try to give some answers.*[1]

1. Transcription

The first point I wish to make is particularly relevant to OJ: Texts from the OJ period are all written exclusively in *kanji*, used in two different ways: logographically and phonographically (in the latter use known as *man'yōgana*). While all philologists, linguists and other scholars who use OJ texts for their research make frequent reference to and consult the original script, it is also the case that virtually no one reads the texts exclusively in the original script. Everyone uses some kind of transcribed version of the texts, or, put differently, a *reading* of the texts. Often this is a transcription of a reading of the original text into the mixture of *kanji* and *kana* used in the writing of modern Japanese, as for example in (1) (poem 15.3599 in the *Man'yōshū*), where (a) shows original script,

(b) a transcription of the text into mixed *kana/kanji* script, and (c) a romanization of the text. The romanization used here and in the OCOJ is the Frellesvig&Whitman system (cf. Frellesvig 2010: 31ff); phonographically written text portions are written in *italics* (for example /yomi no/ in the first line of the poem), whereas logographically text portions are written in plain type (for example /tuku/ in the first line of the poem).

(1)

(a)	(b)	(c)
月余美能	月ヨミノ	tuku*yomi no*
比可里乎伎欲美	光ヲ清ミ	*pikari wo kiywo-mi*
神嶋乃	神島ノ	kamwisima *no*
伊素未乃宇良由	磯廻ノ浦ユ	iswomwi *no ura yu*
船出須和礼波	船出ス我ハ	puna-de *su ware pa*

"The moonlight being bright, I will set out in my boat from the rocky bay of Kamishima"

1.1 Phonemic transcription

The version in (1b) is as much as transcription of the text as is the romanized version in (1c). Thus, in practice, everybody will agree that we need to *transcribe* the OJ texts in order to work with them, but this still does not answer the question of why we should want to use a *romanized* transcription of the texts. Why can we not use the transcribed version in Japanese script,[2] as in (1b)? However, if we rephrase the question slightly, and this applies to all stages of Japanese, not only to OJ: "*Why should we use a phonemic transcription of the texts?*" I believe that most linguists would agree, at least again in principle, that we should do so, for the simple reason that phonemes are the core phonological constituents of any language, including OJ. Therefore, if we want to subject OJ to linguistic analysis we should do so making use of the linguistic constituents of the language; and it is not possible to represent phonemes in Japanese script.

This is a general point of principle. However, more specifically, a phonemic transcription is particularly relevant in the areas of *phonological representation* (section 2) and *morphological segmentation* (section 3), and will also be seen to have important implications for *sound texture appreciation* (section 4).

2. Phonological representation

Not only can Japanese script not represent phonemes, but it is more specifically not possible to represent the phonology of OJ in Japanese script. Since OJ a number of sound changes have taken place within the Japanese language. The most important of these have to do with syllable structure, but there have also been a number of segmental changes, mainly concerning the obstruent /p/ and the glides /y, w/.

OJ /p/: OJ had a phoneme /p/ which in subsequent periods of the language changed in most positions. Broadly speaking, intervocalic /-p-/ became /w/ (in the 10th entury) and initial /p-/ became /f/ sometime in the Late Middle Japanese period, and later /h/ in the Modern Japanese period. Thus, NJ /kawa/ 'river' goes back to OJ /kapa/, and NJ /hikari/ 'light' comes from OJ /pikari/. While it would be possible to write syllables with initial /p/ in *kana*, for example transcribing OJ /kapa/ 'river' as かぱ or カパ, this is not the practice adopted in *kana* transcriptions of OJ. Instead the so-called 'historical *kana* spelling' (歴史的仮名遣い) かは is used, which is misleading, or at best difficult to interpret. Writing /p/ is entirely straightforward in a phonemic transcription.

Kō-otsu syllables: More so than with the OJ phoneme /p/, the *kō-otsu* (甲類・乙類) syllable distinctions, which represent important phonological distinctions of OJ, but which disappeared from the language in the transition between OJ and Early Middle Japanese,*3 cannot easily be expressed in *kana*. Thus these important distinctions cannot at all be expressed in simple transcriptions into mixed *kana* and *kanji*, or *kana*, such as (2) where neither (a) nor (b) give us any indication of *kō-otsu* distinctions.

(2)

	(a)	(b)
月余美能	月ヨミノ	ツクヨミノ
比可里乎伎欲美	光ヲ清ミ	ヒカリヲキヨミ
神嶋乃	神島ノ	カミシマノ
伊素未乃宇良由	磯廻ノ浦ユ	イソミノウラユ
船出須和礼波	船出ス我ハ	フナデスワレハ

Now, it is not impossible, of course, to note the *kō-otsu* distinctions in Japanese script, for example by differentiated use of *hiragana* and *katakana*, or by use of some index notation, as shown in (3): In (a), *otsu-rui* syllables are written in *hiragana*, while *kō-rui* and neutral syllables are written in *katakana*; in (b) subscript 甲 and 乙 are used, while (c) uses subscript '1' and '2' are used for *kō-rui* and *otsu-rui* syllables, respectively.

(3)

	(a)	(b)	(c)
月余美能	ツクよみの	ツクヨ$_乙$ミ$_甲$ノ$_乙$	ツクヨ$_2$ミ$_1$ノ$_2$
比可里乎伎欲美	ヒカリヲキヨミ	ヒ$_甲$カリヲキ$_甲$ヨ$_甲$ミ$_甲$	ヒ$_1$カリヲキ$_1$ヨ$_1$ミ$_1$
神嶋乃	カみシマの	カミ$_乙$シマノ$_乙$	カミ$_2$シマノ$_2$
伊素未乃宇良由	イソみのウラユ	イソ$_甲$ミ$_乙$ノ$_乙$ウラユ	イソ$_1$ミ$_2$ノ$_2$ウラユ
船出須和礼波	フナデスワレハ	フナデスワレハ	フナデスワレハ

However, in all three cases we are only showing where the distinctions existed, without providing any phonological interpretation, that is, without showing what the distinctions were. On the other hand, if we use a segmental, phonemic transcription, we can both show all the necessary distinctions, as well as giving a substantial phonemic interpretation of the distinctions, as in (4) where all the relevant syllables are written in bold, showing for example the substantial phonological distinction between /mi/ (甲類) and /mwi/ (乙類), and between /yo/ (乙類) and /ywo/ (甲類).

(4) 月余美能   tuku*yomi no*
     比可里乎伎欲美   *pikari wo* **kiywo-mi**
     神嶋乃   kamwisima *no*
     伊素未乃宇良由   iswomwi *no* ura yu
     船出須和礼波   puna-de *su ware pa*

3. Morphological segmentation

In Japanese, including OJ, as in most other languages, it is the case that morpheme boundaries frequently do not coincide with syllable boundaries. This is well known, of course, in verb inflection, where consonant base verbs have a morpheme boundary between the base final consonant and flectives such as OJ Conclusive (NJ nonpast) /u/ (for example *sak* 'bloom' + *-u* 'Conclusive' => *sak-u*) or Infinitive /i/ (*sak* + *-i* 'Infinitive' => *sak-i*). In such cases it is not possible to show morpheme boundaries in a syllabic script (さく, さき), whereas that is straightforward in a phonemic representation (*sak-u*, *sak-i*). While the constituency of the OJ inflected verb forms is widely known, and the lack of representation in a syllabic script can be thought to cause few problems in practice, there are other cases where the lack of segmentability has obscured our understanding of texts. Consider for example the following extract from a famous elegy in the *Man'yōshū* (MYS 5.904), in which the poet laments the passing of his young son, in this part thinking back.

(5) 三枝之   sakikusa *no*
     中爾乎弥牟登   naka *ni wo ne-mu to*
     愛久   utukusi*ku*
     志我可多良倍婆   *si ga katarapeba*

"When he adorably said that he wanted to sleep between us, like the *sakikusa* (three-bladed grass)"

This is usually analyzed and parsed as shown in (6).

(6) 三枝　之　　中　**爾**　**乎**　祢牟　　登
　　sakikusa no　naka **ni**　**wo**　ne-mu　　to
　　sakikusa like　middle DAT ACC sleep-CONJ that

　　愛久　　　志 我　　可多良倍婆
　　utukusi*ku*　si ga　　katarapeba
　　adorably　he GEN　say.PROV

However, on closer inspection, this is a strange use of case particles: the Dative case particle *ni* followed by the Accusative case particle *wo*, both shown in bold face in (6). And in fact the correct analysis is quite different. What we have here is a short variant of the Dative case particle, namely simple *n* (a form which is not infrequently used before vowels), followed by the short noun *i* which means 'sleep; sleeping', used in the collocation *i (wo) ne-* 'sleep a (one's) sleep', that is 'sleep',*4 as shown in (7).

(7) 三枝　之　　中　　　爾　　　　乎　　祢牟　　登
　　sakikusa no　naka　***n***　　***i***　　wo　ne-mu　　to
　　sakikusa like middle DAT　sleep ACC sleep-CONJ that

　　愛久　　　志 我　　可多良倍婆
　　utukusi*ku*　si ga　　katarapeba
　　adorably　he GEN　say.PROV

Thus, in this example we do not have unmotivated stacking of case particles (Dative + Accusative). Instead, the phoneme string /n i/ represents two entirely separate morphemes, a case particle and a noun. It is not possible to express this in a syllabic script, but entirely straightforward in a phonemic transcription. This analysis may be represented as in (8), a tree diagram generated from the OCOJ.

(8)

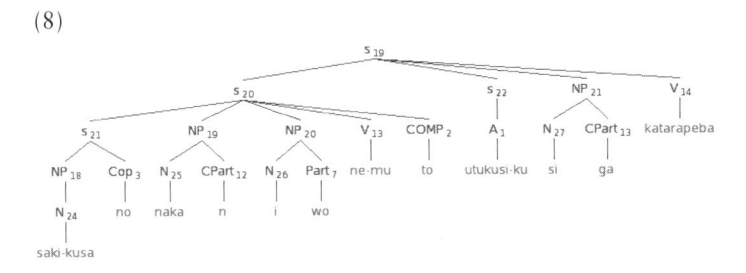

```
                              S₁₉
              ┌────────────────┼────────────┬─────────┐
             S₂₀                            S₂₂       NP₂₁      V₁₄
   ┌──────┬──────┬──────┐              ┌────┴───┐   ┌──┴──┐
  S₂₁    NP₁₉   NP₂₀   V₁₃   COMP₂    A₁      N₂₇  CPart₁₃  katarapeba
   │   ┌──┴──┐  ┌┴──┐   │      │       │        │     │
  NP₁₈ Cop₃ N₂₅ N₂₆ Part₇ ne-mu  to   utukusi-ku  si    ga
   │       CPart₁₂
  N₂₄     no  naka  n   i   wo
   │
 saki-kusa
```

4. Sound texture appreciation

Thus, in order to give an accurate, appropriate representation of the phonology and phonemes of OJ, and thereby also to be able to better represent morpheme segmentation, a phonemic transcription is necessary. This is important for any linguistic analysis of or interaction with the OJ texts, but in fact has much wider implications for the study and appreciation of the OJ texts, particularly from the point of view of literary studies: A large proportion of the OJ texts are poetic, either songs or poems, and moreover virtually all surviving texts from the period (including the liturgies of the *Engi-shiki Norito* and the imperial edicts (*Senmyō*) in the *Shoku Nihongi*) were designed to be recited or performed. That is to say, these texts were designed to be vocalized and to be heard. That being the case, it stands to reason that analysis and assessment of the OJ texts must include a proper appreciation of the actual sound texture of the texts. As a very simple example, consider the following poem (*Man'yōshū* 3.341).

(9) 賢跡   賢シミト   sakasi-mi*to*
     物言従者   物言フ ヨリ ハ   mono-ipu ywori pa
     酒飲而   酒 飲ミテ   **sake** nomite
     酔哭為師   酔ヒ泣キ スル シ   wepi-naki suru *si*
     益有良之   勝リタル ラシ   masari-taru *rasi*

"Weeping drunkenly after drinking *saké* must be better than talking in a clever-sounding fashion"

In (9) there is clear grammatical parallelism between verse lines

1 and 3, as subordinate adverbial clauses within the higher, nominalized clauses, but there is also partial indentity in sound, at the subsyllabic, segmental level, with recurring /sak ... mit/ in the two verse lines, and this is something which cannot be rendered or expressed in Japanese script, as this is identity among *segments*, not among syllables. Therefore, using a syllabic, non-segmental transcription of OJ poetry makes the sound texture far more difficult to recognize and talk about; in effect, it renders the sound texture inaccessible for both analysis and appreciation. Put differently, we are — or at least are running the risk of — losing out on beauty.

This problem — the inaccessibility of the sound texture of OJ and in general pre-modern Japanese texts — is further compounded by the standard practice not only of transcribing OJ (and any stage of pre-modern Japanese) in Japanese script, but in fact vocalizing it as if it were modern Japanese. Thus, when vocalizing premodern Japanese, for example the word for 'front' will be pronounced as if /mae/ regardless of the age of the text, despite the fact that this word has had a number of pre-modern phonemic shapes (OJ /mapye/ > EMJ /mape/ > /mawe/ > /mae/) and has been pronounced differently at different times.*5 The use of a non-segmental transcription is not the sole reason for this anachronistic practice, but it is an important part of it and facilitates it. This practice in effect denies literary studies one of the most basic modes of analysis of Japanese poetry in particular, and literature in general, namely the analysis and appreciation of the sound texture.

5. Conclusion

In conclusion, the answer to the question in the title of this paper ("Why romanize a corpus of (Old) Japanese") is simple: Without a romanized (that is, phonemic and segmental) transcription we cannot show the phonological structure of the language; we cannot show and understand the morphological constituency of the texts; and we are unable to appreciate and analyze the important sound texture of the texts. Thus, the arguments in favour of using, or at least including, a romanized transcription of Japanese in any corpus of Japanese literary texts are powerful and persuasive.

---

*1   This paper is a revised version of part of the talk I presented on 31 July 2012 at the joint NINJAL - Oxford symposium on *Corpus Based Studies of Japanese Language History*, held at the National Institute for Japanese Language and Linguistics (NINJAL). The collaboration between the Diachronic Corpus project at NINJAL, led by Professor Yasuhiro Kondo, and the OCOJ, and thus more widely between NINJAL and Oxford, is fruitful and mutually beneficial, and I and my collaborators in the OCOJ (see the paper by Horn and Russell in this volume) are very pleased to be able to contribute to this volume.
*2   I use 'Japanese script' in this paper to mean the mixture of *kanji* and *kana* used in the writing of modern Japanese.
*3   See Frellesvig 2010: 26ff for details.
*4   This collocation represents what is often termed a 'cognate object' construction, such as for example *dream a dream or sing a song* in English.
*5   That printed text editions furthermore employ the historical *kana* spelling, for example writing this word まへ, is an additional regrettable anachronistic complication which contributes to depriving the texts of their historicity, thereby further impeding a representation or realization of their sound texture at the time of composition.

REFERENCES

Frellesvig, Bjarke. (2010) *A History of the Japanese Language*. Cambridge: Cambridge University Press.

The Oxford Corpus of Old Japanese

Stephen Wright Horn and Kerri L. Russell

1. Introduction

The Oxford Corpus of Old Japanese (OCOJ) is an ongoing, long-term research project which aims to develop a comprehensive annotated digital corpus of all extant texts in Japanese from the Old Japanese (OJ) period. OJ is the earliest attested stage of the Japanese language, largely the Japanese language of the Asuka and Nara periods of Japanese history (7th and 8th century BCE). This is the formative literate period upon which the development of Japanese civilization is based, and these texts are of paramount importance for the study and understanding of the origins and development of civilization of Japan, including language, writing, literature, religion, history, and culture.

The OCOJ is a research and reference resource of value to specialist scholars and students of early Japan, but it also provides wide and easy general access to a large body of important texts and materials for anyone interested in Japanese language, history and culture. The significant initial foundational work in the development of the OCOJ has taken place within the Arts and Humanities Research Council, UK (AHRC) funded research project *Verb semantics and argument realization in pre-modern Japanese* (VSARPJ)[*1], for which the OCOJ was initially developed as a research tool. This work has been instrumental in bringing out the wider potential and usefulness of the OCOJ, but development thus far has also necessarily been constrained by the research needs of the VSARPJ project both in terms of the amount of resource which has been available for the work and in terms of the content which has been entered into the OCOJ (until now of a specific linguistic nature). The OCOJ has already attracted substantial interest from within the community of scholars working with texts from the OJ period, leading to, for example, formal collaboration on development of text corpora for pre-modern Japanese with the National Institute for Japanese Language and Linguistics (NINJAL), which is host to a large-scale diachronic corpus project for classical Japanese texts starting from the Early Middle Japanese (EMJ) period.

The current form of the OCOJ, the attention it has generated and the various uses it has already been put to, led to a realization that there is great general intellectual and practical potential outside of the VSARPJ research project in developing a fully comprehensive corpus of Old Japanese texts. Based on this, in late 2011 the OCOJ was established notionally as a freestanding research project, and in April 2012 this conception of the OCOJ received recognition by the British Academy as an Academy Research Project.

This paper describes the content, markup, and research potential of the OCOJ by first describing how texts are annotated for orthography, morphology, and syntax (Section 2), how texts are annotated for historical and literary information (Section 3), the OCOJ Lexicon, which is a bilingual OJ to English (and English to OJ) dictionary, linked directly to the texts for easy viewing of word usage in context (Section 4), and various ways the OCOJ can be searched (Section 5).

2. Linguistic annotation of texts

2.1 The texts in the OCOJ

The OCOJ is a relatively small corpus, consisting of around 111,000 words from all extant OJ texts. The texts which comprise the corpus are: *Kojiki kayō* (古事記歌謡, 'Songs of the Record of Ancient Matters', compiled in 712); *Nihon shoki kayō* (日本書紀歌謡, 'Songs of the Chronicles of Japan', compiled in 720; *Fudoki kayō* (風土記歌謡, 'Songs of the Records of Wind and Earth', compiled in the 730s); *Bussokuseki-ka* (仏足石歌, 'Footprints of the Buddha Songs, completed after 753); *Man'yōshū* (万葉集, 'Collection of Myriad Leaves', after 759); *Shoku nihongi kayō* (続日本紀歌謡, 'Songs of the Continued Annals of Japan', completed around

797); *Shoku nihongi Senmyō* (続日本紀宣命, 'Imperial edicts of the Continued Annals of Japan', completed around 797); *Jōgū shōtoku hōō teisetsu* (上宮聖徳法王帝説, 'A biography of Prince Shōtoku, King of Law', compilation date unknown); *Engishiki Norito* (延喜式祝詞, 'Liturgies of the Procedures of the Engi Era', completed in 927).

The texts in the OCOJ are annotated with XML tags, following the conventions of the Text Encoding Initiative (TEI).*2 The XML tags supply information about orthography, lexical items and syntactic constituency; this is explained in more detail below. The main XML tags used to annotate the OCOJ are:

<c>…</c>	character
<m>…</m>	morpheme
<w>…</w>	word-like unit
<phr>…</phr>	phrase
<cl>…</cl>	clause
<s>…</s>	sentence

These tags are described in more detail in the relevant sections below: markup of orthography (Section 2.2); part-of-speech and other morphological information (Section 2.3); and syntactic markup (Section 2.4).

2.2 Encoding orthography

All texts in the OCOJ are romanized according to the Frellesvig & Whitman system. The original script is also preserved, so that it is possible to see the character(s) used to render a given form. Information about how a word was rendered is also encoded.

The corpus indicates in the romanization whether strings of text are written logographically or phonographically in the original Japanese script. This information is important as words written phonographically are more reliable data than text written logographically.

We indicate how something was rendered by use of the character tag (<c>) and a *type* attribute. For example, MYS.8.1606 has examples of both styles of writing, shown in example (1) below, using plain text to indicate text written logographically, italics to indicate text written phonographically, and underlining to indicate text which is not represented orthographically in the text, but is understood to be there according to the reading tradition.

(1) 君待跡   kimi matu *to*
    吾戀居者 wa g<u>a</u> kwopwi-woreba
    我屋戸乃 wa g<u>a</u> yadwo *no*
    簾令動   sudare ugokasi
    秋之風吹 aki no kaze puku
    (MYS.8.1606)

Using the first two lines of the above poem, example (2) shows how this information is encoded in the OCOJ. The <c> tag is used to indicate orthographic information about the word, or part of a word, surrounded by the <c> tag. The *type* attribute is required here to indicate if the string surrounded by the <c> tag was rendered logographically ("logo"), phonographically ("phon"), or not orthographically rendered in the original text ("noLogo").

(2) <c type="logo">**kimi**</c>
    <c type="logo">**matu**</c>
    <c type="phon">**to**</c>
    <c type="logo">**wa**</c>
    <c type="noLogo">**ga**</c>
    <c type="logo">**kwopwi**</c>
    <c type="logo">**woreba**</c>

Encoding the orthographic information in this way makes it possible, for example, to search for any form regardless of orthography or to search for only those forms which are written phonographically.

2.3 Lemmatization

Words and morphemes are tagged with either <w> or <m> tags. Elements in these tags can be further annotated with various attributes. Part of speech is indicated by assigning a *type* attribute, e.g., type="verb". Nouns can be identified by either the presence of 'type="noun"' or no assigned *type* attribute. This allows for easy searching of forms by part of speech. In addition to the *type* attribute, particles are further specified with the *subtype* attribute, to indicate whether the particle is a case, complementizer, conjunctional, final, focus, interjectional, restrictive, or topic particle. The attribute *function* is used to indicate the function of case and final particles, the function of auxiliaries and affixes, and the stative and progressive functions of certain verbs. The inflection of inflecting forms is indicated with the *inflection* attribute.*3

Perhaps most importantly, all lexical items are assigned a unique id (UID) as the value of a *lemma* attribute, which makes it possible to easily distinguish homophones and to search for any form regardless of its inflection. This means that searching by UID makes it possible to distinguish between the noun *yuki* 'snow' and the noun *yuki* 'going'. In addition it possible to find all attestations of any inflecting item by searching by the UID. For example, *mat-*'to wait' is assigned the UID "L031644a", thus searching by the UID makes it possible to retrieve all occurrences of *matu, mati, mataba, mata-zu*, etc. (see Section 5). The UID is linked from the corpus to an entry in the OCOJ Lexicon, which presents a dictionary-style entry for each lexical item (see Section 4).

Example (3) shows how lexical information is marked up for the poem presented in (1). Note that each element of the compound *kwopwi-woreba* is tagged as a word (<w>) with an additional <w> tag surrounding the entire compound to show that *kwopwi-woreba* should be treated as a word-like unit consisting of two word units. Similarly, verbs followed by auxiliaries are wrapped together as one word (<w>), consisting of a word (<w>) and a morpheme (<m>) as shown for *mata-zu* 'wait-NEG in (4).

(3)   <w lemma="L004266">**kimi**</w>
       <w type="verb" inflection="adnconc"
       lemma="L031644a">**matu**</w>
       <w type="particle" subtype="conj"
       lemma="L000531a">**to**</w>

```
<w lemma="L042057">wa</w>
<w type="particle" subtype="case" function="gen" lemma="L000503">ga</w>
<w>
    <w type="verb" inflection="stem" lemma="L030731a">kwopwi</w>
    <w type="verb" inflection="provisional" function="progressive" lemma="L031957a">woreba</w>
</w>
```

(4) ```
<w>
    <w type="verb" inflection="stem" lemma="L031644a">mata</w>
    <m type="auxiliary" function="neg" lemma="L000006a" inflection="infconc">zu</m>
</w>
```

## 2.4 Syntactic markup

As the initial design of the OCOJ was linked to the VSARPJ project, syntactic markup was a crucial aspect of corpus annotation. We mark sentences (<s>), clauses (<cl>), and phrases (<phr>) and mark up elements to show constituency, as shown in (5). In addition, argument clauses and phrases are marked as arguments using the *type* attribute (i.e., type="arg"). Subjects and objects are marked using the *grole* ("grammatical role") attribute, and the semantic roles of a few selected verbs are indicated using the *srole* ("semantic role") attribute.

(5) ```
<s>
    <cl>
        <cl>
            <cl>
                <phr type="arg" grole="object">kimi</phr>
                matu to
            </cl>
```

```
            <phr type="arg" grole="subject">wa
            ga</phr>
            kwopwi woreba
        </cl>
        <cl>
            <phr type="arg" grole="object">wa ga
            yadwo no sudare</phr>
            ugokasi
        </cl>
        <phr type="arg" grole="subject">aki no
        kaze</phr>
        puku
    </cl>
</s>
```

2.5 An example of a fully marked up poem

A fully marked up version of the poem in (1) is shown in (6) below.

(6) A fully marked up poem

```
<s>
<cl><cl><cl><phr type="arg" grole="object"> <w lemma=
"L004266"><c type="logo">kimi</c></w></phr>
<w type="verb" inflection="adnconc" lemma="L031644a">
<c type="logo">matu</c></w><w type="particle" subtype=
"conj" lemma="L000531a"><c type="phon">to</c></w>
</cl>
<lb xml:id="MYS.8.1606-trans_1" corresp="#MYS.8.1606-
orig_1"/>
<phr type="arg" grole="subject">w lemma="L042057"><c
type="logo">wa</c></w><w type="particle" subtype="case"
function="gen" lemma="L000503"><c type="noLogo">
ga</c></w></phr>
<w><w type="verb" inflection="stem" lemma="L030731a">
<c type="logo">kwopwi</c></w><w type="verb" inflection
="provisional" function="progressive" lemma="L031957a">
<c type="logo">woreba</c></w></w></cl>
```

```xml
<lb xml:id="MYS.8.1606-trans_2" corresp="#MYS.8.1606-orig_2"/>
<cl><phr type="arg" grole="object"><w lemma="L042057"><c type="logo">wa</c></w><w type="particle" subtype="case" function="gen" lemma="L000503"><c type="noLogo">ga</c></w><w><c type="logo">yadwo</c></w><w type="particle" subtype="case" function="gen" lemma="L000520"><c type="phon">no</c></w>
<lb xml:id="MYS.8.1606-trans_3" corresp="#MYS.8.1606-orig_3"/>
<w><c type="logo">sudare</c></w></phr><w type="verb" inflection="infinitive" lemma="L030247a"><c type="logo">ugokasi</c></w> </cl>
<lb xml:id="MYS.8.1606-trans_4" corresp="#MYS.8.1606-orig_4"/>
<phr type="arg" grole="subject"><w><c type="logo">aki</c></w><w type="particle" subtype="case" function="gen" lemma="L000520"><c type="logo">no</c></w><w><c type="logo">kaze</c></w></phr>
<w type="verb" inflection="adnconc" lemma="L031516a"><c type="logo">puku</c></w></cl></s>
```

2.6 Displaying the data

Once the texts are annotated, it is essential to be able to view them in reader-friendly formats. From the XML files, we generate a plain text view, shown in (7), and a glossed view, shown in (8). The glossed view displays sentence, clause, and phrase mark up as « sentence », { clause }, and [phrase], with glosses generated from the corpus markup and from the OCOJ Lexicon (Section 4). Further, clicking any word in the glossed view opens up the OCOJ Lexicon entry for that word.

(7) plain text view

君待跡	kimi matu *to*
吾戀居者	wa ga kwopwi-woreba
我屋戸乃	wa ga yadwo *no*
簾令動	sudare ugokasi

秋之風吹　aki no kaze puku

(8) glossed view

« { { { [kimi (L004266 lord)] matu (verb adnconc L031644a 35830 wait) to (L000531a [concessive conjunctional particle]) }

[wa (L042057 41100 1st person pronoun) ga (L000503 [genitive case particle])] kwopwi (verb stem L030731a 52566 love) -woreba (verb provisional progressive L031957a 5360 be sitting) }

{ [wa (L042057 41100 1st person pronoun) ga (L000503 [genitive case particle])] yadwo (L050030 dwelling) no (L000520 [genitive case particle])

sudare (L050031 curtains)] ugokasi (verb infinitive L030247a 3094 move t) }

[aki (L050032 fall, autumn) no (L000520 [genitive case particle]) kaze (L050008a wind)] puku (verb adnconc L031516a 32591 blow) } »

In addition, this level of markup allows us to generate syntactic trees, as shown in (9).

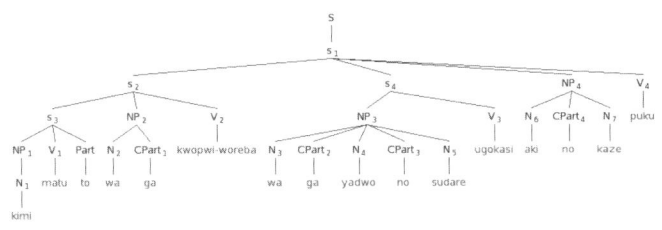

(9) syntactic tree generated from OCOJ

3. Non-linguistic annotation of texts

3.1 Literary and historical annotation

The annotation in the OCOJ includes information both *in* and *about* the texts. In addition to linguistic markup, we encode literary information, marking, for example, information about the author (including gender, rank, etc.) where known, date a text was written and/or presented, information about genres and topics of poems, etc. We also markup poetic epithets (e.g., *makura kotoba*). This markup makes it possible to search for all encoded literary information, e.g., all poems written by a given author.

Other historical information is also encoded, in order to make it possible to search for a historical figure, event, or year mentioned in a text. Geographical information encoded in the OCOJ makes it possible to search for place names. In the future, texts will be linked to a map of Japan, making it possible to click "Nara" (for example) on a map and retrieve all texts that mention Nara. Example (10) shows the markup of Nara, using the *lemma* attribute with the value "pln1". Preceding Nara is the *makura kotoba* "*awo ni yosi no*" used with Nara, indicated by the *ana* attribute in the clause modifying Nara.

(10) markup of Nara
<phr>
<cl ana="mk1">
<phr type="arg"><w><w type="adjective" inflection="stem">
<c type="phon">**awo**</c></w><w>
<c type="phon">**ni**</c></w></w></phr>
<w><w type="adjective">
<c type="phon">**yo**</c></w><m type="adjcop" lemma="L000033" inflection="conclusive">
<c type="phon">**si**</c></m></w>
</cl>
<w lemma="pln1"><c type="phon">**nara**</c></w>
<w type="particle" subtype="case" function="acc" lemma="L000534" lemmaRef="41407">
<c type="phon">**wo**</c></w>
</phr>

3.2 Orthographic alignment

The OCOJ currently aligns the original script and transliterated versions of a poem line by line. We will soon begin the task of aligning the lexical items directly to the characters used to record them, and provide more detailed markup of orthography, e.g., noting whether a character is *ongana* (phonograms read on the basis of their (Japano-Chinese readings) or *kungana* (phonograms read on the basis of their Japanese readings).

3.3 Translations

In addition, we are in the process of adding available, non-copyrighted English translations, to the OCOJ.*4 This includes (fully credited) translations produced by students in the course of their work with the texts and the production of other in-house translations. The OCOJ currently contains translations for over 1300 poems and for all of the *Senmyō*. Thus, the OCOJ, in addition to being a valuable research tool can also be seen as a valuable teaching tool.

4. The OCOJ Lexicon

The OCOJ Lexicon is, in simplest terms, a searchable and browsable OJ-English and English-OJ dictionary linked to the OCOJ, making it the first dictionary of its kind. The lexicon stores the UIDs used for lemmatization in the OCOJ, making it possible to create bidirectional links between the Lexicon and OCOJ: One can click a link for a word in the OCOJ which will open the entry in the Lexicon, or one can navigate from the Lexicon to attestations for a given word and open the text(s) where the word occurs. Dictionary-like entries in the Lexicon contain linguistic information and glosses for each lexical item (see Section 4.1). In addition, the Lexicon displays statistics, lists of certain word classes, attestations, clause structure patterns, and other information generated from the OCOJ (see Section 4.2). Finally, after the VSARPJ project ends, the Lexicon will be published as an online valency dictionary of OJ.

4.1 Structure of entries

The OCOJ Lexicon uses the dictionary module of the TEI to link UIDs used in the corpus to information about the lexical items in the form of a dictionary-like entry. Each entry in the Lexicon consists of a <superEntry> which contains one or more <entry>s. The *xml:id* attribute of the "entry" is the UID used to mark the word for each occurrence in the OCOJ regardless of shape (see Section 5). Example (11) shows the entry for the verb *mat-* 'to wait' and the noun *mati* 'waiting'. Part of speech is given in a <pos> tag, and for inflecting forms, information about conjugation class is marked as a *type* attribute in the <iType>, or inflecting type, tag. Simple glosses are also entered. For some verbs, membership in specific verb classes (e.g., motion, speech, psych, weather, etc.) is indicated in the lexicon.

(11) <superEntry xml:id="L031644-main">
    <entry corresp="35830" xml:id="L031644a">
        <form type="stem">
            <orth stage="I">**mat-**</orth>
            <gramGrp>
                <pos>**verb**</pos>
                <iType type="QD"/>
            </gramGrp>
        </form>
        <sense n="1">
            <def>**wait**</def>
        </sense>
    </entry>
    <entry xml:id="L031644b">
        <form type="noun">
            <orth stage="I">**mati**</orth>
            <gramGrp>
                <pos>**noun**</pos>
            </gramGrp>
        </form>
    </entry>
</superEntry>

Related forms are also linked using the <re> tag. Example (12) shows how in the entry for *-zar-* 'NEG' is related to *-zu* 'NEG' and *ar-* 'exist' by putting the UID for *-zu* and *ar-* in the *target* attribute. Derivational information is also encoded, by creating a link to relevant derivational morphemes. In example (13) we see that the verb *ake-* 'dawn' is derived from the derivational morpheme *-e-* which has the UID L000052. Example (14) from the entry for *ake-* 'dawn' shows that *ake-* has a transitivity relationship with the verbs *akar-* 'brighten, redden' and *akas-* 'let brighten, pass the night'.

(12) compounds
    <re>
        <form>
            <orth>
                <ref target="L000006">-**zu**</ref>
            </orth>
            <orth>
                <ref target="L030125a">**ar-**</ref>
            </orth>
        </form>
    </re>

(13) derivation
    <re type="derivation">
        <form>
            <orth>
                <ref target="L000052">-**e**-</ref>
            </orth>
        </form>
    </re>

(14) transitivity sets
    <re type="transitivity">
        <form>
            <orth>
                <ref target="L030012a">**akar-**</ref>
            </orth>
        </form>
        <form>
            <orth>

```
            <ref target="L030002a">akas-</ref>
         </orth>
      </form>
   </re>
```

4.2 Data storage

In addition to containing basic lexical information about each lexical item, including part of speech, meaning or function, etc., the Lexicon also contains information about the occurrence of each lexical item in the corpus. The web version of the Lexicon of the entry for *ake-* 'dawn' is shown in (15). The entry is generated from the XML Lexicon file and shows the UID, part of speech, conjugation class, definitions, and related forms.

(15) ake-

L030022a

Part of speech: **verb**
Conjugation class: **lower bigrade**

1 Gloss: **dawn**

Related forms:
Derived from: -e-'[get]'
Transitivity relationship with: akar-'brighten' akas-'let brighten'
statistics attestations clause structure

It is possible to click the links for more information; links are shown as underlined text in (15). If one clicks the link for "lower bigrade" a list of all lower bigrade verbs and auxiliaries opens in a new window. This list is sortable by form, number of attestations, or English gloss. The top 5 results are shown in (16).

(16) top five lower bigrade verbs and auxiliaries

form	attestations	(logo/phono/no text)*5	gloss
-te-	401	(70 / 331 / 0)	[perfective]
ide-	304	(219 / 83 / 2)	go out
-ye-	297	(214 / 83 / 0)	[passive]
ne-	268	(181 / 87 / 0)	sleep
kwoye-	134	(99 / 35 / 0)	pass over

The statistics links shows the number of attestations in central Old Japanese (cOJ) and Eastern Old Japanese (EOJ) and, for inflecting forms, the number of times a verb appears in each inflection; the statistics link for *ake-* 'dawn' is shown in (17). Under the statistics, a table of inflected forms showing all inflections and how many times the selected verb (in this case *ake-*) appears in each inflection. The links are clickable: clicking "conditional" opens a new page with the 4 examples of *ake-* in the conditional with links to all relevant texts. The attestations link in (15) shows all the attestations of a verb, including its use as a simple verb, as the first verb or second verb in a compound, any affixes it occurs with, and finally, any auxiliaries it occurs with. The clause structure link in (15) shows all internal NP and argument clauses for every attestation and makes it possible to search for patterns in constituent ordering. From the attestations and clause structure links it is possible to jump directly to a plain text, glossed, or tree view (as shown in (7)–(9) above) for each example.

(17) statistics for *ake-*

L030022a *ake-* 'dawn'

Number of attestations in cOJ: 56
Number of attestations written phonographically: 16
Number of attestations written phono-logographically: 0
Number of attestations written logographically: 39
Number of attestations written logo-phonographically: 1
Number of attestations with no orthographic representa-

tion in the text: 0
Number of attestations in kake/jo structures and other forms with no text: 0

Number of attestations in EOJ: 1
Number of attestations written phonographically: 1
Number of attestations written phono-logographically: 0
Number of attestations written logographically: 0
Number of attestations written logo-phonographically: 0
Number of attestations with no orthographic representation in the text: 0
Number of attestations in kake/jo structures and other forms with no text: 0

Inflected forms:

inflection	count cOJ	count EOJ
stem	44	1
conditional	4	0
adnominal	3	0
gerund	1	0
infinitive	1	0
prohibitive	1	0
optative	1	0
conclusive	1	0
nominal	0	0
semblative	0	0
concessive	0	0
provisional	0	0
continuative	0	0
adninf	0	0
infconc	0	0
negative conjectural	0	0
imperative	0	0
exclamatory	0	0
adnconc	0	0

5. Searching the OCOJ

5.1 Key Word In Context (KWIC) searches

Lemmatization, i.e., marking each occurrence of a lexical item with a UID, allows us to search the corpus for words regardless of their inflected form by doing a simple "Key Word In Context" (KWIC) search. When using the search engine, one can simply type in text and select the desired lexical item from a drop down menu, as shown in (18). The search engine then displays results for all instances of the UID from the corpus; the first 15 hits are shown in (19).

(18) KWIC search for *mat-* 'wait': selecting the desired lexical item

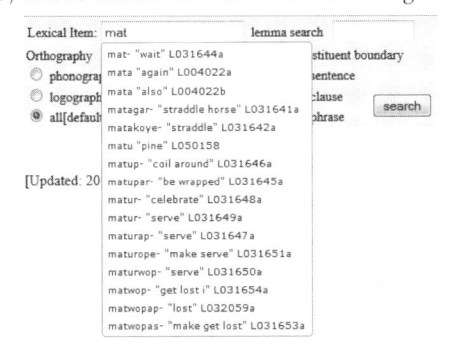

(19) KWIC search for *mat-* 'wait': the results

5.2 Advanced searches

In addition to lemma searches we are able to run advanced searches based on any number of specified conditions. For example, we can search for "all nouns modified by a relative clause headed by *mat-* 'wait'" or "all clauses which are headed by a predicate in the conclusive form, and which also include a noun phrase containing a question word but no focus particle". The results of such advanced searches are presented in a number of talks and publications, which can be found on the VSARPJ website (http://vsarpj.orinst.ox.ac.uk/).

6. Conclusion

A simple version of the OCOJ was published online in 2011 (at http://vsarpj.orinst.ox.ac.uk/corpus/), containing only text (original script and transcription). Although this is in essence only a digital text which can be searched with simple text string searches, it is the first such online corpus of these texts and it is frequently accessed.

Publication of the OCOJ will exclusively take place online. The entire corpus, including texts (with encoded information), translations, and dictionary, will be published online on a dedicated website to which access will be open and free. The website will also include a search interface which will be developed to make all aspects of the texts and the encoded information searchable. The OCOJ will be continuously updated, through enhanced markup and addition of material as it becomes available.

---

*1 The VSARPJ project aims to give a detailed account of verb semantics and argument realization in pre-modern Japanese. Argument realization is a fundamentally important aspect of the syntax of a language as it concerns the way in which verb meaning determines the number of arguments and their morpho-syntactic and semantic properties. The project has a synchronic and a diachronic part, each with theoretical, descriptive, and practical implications of relevance to Japanese studies generally, Japanese linguistics, and historical and general linguistic theory. More information can be found on the VSARPJ website: http://vsarpj.orinst.ox.ac.uk

*2 See http://www.tei-c.org/index.xml for more information.

*3 A full list of attributes and their possible values can be found here: http://vsarpj.orinst.ox.ac.uk/corpus/tagging.html

*4 We have also discussed the possibility of including translations into languages other than English, but are not working on this at this time.

*5 "No text" refers to attestations in *kake/jo* structures and other forms where a word is implied, but not overtly stated in text.

REFERENCES

Frellesvig, Bjarke. (2010) *A History of the Japanese Language*. Cambridge: Cambridge University Press.

Frellesvig, Bjarke, Stephen W. Horn, Kerri L. Russell, and Peter Sells. (2011-Present) *The Oxford Corpus of Old Japanese*. http://vsarpj.orinst.ox.ac.uk/corpus/

Russell, Kerri L. and Stephen Wright Horn. (2012) "Verb semantics and argument realization in pre-modern Japanese: A corpus based study." *Chung-Hwa Buddhist Journal*, 25, 129–148.

コーパス日本語史研究目録

間淵洋子・鴻野知暁

1. コーパス日本語史研究概観

1.1 コーパスとは

　本稿では、歴史的な日本語（非現代語）のコーパスに関する研究や、そのようなコーパスを用いた日本語研究について、内容・分野別にリストアップし、その一部について若干の解説を加える。

　まずはじめに、本稿で扱う「コーパス」とは何を示すのかを明らかにしておきたい。

　後藤斉（2003）「言語理論と言語資料—コーパスとコーパス以外のデータ」（『日本語学』22巻5号（2003年4月臨時増刊号「コーパス言語学」）pp.6–15）では「コーパス」という用語を以下のように整理する。

広義：「主にコンピュータによる処理を前提とした機械可読のテキスト、電子（化）テキストの大規模な集合」
狭義：「言語研究に役立つようにとの意図をもって、事前にコーパスの構成をデザインした上で集められた電子テキストの集合」

　本稿では、このうち広義のコーパスを「コーパス」と呼ぶことにし、「機械可読性を備えた電子テキスト」と定義する。ここには、研究利用を前提として設計された「○○コーパス」と銘打った狭義のコーパスはもちろん、いわゆるテキストデータベースの類いも含まれる。例えば古典文学のテキストデータベースの構築と利用は1980年代から行われており、また、草の根的に大学研究室等においてさまざまな時代のさまざまな作品が電子テキスト化され公開さ

れている。現代語においては大きな障害となる著作権等の問題も、歴史的な日本語には多くは生じないため、テキストデータベース作成は盛んに行われていると言ってよい。本稿では、これらのいずれをも「コーパス」として扱う。

1.2 コーパスの種類と研究の流れ

では、実際にどのようなコーパスに基づき、どのような研究が行われてきたのだろうか。本節では、日本語史研究に多く利用されている、あるいはこれから利用されるであろうコーパスを紹介し、それに基づく日本語史研究の流れを概観してみたい。

1.2.1 『日本古典文学本文データベース』(現「大系本文データベース」)

国文学研究資料館構築・公開の、旧版『日本古典文学大系』(岩波書店 1957–1963) 全 100 巻、約 556 作品を収録したフルテキストデータベース。

KOKIN ルールという特殊なマークアップ言語で記述されたものが 1980 年代後半に公開され、形式の変更を経て全文検索とテキスト閲覧が可能である (http://base3.nijl.ac.jp/ 無償)。

データベース公開以降、情報処理的手法による語彙や文体の研究に多く用いられた。

1.2.2 新潮文庫 CD-ROM と青空文庫

電子書籍として刊行されながら、日本語学の分野でコーパスとしての利用が盛んに行われるようになったものに、『CD-ROM 版 新潮文庫の 100 冊』(1995、新潮社：以下『新潮 100』とする) がある。引き続き刊行された『CD-ROM 版 新潮文庫 明治の文豪』、『CD-ROM 版 新潮文庫 大正の文豪』(1997)、『CD-ROM 版 新潮文庫の絶版 100 冊』(2000) も同様で、電子書籍の形式をテキスト形式に変換して用いるためのツールなども公開された。

また 1997 年から始まった「青空文庫」のプロジェクトによる電子データ群は、著作権の切れた作品や著作権者から公開を許可され

た作品が大量に、かつ無償で利用できるものとして多く利用されている。

　これらの資料は、元々言語研究用に作成されたものではないが、公開当初から、テキストデータベースとして言語研究に利用する流れは広まり、近代語の資料として語彙や語法、表記などの幅広い分野の研究に、また、同時期の他ジャンルの文章（例えば、新聞や雑誌など）と比較した文体研究などにも多く用いられている。

1.2.3　『太陽コーパス』と近代雑誌のコーパス

　現代書き言葉の確立期にある日本語を代表する、狭義のコーパスとして設計された『太陽コーパス』（2005、国立国語研究所編、博文館新社）は、20世紀初期に最もよく読まれた総合雑誌『太陽』（博文館刊）の記事を収録したものである。元々、言語研究用に分析すべきことがらを見据えて構築されたものであるため、実際に『太陽コーパス』を用いて、現代語の確立に向かう時期のさまざまな言語的変化の実態を捉える研究が多く発表された。

　引き続き公開された『近代女性雑誌コーパス』（2006、国立国語研究所、http://www.ninjal.ac.jp/corpus_center/cmj/woman-mag/ 無償）では、『太陽』と同時期の読者層の異なる雑誌、『明六雑誌コーパス』（2012、国立国語研究所、http://www.ninjal.ac.jp/corpus_center/cmj/meiroku/ 無償）では、明治初期の学術啓蒙雑誌を対象とし、時代や位相の幅を広げた近代語研究に用いられている。

1.2.4　『日本語歴史コーパス（開発中）』

　現在、国立国語研究所により開発が進められている平安時代から江戸時代の日本語資料を対象としたコーパス作成プロジェクトの公開データとして、平安時代の仮名文学14作品の形態素解析済みデータが2012年12月より国立国語研究所HPにて公開されている（http://www.ninjal.ac.jp/corpus_center/chj/ 無償）。

　公開からの日が浅く、利用実績は明らかでないが、国語研究所が主催するコーパス日本語学ワークショップ（第1回～第4回）においては、公開データを用いた各分野の研究が発表されている。形態

論情報を含めて仕様の多くの部分で、先に公開された大規模で代表性を有する日本語書き言葉のコーパス『現代日本語書き言葉均衡コーパス（BCCWJ)』(2011、国立国語研究所、http://www.ninjal.ac.jp/corpus_center/bccwj/) との連携が図られており、現代語との対照をも視野に入れた通時的な研究にこれから多く利用されることが期待される。

1.3 文献目録掲載論文の抽出方法

前節に一部を示したように、日本語史という立場から見た時、コーパスは少なからず存在し、また利用されていることが分かる。そこで、本稿では、これから新たにコーパス構築や、コーパス利用による日本語史研究を志す人への一助となるべく、歴史的日本語のコーパスと、それらを用いて行われた研究文献を可能な限り網羅的にリストすることを試みた。以下に、リスト対象とした文献を抽出する方法について詳細を記す。

対象論文の抽出には、主に以下のサイトを用いた。

- CiNii（NII学術情報ナビゲータ［サイニィ］）：国立情報学研究所が提供する論文や図書・雑誌などの学術情報を検索できるデータベース・サービス。学協会刊行物・大学研究紀要・国立国会図書館の雑誌記事索引データベース等を元に構成されており、一部論文本文へのリンクを持つ。(http://ci.nii.ac.jp/)
- 日本語研究・日本語教育文献データベース：国立国語研究所が提供する日本語学及び日本語教育に関する研究論文情報検索サービス。『国語年鑑1954年版～2008年版』と『日本語教育年鑑2000年版～2008年版』の掲載情報を整理統合したものに随時新たなデータが追加されている。(http://www.ninjal.ac.jp/database/bunken/)

上記サイトにおいて、「コーパス」「テキストデータベース」「電子テキスト」の文字列を検索値として与え、得られた結果（論文リスト）から、他言語や現代語に関する研究文献を除いたリストを作成した（アクセス日は2013年10月29日～11月6日）。このリス

トを元に、さらに関連キーワード、コーパス名、著者名（例：「太陽」「新潮」「明治　雑誌」「n-gram」「近藤泰弘」「小木曽智信」）等による検索を行い、該当する論文を追加した。

　また、日本語学に関連する主要学会誌（『日本語の研究』、『計量国語学』、『社会言語科学』、『日本語文法』、『日本語教育』、『言語研究』、『音声研究』等）掲載の論文や、学会発表論文集からも該当論文を追加した。

　この作業によりリストされた論文は、約190本である。

2.　研究の分野分類

　前節に示した方法によって取得した研究文献は、論文本文や要旨、タイトル、発表誌等を元に以下の内容区分により分類した。

　なお、論文によっては、複数の区分に当てはまるものもある。例えば、目的とする事象の解明のために私的にコーパスを作成し、その設計・構築についての記述部分と、実際に作成したコーパスを用いた分析についての記述部分が含まれるような論文の場合は、①総論・構築でありかつ③日本語学の論考ということになる。しかし、次節以降該当する論文を掲げる際に重複を避けるため、分類に際しては、より重点のあると思われる区分に分類した。

①総論・構築：コーパスの意義・特性やコーパスを用いた研究の紹介、コーパスの設計・構築・共有についての記述。
②言語処理：形態素・構文・語義解析、情報抽出、機械翻訳、文字認識、データへのアノテーション等の手法に関する研究。
③日本語学：コーパスを利用した歴史的日本語の事例研究。更に以下の下位区分により細分類する。分類の枠組みは『国語年鑑』に準ずる。
　　i.　音声・音韻
　　ii.　文字・表記
　　iii.　語彙・意味
　　iv.　文法

ⅴ．文章・文体

　また、内容区分による分類とは別に、必要に応じて時代を区分して示す場合がある。その際、上代から近世までを「古典語」、明治・大正期を「近代語」として分類する。

　なお、著者のそれまでの論考を元に編まれた書籍等については、上記の複数の分野・時代にまたがるものとなることがあるため、論文とは別にリストを作成することとする。

3. 総論・構築に関する論文

3.1 研究方法論

　コーパスの特性、また、それを踏まえて日本語史研究にコーパスを用いる際の方法や注意点などに言及した論考に以下がある。

（1）　近藤　泰弘（1992）「文法研究と電子化テキスト（国語研究資料の「電子化」とその利用〈国語学会〔平成4年度〕春季大会テーマ発表〉）」『国語学』：pp.128–123．国語学会

（2）　豊島　正之（1994）「〈電子化テキストの国際的共有〉」電子化テキストの国際的共有　付総括」国語学 178：pp.85–77．国語学会

（3）　小澤　照彦（1999）「電子テキストの今昔」『情報処理学会研究報告　人文科学とコンピュータ研究会報告』99(59)：pp.17–26．一般社団法人情報処理学会

（4）　近藤　泰弘（2000）「《文化資源》としてのデジタルテキスト―国語学と国文学の共通の課題として（《文化資源》としての国文学）」『国語と国文学』77(11)：pp.127–13．至文堂

（5）　近藤　泰弘（2001）「インターセクション『電脳国文学』の世界―コンピュータによる国文学研究の今」『源氏研究』6：pp.224–226．翰林書房

（6）　近藤　泰弘・近藤　みゆき（2001）「平安時代古典語古典文学

研究のための N-gram を用いた解析手法」『言語処理学会第 7 回年次大会発表論文集』：pp.209–212．一般社団法人言語処理学会
(7) 近藤 泰弘（2003）「古典語のコーパス（特集：コーパス言語学―データとしてのコーパス）」『日本語学』22(5)：pp.62–81．明治書院
(8) 高山 善行（2003）「古典語研究と現代語研究―コーパス言語学の観点から（特集：コーパス言語学―コーパス言語学の発展）」『日本語学』22(5)：pp.16–24．明治書院
(9) 石塚 晴通・豊島 正之・池田 証寿・白井 純・高田 智和他（2005）「〈資料・情報〉漢字字体規範データベース」日本語の研究 1(4)：pp.94–104．日本語学会
(10) 青木 博史（2009）「ことばの歴史をさぐる」『はじめて学ぶ言語学―ことばの世界をさぐる 17 章―』：pp.289–305．ミネルヴァ書房
(11) 平井 吾門（2009）「古典語研究における実例の扱い（特集：日本語研究とコーパス―コーパスにいたる道のり）」『国文学：解釈と鑑賞』74(1)：pp.175–182．ぎょうせい
(12) 宮島 達夫（2010）「語彙調査からコーパスへ 」『日本語科学』22：pp.29–46．国立国語研究所
(13) 近藤 泰弘（2012）「通時コーパスをどう使うか」『第 1 回コーパス日本語学ワークショップ予稿集』：pp.235–240．国立国語研究所 言語資源研究系・コーパス開発センター
(14) 山元 啓史・田中 牧郎・近藤 泰弘（2012）「通時コーパスと言語空間論」『第 1 回コーパス日本語学ワークショップ予稿集』：pp.241–248．国立国語研究所 言語資源研究系・コーパス開発センター

3.2　設計

　コーパス設計の理念や具体的な方針などを論じたものに以下がある。当該のコーパスを利用する際には、必ず参考にすべき論考である。

3.2.1　古典語のコーパス

(15)　近藤　泰弘（2011）「日本語通時コーパスの設計について」『情報処理学会研究報告　人文科学とコンピュータ研究会報告2011』5：pp.1-3．一般社団法人情報処理学会

(16)　近藤　泰弘（2012）「日本語通時コーパスの設計について」『国語研プロジェクトレビュー』3(2)：pp.84-92．国立国語研究所

(17)　田中　牧郎（2013）「説話のパラレルコーパスの設計―平安・鎌倉時代の文体変異の研究に向けて―」『第3回コーパス日本語学ワークショップ予稿集』：pp.259-268．国立国語研究所言語資源研究系・コーパス開発センター

3.2.2　近代語のコーパス

(18)　田中　牧郎（2005）「言語資料としての雑誌『太陽』の考察と『太陽コーパス』の設計」『雑誌『太陽』による確立期現代語の研究：『太陽コーパス』研究論文集（国立国語研究所報告122）』：pp.1-48．博文館新社

(19)　田中　牧郎（2005）「近代語研究資料と研究雑誌『太陽』」『日本語学』23（12）：pp.208-220．明治書院

(20)　田中　牧郎（2012）「近代語史をとらえるための文献選定とコーパス」『第1回コーパス日本語学ワークショップ予稿集』：pp.249-258．国立国語研究所　言語資源研究系・コーパス開発センター

(21)　田中　牧郎（2012）「近代語コーパスにおける資料選定の考え方」『近代語コーパス設計のための文献言語研究　成果報告書』：pp.13-26．国立国語研究所

(22)　岡島　昭浩・森　勇太・金　曘泳・竹村　明日香・坂井　美日（2012）「電子化が望まれる近代語資料探索―日本語史を研究する大学院生の報告から―」『近代語コーパス設計のための文献言語研究　成果報告書』：pp.27-35．国立国語研究所

3.3 コーパスデータ構築

コーパスの形式や仕様、作成方法などを論じたものに以下がある。当該のコーパスを利用する際には、必ず参考にすべき論考である。

3.3.1 古典語のコーパス

(23) 長瀬 真理（1990）「日本語―英語対照「源氏物語」のテキスト・データベースの暫定公開に当たって」センターニュース 22(6)：pp.57–64．東京大学大型計算機センター

(24) 安永 尚志（1996）「国文学作品のテキストデータ記述ルールについて」『自然言語処理』3(4)：pp.3–29．言語処理学会

(25) 安野 一之（2002）「日本古典文学本文データベース再構築における諸問題―XML化の現状と課題」『情報処理学会研究報告 人文科学とコンピュータ研究会報告2002』73：pp.43–50．一般社団法人情報処理学会

(26) 山元 啓史・及川 昭文（2002）「古今和歌集データベースの開発と和歌の数理解析」『情報処理学会研究報告 人文科学とコンピュータ研究会報告』2002(52)：pp.29–36．一般社団法人情報処理学会

(27) 上原 徹三・金澤 恵・潮 靖之・矢古宇 智子（2003）「古典の総索引からの品詞タグ付きコーパスの作成」『自然言語処理』10(2)：pp.59–78．言語処理学会

(28) 海老澤 衷（2006）「東京大学史料編纂所「鎌倉遺文フルテキストデータベース」」『鎌倉遺文研究』18：pp.95–96．鎌倉遺文研究会

(29) 伊藤 利行（2011）「キリシタン版平家物語のxmlテキストデータベース作成に向けて」『人間と環境』2：pp.97–106．人間環境大学

(30) 冨士池 優美（2012）「中古和文における長単位の概要」『第2回コーパス日本語学ワークショップ予稿集』：pp.51–58．国立国語研究所 言語資源研究系・コーパス開発センター

(31) 池田 幸恵・須永 哲矢（2013）「「五国史」宣命のコーパス化」『第4回コーパス日本語学ワークショップ予稿集』：pp.187–

194. 国立国語研究所 言語資源研究系・コーパス開発センター

(32) 市村 太郎・河瀬 彰宏・小木曽 智信 (2013)「洒落本コーパスの構造化―仕様と事例の検討―」『第3回コーパス日本語学ワークショップ予稿集』: pp.249–258. 国立国語研究所 言語資源研究系・コーパス開発センター

(33) 小木曽 智信・須永 哲矢・冨士池 優美・中村 壮範・田中 牧郎・近藤 泰弘 (2013)「「日本語歴史コーパス平安時代編」先行公開版について」『第3回コーパス日本語学ワークショップ予稿集』: pp.269–276. 国立国語研究所 言語資源研究系・コーパス開発センター

(34) 小林 正行・市村 太郎 (2013)「『虎明本狂言集』コーパスの構造化―仕様と事例の検討―」『第3回コーパス日本語学ワークショップ予稿集』: pp.323–332. 国立国語研究所 言語資源研究系・コーパス開発センター

(35) 高田 智和・小助川 貞次・堤 智昭・斎藤 達哉・小木曽 智信・小野 博 (2013)「古典籍原本画像と翻字テキストの対照ビュアーの開発」『日本語学会2013年度秋季大会発表予稿集』: pp.225–228. 日本語学会

(36) 冨士池 優美・河瀬 彰宏・野田 高広・岩崎 瑠莉恵 (2013)「『今昔物語集』のテキスト整形」『第4回コーパス日本語学ワークショップ予稿集』: pp.125–134. 国立国語研究所 言語資源研究系・コーパス開発センター

3.3.2 近代語のコーパス

(37) 上村 和美 (1995)「パソコンを利用した日本文学作品の研究―芥川龍之介作品のテキストデータベース化を通して」『情報処理学会研究報告 人文科学とコンピュータ研究会報告』95(50): pp.49–54. 一般社団法人情報処理学会

(38) 木村 睦子・田中 牧郎・飯島 満 (1997)『『太陽』コーパスの作成と活用』(文部省科学研究費「国際社会における日本語についての総合的研究」研究報告書). 国立国語研究所

(39) 木村 睦子・加藤 安彦・田中 牧郎 (1998)「国語辞典編集

のための用例データベース」『日本語科学』5：pp.109–128．国立国語研究所

(40) 田中 牧郎・小木曽 智信（2000）「総合雑誌『太陽』の本文の様態と電子化テキスト」『日本語科学』8：pp.141–152．国立国語研究所

(41) 田中 牧郎（2003）「XMLを利用したコーパスの構築―『太陽コーパス』を中心に―」『日本語学』20(13)：pp.80–91．明治書院

(42) 田中 牧郎（2005）「漢字の実態と処理の方法」『雑誌『太陽』による確立期現代語の研究：『太陽コーパス』研究論文集（国立国語研究所報告122）』：pp.271–292．博文館新社

(43) 田中 牧郎（2006）「『近代女性雑誌コーパス』の概要」http://www.ninjal.ac.jp/corpus_center/cmj/doc/19w-mag-summary.ppd：国立国語研究所

(44) 市村 太郎・河瀬 彰宏・小木曽 智信（2012）「近世口語テキストの構造化とその課題」『情報処理学会研究報告 人文科学とコンピュータ研究会報告2012』1：pp.1–8．

(45) 近藤 明日子（2012）「『明六雑誌コーパス』の語彙量」『近代語コーパス設計のための文献言語研究 成果報告書』：pp.144–149．国立国語研究所

(46) 近藤 明日子・小木曽 智信・須永 哲矢・田中 牧郎（2012）「『明六雑誌コーパス』の開発―近代語コーパスのモデルとして―」『第2回コーパス日本語学ワークショップ予稿集』：pp.329–334．国立国語研究所 言語資源研究系・コーパス開発センター

(47) 近藤 明日子・田中 牧郎（2012）「『明六雑誌コーパス』の仕様」『近代語コーパス設計のための文献言語研究 成果報告書』：pp.118–143．国立国語研究所

(48) 須永 哲矢（2012）「近代語文献を電子化するための異体字処理」『近代語コーパス設計のための文献言語研究 成果報告書』：pp.65–82．国立国語研究所

(49) 須永 哲矢・近藤 明日子（2012）「近代語コーパスのための形態論情報付与規程の整備」『近代語コーパス設計のための文献

言語研究 成果報告書』：pp.93-117．国立国語研究所
(50)　高田 智和（2012）「近代語文献を電子化するための文字セット」『近代語コーパス設計のための文献言語研究 成果報告書』：pp.36-64．国立国語研究所
(51)　近藤 明日子・高田 智和・小木曽 智信・堤 智昭（2013）「原本画像参照機能付き『明六雑誌コーパス』の開発」『日本語学会2013年度秋季大会発表予稿集』：pp.229-234．日本語学会

■解題：田中 牧郎（2005）「言語資料としての雑誌『太陽』の考察と『太陽コーパス』の設計」―文献(18)

　田中論文は、現在近代語のコーパスとして最も研究利用が進んでいる『太陽コーパス』について、雑誌『太陽』の実態把握に基づき言語資料的価値を提示し、本文の様態を踏まえた設計とデータ形式を示したものである。言語研究用のコーパスのあり方、コーパス構築における問題点とその対処についての詳細な記述等、当該コーパスの利用者はもちろん、コーパス研究やコーパス構築に関わる全ての人にとって必読の論文である。

　論考では、雑誌『太陽』が、言文一致を経て口語体による書き言

表1　雑誌『太陽』の言語的特徴と『太陽コーパス』の形式

言語的特徴	データ形式の工夫
引用表示法が多様	人手による引用タグ（範囲、種別、話者・典拠等情報）の付与。
句読法が多様	「、」「。」が句・文・段落など様々な区切りを示す。これらをマーカーに自動で擬似的な文区切りsタグを付与。
振り仮名が豊富	rタグによるルビ文字列の確保。
漢字字体が多様	JIS規格に準じた字体包摂と外字タグ付与による字体情報の確保。
誤植・誤用が多い	注タグによる本文校訂と原文情報の確保。
仮名遣い規範が未整備	同上
特殊な表記法が多様	踊り字、割書、敬意欠字、合字、小書き片仮名などに、タグを付与。

葉が安定し普及する時期（明治時代後期〜大正時代）に発行された月刊総合雑誌であり、その時代・社会的背景と、分量の多さ、ジャンルの広さ、執筆陣の多彩さ、読者層の厚さなどの点で、当時の文献資料として格別の価値を持つことを指摘する。本文の様態をつぶさに観察し表1に示す言語的特徴を記述すると共に、それらを踏まえ生かすことのできるデータ形式としてXML形式を採用し、その仕様を提示する。

　上記に加え、雑誌タグにより発行年・巻号情報を、記事タグにより題名、著者名、欄名、文体（文語・口語）、ジャンル（NDC）を示すなど、言語背景的な情報についても詳細に付加され、言語研究用データとしての価値を確かなものとしている。

4. 言語処理に関する論文

4.1 解析辞書・解析システム

　古典語・近代語を対象とした形態素解析に関わる研究に以下のものがある。

(52)　北村 啓子（1999）「テキストから「かな表記の語彙」を抽出する試み―コーパスを利用して古典語彙を収集するために」『国文学研究資料館紀要』25：pp.1–2．国文学研究資料館

(53)　山元 啓史（2007）「和歌のための品詞タグづけシステム」『日本語の研究』3(3)：pp.33–39．日本語学会

(54)　小木曽 智信・小椋 秀樹・近藤 明日子（2008）「近代文語文を対象とした形態素解析辞書・近代文語UniDic（デモンストレーション，日本語学会2008年度春季大会研究発表会発表要旨）」『日本語の研究』4(4)：pp.151–152．日本語学会

(55)　小木曽 智信（2009）「形態論情報の自動付与とその問題点（特集：日本語研究とコーパス）」『解釈と鑑賞』74(1)：pp.35–43．ぎょうせい

(56)　小木曽 智信・小椋 秀樹・田中 牧郎・近藤 明日子・伝 康晴（2010）「中古和文を対象とした形態素解析辞書の開発」『情報処理学会研究報告　人文科学とコンピュータ研究会報告』

2010-CH-85(4)：pp.1–8．一般社団法人情報処理学会
(57) 小木曽 智信・小椋 秀樹・近藤 明日子・須永 哲矢（2011）「形態素解析辞書「中古和文UniDic」とその活用例（ブース発表，日本語学会2010年度秋季大会研究発表会発表要旨）」『日本語の研究』7(2)：pp.104–105．日本語学会
(58) 小木曽 智信（2011）「通時コーパスの構築に向けた古文用形態素解析辞書の開発」『情報処理学会研究報告．人文科学とコンピュータ研究会報告』2011(6)：pp.1–4．一般社団法人情報処理学会
(59) 小木曽 智信（2012）「近代語テキストの形態素解析」『近代語コーパス設計のための文献言語研究 成果報告書』：pp.83–92．国立国語研究所
(60) 小木曽 智信（2012）「中古和文を対象とした形態素解析辞書の開発」『国語研プロジェクトレビュー』7：pp.31–34．国立国語研究所
(61) 小木曽 智信・市村 太郎・鴻野 知暁（2013）「近世口語資料の形態素解析の試み」『第4回コーパス日本語学ワークショップ予稿集』：pp.145–150．国立国語研究所 言語資源研究系・コーパス開発センター
(62) 小木曽 智信（2013）「中古仮名文学作品の形態素解析」『日本語の研究』9(4)：pp.49–62．日本語学会

4.2 アノテーション

形態素解析以外のデータアノテーションに関する研究に以下のものがある。
(63) 齋藤 大輔・石隈 博史・小川 泰幸・江畑 秀規・上原 徹三・石川 知雄（1997）「経験的優先規則による古典文の係り受け解析」『全国大会講演論文集』54(2)：pp.69–70．一般社団法人情報処理学会
(64) 齋藤 大輔・石隈 博史・小川 泰幸・江畑 秀規・上原 徹三・石川 知雄（1997）「古典文の係り受け解析への経験的優先規則の適用」『全国大会講演論文集』55(2)：pp.62–63．一般社

団法人情報処理学会

(65) 小木曽 智信・近藤 明日子（2007）「日本語研究のためのXMLタグ付けプログラム―その開発と活用例（特集：コーパス日本語学の射程）」『日本語科学』22：pp.147–159．国立国語研究所

(66) 岡 照晃・小町 守・小木曽 智信・松本 裕治（2011）「機械学習による近代文語文への濁点の自動付与」『情報処理学会研究報告SLP、音声言語情報処理2011』6：pp.1–8．一般社団法人情報処理学会

(67) 岡 照晃（2012）「統計的機械学習による歴史的資料への濁点の自動付与」『第1回コーパス日本語学ワークショップ予稿集』：pp.13–22．国立国語研究所 言語資源研究系・コーパス開発センター

(68) 岡 照晃（2012）「近代文語論説文を対象とした濁点の自動付与アプリケーション」『第2回コーパス日本語学ワークショップ予稿集』：pp.305–314．国立国語研究所 言語資源研究系・コーパス開発センター

(69) 岡 照晃・小町 守・小木曽 智信・松本 裕治（2013）「統計的機械学習を用いた歴史的資料への濁点付与の自動化」『情報処理学会論文誌』54(4)：pp.1641–1654.

(70) 小木曽 智信・小町 守・松本 裕治（2013）「歴史的日本語資料を対象とした形態素解析」『自然言語処理』20(5)：pp.727–748.

■解題：岡 照晃・小町 守・小木曽 智信・松本 裕治（2011）「機械学習による近代文語文への濁点の自動付与」―文献(66)

　岡・小町他論文は、近代以前の濁音正書法が未確立な時代のテキストにおける形態素解析の困難さを解消する手法として、2値分類器を用いた濁点無表記文字の識別と自動濁点付与を行う方法について提案したものである。

　提案手法では、周囲の単語境界や品詞情報等を参照せずに、濁点の付き得る仮名文字のみを対象として、以下の分類素性を用いた点

予測による濁点無表記文字検出を試みる。
- 文字 n-gram、文字種 n-gram、濁点化可能性文字 n-gram
- 漢字のクラスタリングに基づくクラス n-gram

分類器の学習データとして既に人手により濁点付与のタグが施されたデータ『太陽コーパス』を用い、学習データと同時期の資料『国民之友コーパス』による評価実験の結果、精度・再現率共に 96% 以上の性能が確保されると述べる。その上で、コーパス開発におけるアノテーション支援として、実際のテキストデータに対して濁点無表記文字に確率情報付きのタグ（自動濁点付与を行った文字「d」、確率 10% 以上で自動付与なしの文字「P」）を付与する方法を提示しており、今後、歴史的資料をコーパスとして新たに整備する際の有用性が期待される。

```
<s> 若し此の大勢の動く <d prob="98.006%">が</d>まゝに乗り行か <d prob="96.664%">ば</d>、</s>
<s> 結局如何なる場所に到る可き乎、</s>
<s> 實に今日は油斷のならぬ時節ぞかし、</s>
<s> 保守的の反動豈に偶然ならんや、</s>
<s> 必ら <d prob="99.955%">ず</d>他に此れを激 <lb/> 成するものな <P prob="16.524%">か</P>ら <d prob="99.937%">ず</d>、</s>
<s> 激成するものとは何 <d prob="99.996%">ぞ</d>や、</s>
```

図1 『国民之友コーパス』に対する濁点自動付与例

4.3 検索システム等に関する論文

コーパスを利用するための検索や管理などに関する論文に、以下のものがある。

(71) 大前 寛子・フレデリック アンドレス・今井 倫太・安西 祐一郎（2002）「人文科学分野における多言語コーパス検索のためのアライメント支援『星の王子さま』と『源氏物語』におけるケーススタディ」『人文科学とコンピュータシンポジウム論文集 '02』: pp.253–256. 一般社団法人情報処理学会

(72) 山口 昌也・田中 牧郎（2002）「言語研究のための構造化システムと検索支援システム―『太陽コーパス』を例として―」

『国語学会2002年度春季大会要旨集』: pp.169–176. 国語学会

(73) 山口 昌也・田中 牧郎 (2004)「多様な構造化テキストに対応した全文検索システム『ひまわり』」『日本語学会2004年度秋季大会発表予稿集』: pp.165–172. 日本語学会

(74) 山口 昌也 (2005)「構造化テキストに対応した全文検索システム『ひまわり』」『雑誌『太陽』による確立期現代語の研究：『太陽コーパス』研究論文集（国立国語研究所報告122)』: pp.49–82. 博文館新社

(75) 小木曽 智信 (2005)「構造化テキストを直接利用するアプリケーション―『プリズム』と『たんぽぽ』―」『雑誌『太陽』による確立期現代語の研究：『太陽コーパス』研究論文集（国立国語研究所報告122)』: pp.83–113. 博文館新社

(76) 山口 昌也・田中 牧郎 (2005)「構造化された言語資料に対する全文検索システムの設計と実現」『自然言語処理』12(4): pp.55–77. 言語処理学会

(77) 小木曽 智信 (2012)「コーパス管理ツール「茶器」による中古和文コーパスの利用」『第1回コーパス日本語学ワークショップ予稿集』: pp.177–184. 国立国語研究所 言語資源研究系・コーパス開発センター

(78) 小木曽 智信・中村 壮範 (2012)「通時コーパス用『中納言』: Webベースの古典語コンコーダンサー」『第2回コーパス日本語学ワークショップ予稿集』: pp.109–116. 国立国語研究所 言語資源研究系・コーパス開発センター

5. 日本語学に関する論文

5.1 音声・音韻の研究

(79) 佐藤 大和・貝沼 諭・山室 恭子 (2004)「古典文学テキストの音声学的分析―「平家物語」を素材として―」『情報処理学会シンポジウム論文集』2004: pp.135–142. 一般社団法人情報処理学会

(80) 佐藤 大和 (2009)「文芸作品に見る日本語音節統計の歴史

的特性」『情報処理学会研究報告 人文科学とコンピュータ研究会報告2009』4：pp.17–24．一般社団法人情報処理学会

■解題：佐藤 大和（2009）「文芸作品に見る日本語音節統計の歴史的特性」─文献(80)

　佐藤論文は、大野晋の「『万葉集』の音韻表・音節別使用度数」（奈良）、および「源氏物語」（平安）「平家物語」（室町）夏目漱石の講演資料（近代）のテキストコーパスをデータとして用い、各時代の音節の統計的性質について分析したものである。

　奈良時代以降、日本語の音韻・音節が様々な変化・発展（乙類母音の消滅、モーラ音素・拗音の発生、連濁減少、合音の発生と消滅、唇音退化や四つ仮名混同など）を経て、音節の生起順位等には時代による異同があるにもかかわらず、音節生起順位とその生起数の関係性が極めて近似であることを明らかにしている。

　また、音節の生起確率から音節の平均情報量（エントロピー。情報の無秩序さ、あいまいさ、不確実さを表す尺度）を求め、時代が下るにつれて発音が多様化して音節数が増加しても、音節の出現予測を困難にするエントロピーの増大は見られず安定していることを示し、このことが円滑なコミュニケーションに寄与していると位置づける。

表2　文芸コーパスにおける音節の統計的諸性質

	万葉	源氏	平家	漱石
音節種類数	87	68	157	185
分析総音節数（×1000）	42	854	398	266
音節エントロピー（bit）H	5.74	5.58	5.89	5.74
最大エントロピー（bit）Hmax	6.44	6.09	7.29	7.54
冗長度 R	0.11	0.08	0.19	0.24
仮名文字エントロピー（bit）	5.74	5.59	5.7	5.56
指数分布パラメータ β	15.2	14.4	15.5	13.7
$\log_2 \beta$（bit）	3.9	3.8	4	3.8

古典語コーパスを用いて音声学・情報学的な観点から分析を行っている点はユニークで、日本語音節の平均情報量が歴史的に大きく異なっていないという結論も興味深い。

5.2　文字・表記の論文

（81）　木村　睦子・田中　牧郎・飯島　満・笹原　宏之（1999）『『太陽』コーパスの漢字処理：『太陽』1901の漢字調査』（文部省科学研究費「国際社会における日本語についての総合的研究」研究報告書）．国立国語研究所

（82）　小木曽　智信（2003）「「太陽コーパス」における字音仮名遣いについて―小説記事のふりがなから」『明海日本語』8：pp.117–126．明海大学日本語学会

（83）　井手　順子（2005）「外国地名表記について―漢字表記からカタカナ表記へ―」『雑誌『太陽』による確立期現代語の研究：『太陽コーパス』研究論文集（国立国語研究所報告122）』：pp.157–172．博文館新社

（84）　笹原　宏之（2005）「漢字文字列における字体の同化と衝突」『雑誌『太陽』による確立期現代語の研究：『太陽コーパス』研究論文集（国立国語研究所報告122）』：pp.293–311．博文館新社

（85）　中川　美和（2005）「異体仮名について」『雑誌『太陽』による確立期現代語の研究：『太陽コーパス』研究論文集（国立国語研究所報告122）』：pp.313–330．博文館新社

（86）　近藤　明日子（2005）「濁点文字使用率から見る濁音表記」『雑誌『太陽』による確立期現代語の研究：『太陽コーパス』研究論文集（国立国語研究所報告122）』：pp.331–350．博文館新社

（87）　小木曽　智信（2005）「仮名遣いについて」『雑誌『太陽』による確立期現代語の研究：『太陽コーパス』研究論文集（国立国語研究所報告122）』：pp.351–376．博文館新社

（88）　間淵　洋子（2013）「『太陽コーパス』における漢語表記の多様性―コーパスのXMLタグを利用した研究手法の試み―」『第4回コーパス日本語学ワークショップ予稿集』：pp.59–68．国立国語研究所　言語資源研究系・コーパス開発センター

■解題：井出 順子（2005）「外国地名表記について―漢字表記からカタカナ表記へ」―文献(83)

井出論文は、従来の研究において指摘されていた、明治初期に漢字で表記されることが大勢だった外国地名が大正期にかけて片仮名表記へと移行する変化について、『太陽コーパス』を用いて計量的にその過程を実証したものである。コーパス収録対象の5ヶ年において、漢字・片仮名の両表記が用いられており、全ての年に出現し、かつ出現記事の総数が100以上となる21地名について、漢字・片仮名両表記の記事数に基づく使用比率を求めた上で、太陽コーパスに付加されているジャンル・文体・著者の生年の各情報を用い、それらと使用率の相関を分析し、以下の結論を得ている。

- 1917年まで漢字表記が大勢
- 1925年に片仮名表記が急激に増加、ほとんどの漢字表記は減少
- 1925年の片仮名表記急増の要因は、生年の遅い著者の増加と、生年の早い著者層への片仮名表記使用の広がり

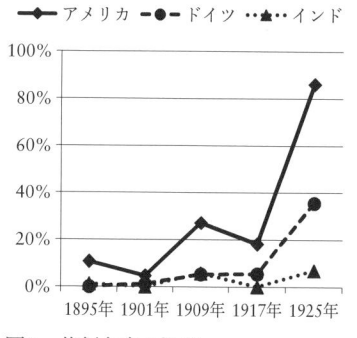

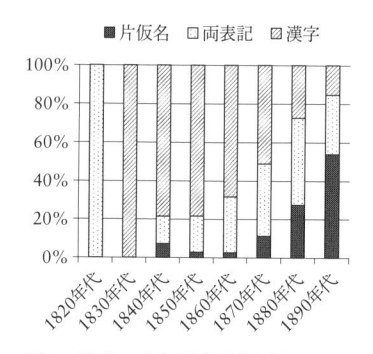

図2　片仮名率の推移　　　図3　著者の生年別表記使用率

　コーパスによる数量的な分析から、外国地名が片仮名表記へと移行した要因を口語文体の影響とする先行研究の指摘を退けるなど、大量データによって裏付けされた的確な実態把握が行われている点で、コーパス利用の有効性を示した論考となっている。

5.3 語彙・意味の論文

5.3.1 古典語のコーパス

(89) 近藤 泰弘（2003）「語彙体系化の試み―古典語コーパスを用いて（公開組織としての語彙研究会発足大会）」『語彙研究』1：pp.99–109．語彙研究会

(90) 山元 啓史（2007）「ネットワークによる歌ことばのモデリング」『語彙研究』5：pp.21–32．語彙研究会

(91) 山元 啓史（2008）「共出現パターンによる歌ことばの分析：八代集における「吉野の桜」をめぐって」『語彙研究』6：pp.12–19．語彙研究会

(92) 山元 啓史（2009）「分類コードつき八代集用語のシソーラス」『日本語の研究』5(1)：pp.46–52．日本語学会

(93) 宮島 達夫・近藤 明日子（2011）「古典作品の特徴語」『計量国語学』28(3)：pp.94–105．計量国語学会

(94) 須永 哲矢・小木曽 智信（2011）「コーパスとコロケーション強度を用いた中古語の語認定：「名詞＋よし/あし/あり/なし」を例に（ブース発表、日本語学会2011年度春季大会研究発表会発表要旨）」『日本語の研究』7(4)：p.197．日本語学会

(95) 須永 哲矢（2011）「コロケーション強度を用いた中古語の語認定」『国立国語研究所論集』2：pp.91–106．国立国語研究所

(96) 櫻井 豪人（2013）「『和蘭字彙』電子テキスト化による『英和対訳袖珍辞書』初版の訳語の研究」『日本語の研究』9(3)：pp.17–31．日本語学会

(97) 田中 牧郎（2013）「文体から見た『今昔物語集』の語彙―『日本語歴史コーパス平安時代編』と比較して―」『第4回コーパス日本語学ワークショップ予稿集』：pp.117–124．国立国語研究所 言語資源研究系・コーパス開発センター

(98) 田中 牧郎・山元 啓史（2013）「『今昔物語集』と『宇治拾遺物語』の同文説話における語の対応―語の文体的価値の記述―」『日本語の研究』10(1)：pp.16–31．日本語学会

■解題：山元 啓史（2007）「ネットワークによる歌ことばのモデリング」―文献(90)

　山元論文は、歌ことばを対象とし、辞書などに明示的に書かれず言語の受け手に依存する意味、すなわちコノテーションを抽出しようという試みである。

　方法としては、まず、古今集1000首について、共に現れる任意2語のパターン（共出現パターン）を求める。このうち重要度の高いパターンを使用してネットワークモデルを生成し、和歌モデルを作る。次に、古今集の現代語訳10種について、同様のやり方により解釈モデルを作る。この両モデルの差分をとることにより、和歌に明示的に書かれたリテラルな要素と、そうではないノンリテラルな要素が分かたれ、求めるコノテーションが得られるというのである。

　この結果は以下のようにグラフによって視覚的に示される。

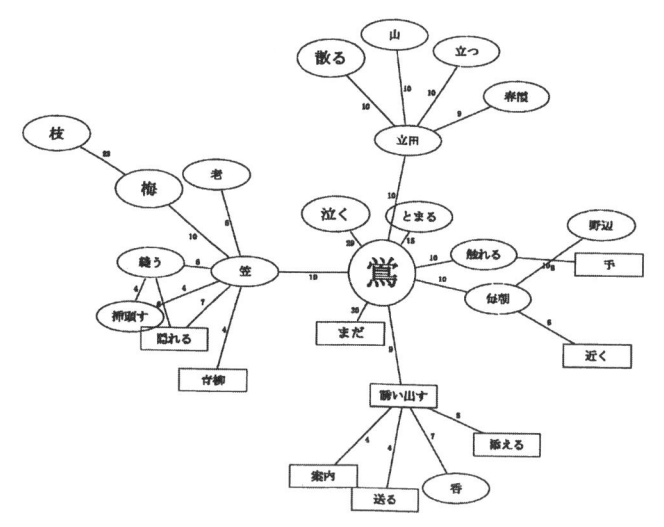

　図4　現代語訳テキストによる「鶯」のモデルから、和歌モデルと解釈モデルで共有するパターンを取り除いたもの

　本論文は、グラフ理論による数理的な手法によって、ともすると捉えがたい言外の意味をあぶり出すことに成功している。

■解題：宮島 達夫・近藤 明日子（2011）「古典作品の特徴語」―文献(93)

『古典対照語い表　フロッピー版』を使用し、そこに収められている古典14作品について、各作品での特徴語を抽出しようという論文である。ある作品（＝対象作品）の特徴語を、他の13作品（＝参照作品）と比較することで抽出した点が注目される。抽出の際の統計的指標として対数尤度比を用いている。

各作品において特徴度の高い語（特徴語）と低い語（反特徴語）のそれぞれ20語があげられている。たとえば土左日記の特徴語と反特徴語は次のようになる。

<u>歌</u>・<u>よむ［読詠数］</u>・船・<u>ある［或］</u>・楫取・<u>言ふ</u>・海・波・あひだ・風波・ふなぎみ・<u>ところ</u>・いだす・からうた・泊り・けふ・わらは・こぎゆく・海賊・たいまつる

図5　土左日記の特徴語20語

おぼす・世・いと・はべり・ほど・いみじ・のたまふ・まゐる・おぼゆ・宮・さま・きこゆ・おはします・きみ・さ［然］・さり［然有］・さぶらふ・おとど・こと［事］・身

図6　土左日記の反特徴語20語

特徴語から、他作品にも特徴語として現れる語を除いた「選抜特徴語」によって各作品の特徴が述べられている。土左日記の選抜特徴語は、上図の特徴語20語から、下線部の5語を除いた15語である。これらの名詞は、船旅という作品の主題と一致すると言われている。また、方丈記の場合は「あるいは・いはむや・ことごとく」のように漢文訓読体系の語が多いことなどが指摘される。

特徴度は、作品の延べ語数によって左右されるものでもある。源氏物語・万葉集は延べ語数が多いため、それらの影響が強く出てしまうのである。本論文では相対度数を使って長さの影響を打ち消す実験も試みられている。

5.3.2　近代語のコーパス

(99)　田中 牧郎（2001）「日本漢語の層別化—コーパスを用いて—」『日本文化論叢　第2回中日文化教育研究フォーラム報告書』：pp.166–183．大連理工大学出版社

(100)　田中 牧郎（2005）「漢語「優秀」の定着と語彙形成—主体を表す語の分析を通して—」『雑誌『太陽』による確立期現代語の研究：『太陽コーパス』研究論文集（国立国語研究所報告122）』：pp.115–141．博文館新社

(101)　吉川 明日香（2005）「字順の相反する2字漢語—「掠奪—奪掠」「現出—出現」について—」『雑誌『太陽』による確立期現代語の研究：『太陽コーパス』研究論文集（国立国語研究所報告122）』：pp.143–155．博文館新社

(102)　田中 牧郎（2005）「「敏感」の誕生と定着—『太陽コーパス』を用いて—」『日本近代語研究4　飛田良文博士古稀記念』：pp.31–44．ひつじ書房

(103)　田中 牧郎（2005）「言文一致と語彙の変化」『日本語学会2005年度秋季大会発表予稿集』：pp.197–204．日本語学会

(104)　田中 牧郎（2006）「「努力する」の定着と「つとめる」の意味変化—『太陽コーパス』を用いて—」『日本語辞書学の構築』：pp.223–238．おうふう

(105)　田中 牧郎（2006）「新語の定着と語彙の更新」『月刊言語』35(11)：pp.4–5．大修館書店

(106)　近藤 明日子（2007）「明治末期の二人称代名詞—『太陽コーパス』を例として—」『日本語日本文学論集』：pp.131–148．笠間書院

(107)　近藤 明日子（2008）「近代語における一人称代名詞「よ」「わがはい」：『太陽コーパス』を資料として（〈特集〉敬語研究のフロンティア）」『社会言語科学』11(1)：pp.116–124．社会言語科学会

(108)　野浪 正隆（2009）「近代小説に使われた故事成語について」『学大国文』52：pp.27–56．大阪教育大学国語教育講座・日本アジア言語文化講座

（109）　永田　高志（2009）「総合雑誌『太陽』に見る対称詞」『国語と国文学』86(9)：pp.56-70．ぎょうせい

（110）　岡田　薫（2010）「近代女性雑誌における副詞「とても」の考察」『立教大学日本語研究』17：pp.37-45．立教大学日本語研究会

（111）　野浪　正隆（2010）「近代小説に使われた身体語彙について―大量テキストを語彙検索することによって得られるもの―」『学大国文』53：pp.65-85．大阪教育大学国語国文学研究室

（112）　真田　治子（2010）「現代日本語に浸透した学術用語（特集：「専門用語」研究の今後）」『日本語学』29(15)：pp.26-34．明治書院

（113）　北澤　尚・祁　福鼎・趙　宏（2010）「近代日本語の自称詞「わがはい」の共時的特性と動態について」『東京学芸大学紀要 人文社会科学系Ⅰ』61：pp.13-26．東京学芸大学

（114）　田中　牧郎（2011）「近代漢語の定着―『太陽コーパス』に見る―（特集言語資源としての日本語）」『文学』12(3)：pp.136-153．岩波書店

（115）　趙　英姫（2011）「副詞「結局」の定着と意味用法について―雑誌『太陽』を中心に―」『日本文化學報』51：pp.23-37．韓國日本文化學會

（116）　近藤　明日子（2012）「明治初期論説文における一人称代名詞の分析―『明六雑誌』コーパスを用いて―」『第1回コーパス日本語学ワークショップ予稿集』：pp.265-272．国立国語研究所　言語資源研究系・コーパス開発センター

（117）　近藤　明日子（2012）「『太陽コーパス』に見る一人称代名詞「吾人（ごじん）」―「余（よ）」との比較から―」『近代語研究16』：pp.63-80．武蔵野書院

（118）　田中　牧郎（2012）「新漢語定着の語彙的基盤―『太陽コーパス』の「実現」「表現」「出現」と「あらわす」「あらわれる」など―」『日本語の学習と研究』160：pp.39-47．「日本語の学習と研究」編集委員会（中国）

（119）　田中　牧郎（2012）「「語彙レベル」から見た近代の語彙と

現代の語彙―『太陽コーパス』と『現代日本語書き言葉均衡コーパス』を用いて―」『第2回コーパス日本語学ワークショップ予稿集』：pp.105–108．国立国語研究所 言語資源研究系・コーパス開発センター

(120) 張 元哉（2012）「近代対訳コーパスにおける日韓語彙の諸相―文体の異なる対訳コーパスの比較を通して―」『第2回コーパス日本語学ワークショップ予稿集』：pp.315–324．国立国語研究所 言語資源研究系・コーパス開発センター

(121) 田中 牧郎（2012）「明治後期から大正期の語彙のレベルと語種―『太陽コーパス』の形態素解析データによる―」『近代語コーパス設計のための文献言語研究 成果報告書』：pp.153–168．国立国語研究所

(122) 小野 正弘（2012）「文献資料内漢語の階層化―『明六雑誌』の漢語をめぐって―」『近代語コーパス設計のための文献言語研究 成果報告書』：pp.169–180．国立国語研究所

(123) 近藤 明日子（2012）「『明六雑誌』の一人称代名詞」『近代語コーパス設計のための文献言語研究 成果報告書』：pp.181–190．国立国語研究所

(124) 陳 力衛（2012）「日中の比較語史研究」『近代語コーパス設計のための文献言語研究 成果報告書』：pp.237–246．国立国語研究所

(125) 張 元哉（2012）「近代対訳コーパスにおける日韓語彙の諸相―文体の異なる対訳コーパスの比較を通して―」『近代語コーパス設計のための文献言語研究 成果報告書』：pp.247–258．国立国語研究所

(126) 近藤 明日子（2013）「近代女性向け雑誌記事における一人称代名詞の分析―形態論情報付き『近代女性雑誌コーパス』を用いて―」『第3回コーパス日本語学ワークショップ予稿集』：pp.313–322．国立国語研究所 言語資源研究系・コーパス開発センター

(127) 近藤 明日子（2013）「『近代女性雑誌コーパス』の小説会話部分に現れる一・二人称代名詞の計量的分析」『第4回コーパ

ス日本語学ワークショップ予稿集』：pp.135–144．国立国語研究所　言語資源研究系・コーパス開発センター

(128)　近藤　明日子（2013）「近代総合雑誌記事に出現する一人称代名詞の分析―単語情報付き『太陽コーパス』を用いて―」『近代語研究17』：pp.133–154．武蔵野書院

(129)　中山　健一（2013）「「了解」の意味の変遷―19世紀末から現代にかけて―」『第3回コーパス日本語学ワークショップ予稿集』：pp.169–178．国立国語研究所　言語資源研究系・コーパス開発センター

(130)　田中　牧郎（2013）「『明六雑誌コーパス』『太陽コーパス』から見る近代語彙」『国語研プロジェクトレビュー』4(1)：pp.18–27．国立国語研究所

■解題：近藤　明日子（2008）「近代語における一人称代名詞「よ」「わがはい」：『太陽コーパス』を資料として」―文献(107)

　近藤論文は、近代語に特徴的な一人称代名詞「よ」「わがはい」について、『太陽コーパス』を用いて詳細に調査を行い、その用法と通時的変化を明らかにしたものである。分析に際しては、『太陽コーパス』に付与された文体（口語-文語／会話-地の文）、発行年、著者等の情報を用いて、以下の結論を導きだしている。
●「よ」は地の文で用いられ会話では用いられない傾向があり、書き言葉的で改まった性質を持つ。一方、「わがはい」は地の

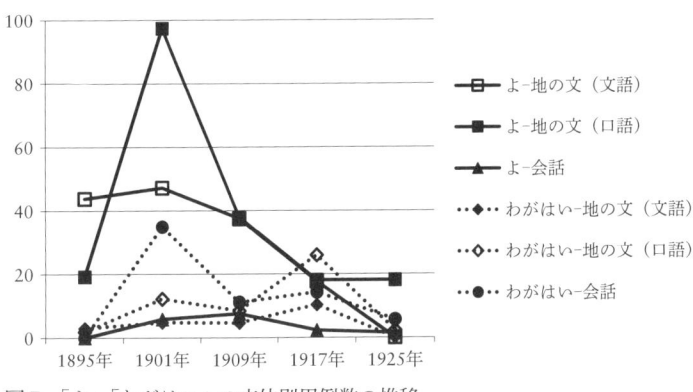

図7　「よ」「わがはい」の文体別用例数の推移

文、会話共に用いられ、話し言葉的でくだけた性質を持つ。
- 「よ」は明治末期から大正前期に衰退が始まり大正末期にはほぼ用いられなくなった。「わがはい」も同様に大正末期には衰退した。

　従来の近代語における待遇表現研究が、小説等会話資料に基づくもので、会話に殆ど現れない待遇表現について明らかにされてこなかったことを指摘し、多様なジャンルの文章を収録した大規模コーパスを用いることで、それまで研究対象とされてこなかった事象を取り上げることが可能となることを示した。コーパスの有用性やコーパスと研究の親和性を考える上では参考とすべき論文である。また、形態素解析が施されていない『太陽コーパス』から調査対象語を抽出する方法についての詳細な記述は、同様のコーパスを用いて研究を行おうとする際には大いに参考になる。

5.4　文法の論文

5.4.1　古典語のコーパス

(131)　近藤 みゆき（2001）「n-gram統計による語形の抽出と複合語—平安時代語の分析から（特集：複合語・連語の文法）」『日本語学』20(9)：pp.79–89．明治書院

(132)　近藤 泰弘（2001）「古典語の統語法—「物語人称」を例として（特集：21世紀の日本語研究）—（古代日本語研究の新時代）」『国文学解釈と鑑賞』66(1)：pp.96–103．至文堂

(133)　近藤 泰弘（2001）「記述文法の方向性—とりたて助詞の体系を例として（特集：文法への新しい視点）」『国文学解釈と教材の研究』46(2)：pp.20–25．学灯社

(134)　近藤 泰弘（2001）「国語表現史から見た敬意表現（特集：新世紀社会と敬意表現）」『Science of humanity Bensei』32：pp.38–41．勉誠出版

(135)　近藤 泰弘（2001）「名詞節と項構造（特集：日本語文法研究の諸相—これからの日本語文法研究のために）」『日本語文法』11(1)：pp.41–52．日本語文法学会

(136)　近藤 泰弘・近藤 みゆき（2001）「N-gramの手法による

言語テキストの分析方法―現代語対話表現の自動抽出に及ぶ（特集2 N-gramが開く世界―確率・統計的手法による新しいテキスト分析）」『漢字文献情報処理研究』2：pp.50–55．好文出版

(137) 近藤 泰弘（2005）「日本語の形態素の接続―用例による文法理論のために（特集：日本語の最前線）」『国文学解釈と教材の研究』50(5)：pp.130–137．学灯社

(138) 近藤 明日子・小木曽 智信（2009）「形態素解析を用いた近代文語と現代語の語彙の比較（ポスター発表，日本語学会2009年度春季大会研究発表会発表要旨）」『日本語の研究』5(4)：pp.121–122．日本語学会

(139) 近藤 泰弘（2012）「平安時代語の接続助詞「て」の様相（築島裕博士追悼）」『国語と国文学』89(2)：pp.49–60．明治書院

(140) 岡﨑 友子（2013）「中古における接続語の使用傾向について」『第4回コーパス日本語学ワークショップ予稿集』：pp.167–176．国立国語研究所 言語資源研究系・コーパス開発センター

(141) 坂野 収（2013）「「ガ／ノ」交替現象についての一考察―古代・現代コーパスを対照して―」『第4回コーパス日本語学ワークショップ予稿集』：pp.177–186．国立国語研究所 言語資源研究系・コーパス開発センター

(142) 冨士池 優美（2013）「『枕草子』長単位データを用いた相の類の分析」『第3回コーパス日本語学ワークショップ予稿集』：pp.291–298．国立国語研究所 言語資源研究系・コーパス開発センター

(143) フレレスビッグ ビャーケ（2013）「上代日本語の「スル」について：コーパスによる研究」『国語研プロジェクトレビュー』3(3)：pp.152–177．国立国語研究所

(144) 山田 昌裕（2013）「〈名詞句＋係助詞〉の格」『第4回コーパス日本語学ワークショップ予稿集』：pp.229–234．国立国語研究所 言語資源研究系・コーパス開発センター

■解題：近藤　泰弘（2012）「平安時代語の接続助詞「て」の様相」
　―文献（139）

　近藤泰弘（2000）『日本語記述文法の理論』（ひつじ書房）で、平安時代語の接続助詞は従属節の従属度によってＡ類・Ｂ類・Ｃ類に分類されるということが提示された。続いて近藤泰弘（2007）「平安時代語の接続助詞「て」の機能」（『國學院雑誌』108(11)）では接続助詞「て」に関し、副用語的なＡ類と、等位結合的なＢ類とに分類できることが述べられた。本論文は広範な資料によりこのことを補強し、統語的環境について精密な記述を行ったものである。調査に際しては、国文学研究資料館で公開されている岩波書店古典文学大系のテキストデータのうち、平安時代17作品を用い、全文検索システム「ひまわり」に収納した上で検索を行っている。

　Ａ類「て」は副助詞の「のみ」「さへ」「だに」を後接し、Ｂ類「て」ではそれが不可能である。これら副助詞を後接する「て」の文型を調べることでＡ類の類型が知られるのである。本論文はＡ類を、前接語での出現環境により7種に分類し、この「て」節が副詞的表現であることを補強している。

　続いて、
　●Ｂ類の「て」は、並列・継起・原因理由の3種に意味分類されること
　●「まことに」のような評価を示すモダリティ副詞は、Ｂ類「て」節内に入り、Ａ類「て」節内には入らないこと
　●「～てなり」という疑似分裂文においては、そのほとんどがＡ類「て」と見なされること
が述べられている。

　平安時代語の従属節についての近藤氏の一連の論文は、接続助詞の類別と、副助詞・副詞の現れ、疑似分裂文などが密接に関連することを統語的観点から示したものであり、研究対象の射程の広さという点からも興味深い内容である。

■解題：フレレスビッグ ビャーケ（2013）「上代日本語の「スル」について：コーパスによる研究」―文献（143）

　オックスフォード上代日本語コーパスを使い、上代における動詞「スル」を記述・分析した研究である。現代語「スル」を6種類の用法に、上代語「スル」を5種類の用法に、それぞれ分類し、これらを比較しつつ論じている。中でも上代語の「名詞＋スル」と「動詞連用形＋スル」の用法が、コーパスによる詳細なデータを元に記述されている。

　動詞「スル」の用法は上代と現代で重なる面も多いものの、上代語「スル」は「作る」のような語彙的な用法を持たず、語彙的用法を持つ現代語「スル」とは相違しているというのが本論文の主張である。

　ここからさらに、
- 上代語「スル」を「軽動詞」と呼ぶのは不適切であること
- 印欧語のdoとは異なり、上代語「スル」は語彙的動詞から文法化されたわけではないこと

の二点が導かれている。

　オックスフォード上代日本語コーパスは統語構造の情報が付与されていることが大きな特徴の1つであり、このことを生かした研究が今後盛んに行われることと期待される。

5.4.2　近代語のコーパス

(145) 小椋　秀樹・小木曽　智信・近藤　明日子（2002）「「太陽コーパス」を使った近代語表現の通時的研究：口語文体・可能表現・待遇表現について（国語学会2002年度春季大会研究発表会発表要旨）」『國語學』53(4)：pp.154–155．国語学会

(146) 小木曽　智信（2002）「近代語テキストからの可能動詞の抽出―「太陽コーパス」を例に」『明海日本語』7：pp.125–135．明海大学日本語学会

(147) 小木曽　智信（2003）「近代日本語における「能ふ」の用法―「太陽コーパス」の用例から」『明海大学外国語学部論集』15：pp.1–11．明海大学外国語学部

（148）　小木曽　智信（2005）「漢語サ変動詞の可能の形―「～できる」の展開―」『雑誌『太陽』による確立期現代語の研究：『太陽コーパス』研究論文集（国立国語研究所報告122）』：pp.251–269．博文館新社

（149）　近藤　明日子（2005）「尊敬待遇表現―動作性の名詞や動詞連用形に付く形式について―」『雑誌『太陽』による確立期現代語の研究：『太陽コーパス』研究論文集（国立国語研究所報告122）』：pp.227–250．博文館新社

（150）　島田　泰子（2005）「「そして」の用法について―用例に基づく類型の分類と分析」『雑誌『太陽』による確立期現代語の研究：『太陽コーパス』研究論文集（国立国語研究所報告122）』：pp.193–211．博文館新社

（151）　中尾　比早子（2005）「副詞「とても」について―陳述副詞から程度副詞への変遷―」『雑誌『太陽』による確立期現代語の研究：『太陽コーパス』研究論文集（国立国語研究所報告122）』：pp.213–226．博文館新社

（152）　馬場　俊臣（2005）「逆接の接続詞・接続語句」『雑誌『太陽』による確立期現代語の研究：『太陽コーパス』研究論文集（国立国語研究所報告122）』：pp.173–191．博文館新社

（153）　江田　すみれ・小西　円（2006）「複数のコーパスによる文法項目の使用頻度調査―予備調査の報告」『国文目白』45：pp.1–18．日本女子大学

（154）　永澤　済（2007）「漢語動詞の自他体系の近代から現代への変化」『日本語の研究』3(4)：pp.17–32．日本語学会

（155）　福島　直恭（2007）「確立期標準日本語の接続詞に関する一考察―雑誌『太陽』を資料として」『学習院女子大学紀要』9：pp.55–67．学習院女子大学

（156）　岡部　嘉幸（2008）「雑誌『太陽』における時の助動詞覚書―文体と時の助動詞使用のダイナミズム―」『ことばのダイナミズム』：pp.353–368．くろしお出版

（157）　小木曽　智信（2008）「明治・大正期における形容動詞の連体修飾の形」『ことばのダイナミズム（成蹊大学アジア太平洋

研究センター叢書)』：pp.333–351．くろしお出版

(158) Annalyn Liwanag（2010）「明治期における「から」「ので」の文末形式の考察―雑誌『太陽』を中心に」『立教大学大学院日本文学論叢』10：pp.276–285．立教大学大学院文学研究科日本文学専攻

(159) 小木曽 智信（2010）「明治大正期における補助動詞「去る」について」『近代語研究15』：pp.444–430．武蔵野書院

(160) 小柳 昇（2010）「コーパスに基づいた漢語サ変動詞の他動詞用法の分析―「場主語構文」の観点から」『言語・地域文化研究』16：pp.69–91．東京外国語大学大学院

(161) 永澤 済（2010）「変化パターンからみる近現代漢語の品詞用法」『東京大学言語学論集』30：pp.115–168．東京大学大学院人文社会系研究科・文学部言語学研究室

(162) 朴 秀娟（2010）「否定とも肯定とも共起する副詞「とても」について―否定用法に見られる「条件づけ」を中心に」『阪大日本語研究』22：pp.43–63．大阪大学大学院文学研究科日本語学講座

(163) 永澤 済（2011）「漢語「-な」型形容詞の伸張：日本語への同化」『東京大学言語学論集』31：pp.135–164．東京大学大学院人文社会系研究科・文学部言語学研究室

(164) 永澤 済（2011）「文法的機能からみた漢語（特集：いま、漢字は）―（漢字・漢語の諸相）」『国文学：解釈と鑑賞』76（1）：pp.153–162．ぎょうせい

(165) 小木曽 智信（2012）「明治期国定『高等小学読本』の可能表現形式」『成蹊国文』45：pp.72–84．成蹊大学文学部日本文学科

(166) 小島 聡子（2012）「近代の地方出身作家の助詞の用法について―宮沢賢治と濱田廣介の場合―」『近代語コーパス設計のための文献言語研究 成果報告書』：pp.211–220．

(167) 佐藤 佑（2012）「『太陽コーパス』にみる、動詞性名詞「報告」の使用実態」『第2回コーパス日本語学ワークショップ予稿集』：pp.77–86．国立国語研究所 言語資源研究系・コーパス

コーパス日本語史研究目録　229

開発センター

(168) 島田 泰子（2012）「近代語に探る〈終止形準体法〉の萌芽的要素」『近代語コーパス設計のための文献言語研究 成果報告書』：pp.201–210．国立国語研究所

(169) 朱 京偉（2012）「『太陽コーパス』における漢文系複合辞の使われ方」『近代語コーパス設計のための文献言語研究 成果報告書（国立国語研究所共同研究報告 12–03）』：pp.221–236．国立国語研究所

(170) 竹内 史郎（2012）「古代日本語の主節の無助詞名詞句―活格性との関わりから―」『第1回コーパス日本語学ワークショップ予稿集』：pp.23–32．国立国語研究所 言語資源研究系・コーパス開発センター

(171) 田中 牧郎（2012）「近代書き言葉における文語助動詞から口語助動詞への推移―『太陽コーパス』の形態素解析データによる―」『近代語コーパス設計のための文献言語研究 成果報告書』：pp.191–200．国立国語研究所

(172) 松本 隆（2012）「近現代語データベース検索用例からみた「べきはずだ」の衰退過程」『日本研究センター教育研究年報』1：pp.1–21．アメリカ・カナダ大学

(173) 髙橋 圭子・東泉 裕子（2013）「漢語名詞の副詞用法～『現代日本語書き言葉均衡コーパス』『太陽コーパス』を用いて～」『第4回コーパス日本語学ワークショップ予稿集』：pp.195–202．国立国語研究所 言語資源研究系・コーパス開発センター

(174) 真仁田 栄治（2013）「動詞「めぐる」から複合辞ヲメグッテへの連続―『太陽コーパス』を資料として」『日本言語文化研究』17：pp.44–56．龍谷大学

(175) 廉田 浩（2013）「近代日本語書き言葉における主語標示助詞ガ・ハ・ノの使用頻度について」『日本語学会2013年度秋季大会発表予稿集』pp.155–162．日本語学会

■解題：小木曽 智信（2010）「明治大正期における補助動詞「去る」について」―文献(159)

　小木曽論文は、現代語ではほとんど見られない「魅了しさる」のような動詞「去る」の補助動詞的用法について、『太陽コーパス』を用いて、実態と消長の様子をその周辺の表現との関わりと共に明らかにしたものである。

　分析にあたっては、『太陽コーパス』テキストに形態素解析を施したデータを用い、補助動詞「〜去る」の用例数の推移や上接語、「〜てしまう」の用例数の推移などを調査し、以下の結論を得ている。

- 補助動詞「〜去る」は近代文語論説文において多く用いられ、上接語も豊富で語法として生産的があった。
- 古典語では「つ」「ぬ」が、近代口語や現代語では「〜てしまう」が表していた意味領域の一部を分担していた。
- 一時期口語文に進出しかけたものの定着せず、「〜てしまう」の増加と共に消えていった。
- 現代語に見られる「忘れ去る」「葬り去る」等は、この用法の残存と考えられる。

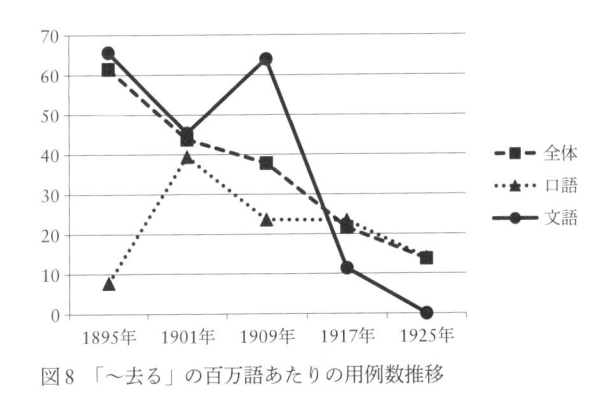

図8　「〜去る」の百万語あたりの用例数推移

■解題：永澤 済（2011）「文法的機能からみた漢語」―文献(164)

　永澤論文は、一連の氏の論考をダイジェスト的に示したもので、近代語資料に『太陽コーパス』、現代語資料に新聞データベースを

用い、以下の4項目について、近代から現代にかけての漢語の文法的性質の変化を述べたものである。

- 「ーさ」形名詞の伸張と「ーϕ」形名詞の衰退：近代で両形が見られる「ーさ」形名詞（「其偉大さを」）と「ーϕ」形名詞（「民族の偉大は」）は、「ーさ」形の飛躍的増加を経て現代では「ーϕ」形が衰退していることを示し、和語接辞「さ」を伴い日本語の名詞として定着度を高めた表れと位置づける。
- 連体修飾用法三種の勢力分布の変化：近代初期に見られた「ーの」形連体修飾用法（「確實の計算」）が次第に「ーな」形に駆逐されることを示し、「ーさ」形名詞の伸張と同様の変化の流れと位置づける。
- 動詞の自他体系の変化：近代で自他両方に機能していた漢語（例「気分｛を／が｝變化する」）のうち、自動詞専用・他動詞専用に変化した語が多く存在することを示し、和語に倣い自他を分化させるという日本語への同化現象の1つと位置づける。
- 副詞の文法的・意味的変化：近代では「俄然衝突して」のように字義通り「俄に」の意味合いの強い時間関係を表す副詞だった「俄然」が、現代では「俄然やる気になって」「俄然、濃い」のように程度副詞化したことを示し、漢字への依存度を弱めるという日本語化を指向したものであると位置づける。

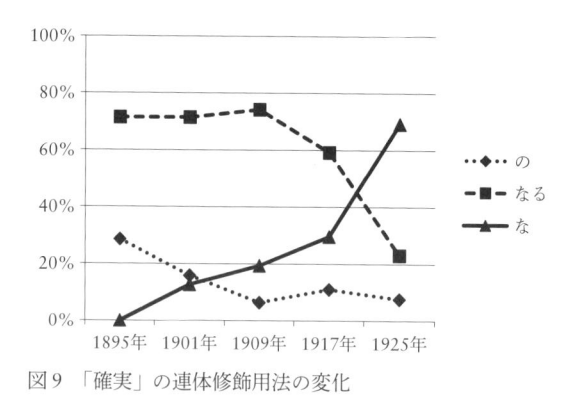

図9 「確実」の連体修飾用法の変化

漢語の変化を、一貫して「異質」性の強い漢語が日本語に融合し

適応しながら現在の状態に至る過程と捉え、借用語の変化の方向性といった普遍的・理論的な考察へと繋げる論考は興味深い。

5.5　文章・文体の論文
5.5.1　古典語のコーパス

(176)　近藤　みゆき（1998）「古今和歌六帖の歌語―データベース化によって見た歌語の位相」『歌ことばの歴史』: pp.35–53. 笠間書院

(177)　近藤　みゆき（2000）「n グラム統計処理を用いた文字列分析による日本古典文学の研究―『古今和歌集』の「ことば」の型と性差」『千葉大学人文研究』29: pp.187–238. 千葉大学

(178)　近藤　みゆき（2005）「反古今的「ふるまい」の構築―曾禰好忠「三百六十首歌」試論」『文学』6(4): pp.50–66. 岩波書店

(179)　近藤　みゆき（2008）「『恵慶百首』試論―N-gram 分析によって見た「返し」の特徴と、成立時期の推定」『古筆と和歌』: pp.318–342. 笠間書院

(180)　近藤　みゆき（2011）「『古今和歌集男性特有表現一覧（改訂版）』―N-gram 分析による古典研究のこれまでとこれから」『實踐國文學』80: pp. 左1– 左21. 実践女子大学

(181)　小林　雄一郎・小木曽　智信（2013）「中古和文における個人文体とジャンル文体」『第3回コーパス日本語学ワークショップ予稿集』: pp.239–248. 国立国語研究所 言語資源研究系・コーパス開発センター

■解題：近藤　みゆき（2000）「n グラム統計処理を用いた文字列分析による日本古典文学の研究―『古今和歌集』の「ことば」の型と性差」―文献(177)

　近藤論文は古今集の歌ことば・表現を性差の観点から考えたものである。分析方法としてｎグラム統計処理が用いられている。これはテキスト中の任意の長さの文字列を抽出し、その頻度を求めるものである。岩波書店・日本古典文学大系本を清濁を付した平仮名表

記に改め、性別情報をタグ付けしたデータを用いて分析を行っている。

```
としのうちにはるはきにけりひととせをこぞとやいはむことしとやいはむ
↓
としの　しのう　のうち　うちに　ちには　にはる　はるは　るはき……
やいは　いはむ
```

図10　31グラム（=31文字）のテキスト中で3グラムの文字列を抽出した例

nグラム統計のメリットとして、形態素解析（品詞分解作業）の手間が不要であることや、単語のレベルを超えた連語・複合語を拾えることなどがあげられる。

本論文はcommというツールを用い、男性特有の「ことば」を抽出している。例えば「恋」関連の語は圧倒的に男性によって使われるのであり、恋する主体が男性であるという定型は古今集にはじまると言われる。また、「あかず・あかずして・あかで・あかぬ」のように「飽かず」を核とする連語は男性の歌に偏って現れ、「対象を飽きなくいとおしむという発想とことばは、男性の専らにする領域としてあった」（p.214）とされる。景物・物象としては「をみなへし」「うめのはな」などが高頻度で出現するが、これらには男性の視点から捉えた女性のイメージが認められるという。

本論文は古今集の「ことば」の型には男性性・女性性という性差が内在しているということを客観的に示した。日本古典文学研究にかかる分析手法を導入したことは大きな意義がある。

5.5.2　近代語のコーパス

(182)　小椋　秀樹・小木曽　智信・近藤　明日子（2002）「「太陽コーパス」を使った近代語表現の通時的研究：口語文体・可能表現・待遇表現について」『国語学会2002年度春季大会要旨集』：pp.177–184.　日本語学会

(183)　田中　牧郎（2005）「雑誌『太陽』創刊年（1895年）における口語文―敬体を中心に―」『国語論究11』：pp.78–107.　明

治書院
- (184) 福島 直恭（2008）「確立期標準日本語文に現れる従属節の数的特徴―文語文との比較」『学習院女子大学紀要』10：pp.83–97．学習院女子大学
- (185) 小島 聡子（2013）「宮沢賢治と浜田広介の語法に見る方言からの影響」『国立国語研究所論集』5：pp.27–41．国立国語研究所

6. 書籍

　本節では、前節までで取り上げなかった書籍をあげる。(187)(188)は、一部に『太陽コーパス』を用いた分析が組み込まれ、(189)(190)は全編を通じて『太陽コーパス』に基づく近代語の記述が盛り込まれている。

- (186) 安永 尚志（1998）『国文学研究とコンピュータ』勉誠社
- (187) 福島 直恭（2008）『書記言語としての「日本語」の誕生―その存在を問い直す』笠間書院
- (188) 新野 直哉（2011）『現代日本語における進行中の変化の研究―「誤用」「気づかない変化」を中心に』（ひつじ研究叢書〈言語編〉第93巻）ひつじ書房
- (189) 早津 恵美子監修（2011）『『太陽コーパス』の入門とケーススタディ』（論文執筆支援シリーズⅥ）東京外国語大学大学院地域文化研究科グローバルCOEプログラム「コーパスに基づく言語学教育研究拠点」
- (190) 田中 牧郎（2013）『近代書き言葉はこうしてできた』（そうだったんだ！日本語）岩波書店

7. 終わりに

　本稿では、歴史的日本語について、広義のコーパスの理論、構築、アノテーション、利用、さまざまな分野の論文をリストし、一部に

ついて解説を加えた。コーパスを利用した日本語史研究の興隆の一助となれば幸いである。

　なお、文献の見落としや、解説の記述に不十分な点があれば、これらはいずれも筆者らに帰するものである。

謝　辞

　本稿をなすにあたって、多くの論文を手元に取り寄せる必要がありました。資料の探索・複写・整理において国立国語研究所コーパス開発センターの技術補佐員、木川あづささん、堀川千晶さん、若狭絢さんのお三方に多大なる御協力をいただきました。また、同様に国立国語研究所研究図書館にも文献の閲覧・複写に際し、大変お世話になりました。ここに記して感謝の意を表します。

『日本語歴史コーパス　平安時代編』の形態論情報

冨士池優美

1. はじめに

　2014年3月、国立国語研究所で構築された『日本語歴史コーパス　平安時代編』が公開された。収録作品は中古和文14作品（竹取物語、古今和歌集、伊勢物語、土佐日記、大和物語、平中物語、落窪物語、枕草子、源氏物語、紫式部日記、和泉式部日記、更級日記、堤中納言物語、讃岐典侍日記）である。2012年12月より、先行公開版として中古和文10作品の短単位データが公開されていたが、2014年3月公開版では、新たに4作品（平中物語、更級日記、堤中納言物語、讃岐典侍日記）を追加し、短単位データのほか、長単位データを追加し、オンライン版（コーパス検索webアプリケーション「中納言」）を通して2種類の言語単位による検索に対応した。
　『日本語歴史コーパス　平安時代編』ではテキストを言語単位に分割し、品詞等の情報（これを形態論情報という）が付与されている。言語単位として、文章の言語的特徴の解明に適した「長単位」と、コーパスからの用例収集に適した「短単位」の2種類を採用し、それぞれの単位に見出し・品詞・語種等の情報を付与した。
　本稿は、オンライン版で形態論情報を活用しようとする研究者の用に資するため、長単位・短単位の認定基準を中心に、その概要を紹介するものである。

2.『日本語歴史コーパス　平安時代編』の言語単位

　『日本語歴史コーパス　平安時代編』の言語単位は、『現代日本語書き言葉均衡コーパス』（Balanced Corpus of Contemporary Written Japanese、以下BCCWJとする。）で採用した単位を中古和文用に修正・拡張したものである。短単位・長単位の2種類があるが、これまでに国立国語研究所が実施してきた語彙調査における言語単位のうち、短い単位の系列に属するものが「短単位」、長い単位の系列に属するものが「長単位」である。これまでに国立国語研究所が実施してきた語彙調査における言語単位と「短単位」「長単位」の関係、言語単位の設計方針、2種類の言語単位の長所については、小椋ほか（2011）第1章を参照されたい。

　『日本語歴史コーパス　平安時代編』は上述の中古和文14作品を収めており、このデータは小学館刊行の新編日本古典文学全集の本文に基づくものである。この本文データを解析エンジンMeCabと形態素解析用辞書中古和文UniDicで形態素解析した結果を人手修正し、短単位データとして整備した。また、この短単位データを基に、長単位解析器Comainuによって長単位の自動構成を行い、その結果に人手修正を施し、長単位データとして整備した。

3. 形態論情報の概要

　3節以降、長単位と短単位の認定規程の概要を紹介する。その際、以下の凡例に示した記号を用いて単位境界や単位のつなぎ目を示す。

```
《 凡 例 》
1．各規程に示した例は、コーパスに現れた例又は作例である。
2．文節・長単位・最小単位・短単位の境界を示すために次の記号を用いた。
   文節の境界         ………   |    例：|国立国語研究所の|
   長単位の境界       ………   |    例：|国立国語研究所|の|
   最小単位の境界     ………   /    例：/国/立/国/語/研/究/所/
   短単位の境界       ………   |    例：|国立|国語|研究|所|
   当該規定で着目している箇所 ………  ‖  例：‖国立国語研究所の‖
3．分割しないことを特に示す必要があるときには、次の記号を用いた。
   文節・長単位のつなぎ目   ………  -   例：|消え-や-わたらむ|
                                        |出雲-国|に|
   当該規定で着目している箇所 ………  =   例：|消え=や=わたらむ|
                                        |出雲=国|に|
4．着目している文節・長単位が分かりにくい場合は、当該箇所に下線を付した。
```

3.1 長単位

長単位は、言語の構文的な機能に着目して規定した言語単位である。長単位の認定は、文節の認定を行った上で、各文節の内部を規定に従って自立語部分と付属語部分とに分割していくという手順で行う。そのため、長単位の認定規程は、文節と長単位の二つの認定規程から成る。なお、オンライン版では文節情報は付与されておらず、長単位情報のみ利用可能である。

以下、本節では文節認定規程・長単位認定規程のうち主要な規定を紹介する。

3.1.1 文節認定規程

文節の認定方法（区切り方）のうち、特に注意すべき事項について、その認定規程と例とを示す。

【句読点・空白に関する規定】
(1) 句読点（句読点として用いられているカンマ・ピリオド・エクスクラメーションマーク・クエスチョンマーク、三点リーダー、並びにコロンを含む。）及び空白の後ろで切る。
　【例】
　　｜春は｜あけぼの。‖やうやう｜しろく｜なりゆく｜山ぎは、‖すこし｜あかりて、｜紫だちたる｜雲の｜ほそく｜たなびきたる。‖

ただし、文頭の空白の後ろでは切らない。
　【例】
　　｜すさまじき｜もの　=昼｜ほゆる｜犬。｜

【付属語に関する規定】
(2) 助詞・助動詞・接尾辞連続の後ろで切る。
　【例】
　　｜野と‖ならば‖うづらと‖なりて‖鳴きをらむ‖かりに=だに=や=は‖君は‖来ざら=む‖

複合語の中に副助詞・係助詞などが挿入された場合は、全体で一つの文節と見なす。
【例】
｜うち=も=臥されず｜
｜消え=や=わたらむ｜
｜うれしげ=も=なし｜

　　　動詞連続の間に助動詞「る・らる」「す・さす」が挿入されている場合は、全体で一つの文節と見なす。
【例】
｜仰せられ=掛く｜
｜聞こえさせ=おく｜

　　　全体を受ける体言・接辞があるものの中に現れる付属語の後ろでは切らない。
【例】
｜世の=常ぶ｜
｜まかでたまふまじ=げ｜

　　　付録2に挙げた連語、1短単位として認定された「―が～」「―つ～」「―の～」の中に現れる付属語の後ろでは切らない。
【例】
〔連　語〕｜我は=顔にて｜家の｜内を｜飾り、｜
〔―が～〕｜かりが=ねは｜今ぞ｜鳴くなる｜
〔―つ～〕｜わたつ=うみの｜波の｜花にぞ｜秋｜なかりける｜
〔―の～〕｜寝殿に｜女一の=宮、｜女三の=宮の｜おはします、｜

【助詞・助動詞を伴わない自立語に関する規定】
(3) 助詞・助動詞を伴わない自立語は、以下の各項に該当する箇所で切る。
(3)-1　主語・主題の後ろで切る。

【例】
｜いと｜はしたなき｜こと‖多かれど｜
｜長雨｜晴れ間‖なき｜ころ｜

(3)-2　連用修飾成分の後ろで切る。
【例】
｜いと‖はしたなき｜こと｜多かれど｜
｜長雨‖晴れ間｜なき｜ころ｜

　動詞連続の間に副詞「な」「え」が挿入されている場合は、全体で一つの文節と見なす。
【例】
｜思ひ=な=入りたまひそ｜
｜かしこまりも=え=おかず｜

(3)-3　連体修飾成分の後ろで切る。
【例】
｜いと｜はしたなき‖こと｜多かれど｜

【敬語形式に関する規定】
(4)「御（おほん・お・み・ご）〜す・きこゆ」「〜おはす・おはします・きこゆ・さぶらふ・たてまつる・たまふ・つかうまつる・はべり・もうす」という形式の敬語表現は、全体を一続きとする。
【例】
｜御消息聞えたまひて｜
｜帰りおはしまさむと｜

【同格に関する規定】
(5) 同格の関係にある要素は切り離さない。
【例】
〔同格〕｜少将の｜君の｜母=北の方｜

『日本語歴史コーパス　平安時代編』の形態論情報

【数を表す要素に関する規定】
(6) 数を表す要素とその直前直後の要素とは切り離さない。
　【例】
　　｜延喜五年=四月=十八日に、｜
　　｜心=ひとつを定めかねつる｜
　　｜四位=五位｜こきまぜに｜

3.1.2　長単位認定規程

　長単位は、長単位認定規程の各規定に基づいて文節を分割する（又は分割しない）ことによって得られた要素を1単位とする言語単位である。以下、長単位認定規程のうち、主要な規定と例を挙げる。

【句読点・空白に関する規定】
　句読点・空白・改行に関する規定は、他の全ての規定に優先して適用される。
(1) 句読点（句読点として用いられているカンマ・ピリオド・エクスクラメーションマーク・クエスチョンマーク、三点リーダー、並びにコロンを含む。）及び空白は1長単位とする。
　【例】
　　｜春｜は｜あけぼの‖。‖やうやう｜しろく｜なりゆく｜山ぎは‖、‖すこし｜あかり｜て‖、‖紫だち｜たる｜雲｜の｜ほそく｜たなびき｜たる‖。‖

【記号に関する規定】
(2) 記号は1長単位とする。
　【例】
　　‖「‖歌｜たてまつれ‖」‖
　　‖＜‖名｜を｜つけ｜む‖＞‖

　記号のうち中点については、原則として切り出さない。

【例】

｜まらうど｜は｜、｜貫之=・=友則｜など｜に｜なむ｜あり｜ける｜。｜

【付属語・接尾辞に関する規定】

(3) 付属語は1長単位とする。

【例】

｜かり‖に‖だに‖や‖は｜君｜は｜来‖ざら‖む｜
｜うち‖も‖臥‖され‖ず｜
｜消え‖や｜わたら‖む｜
｜うれしげ‖も｜なし｜

(4) 活用語の終止形・連体形に名詞的接尾辞が続く場合は1長単位とする。

【例】

｜宮仕へする‖がり｜

規定(3)(4)によって付属語等を切り出した後に残った形式（おおよそ文節の自立語部分に相当する形式）に、以下の規定を適用し、それによって得られた各形式を1長単位とする。

(5) 同格の関係にある要素は切り離さない。

【例】

〔同格〕｜少将｜の｜君｜の｜母=北の方｜

(6) 体言に形式的な意味の「きこゆ」「す」「つかうまつる」「はべり」「まゐる」「まゐらす」が直接続く場合、体言と形式的な意味の「きこゆ」「す」「つかうまつる」「はべり」「まゐる」「まゐらす」とを切り離さない。

【例】

｜勘当=侍り｜けむ｜
｜加持=まゐらせ｜む｜

｜心寄せ=仕うまつる｜

(7) 名詞＋形容詞という形式のうち、以下の語は名詞と形容詞を切り離さない。
【例】
｜愛敬=なし｜　　｜何心=なし｜　　｜思い隈=なし｜
｜心付き=なし｜　｜静心=なし｜　　｜本意=なし｜
｜置き所=なし｜　｜左右=なし｜

(8) 数を表す要素を含む自立語は、以下の規程に基づき長単位を認定する。

(8)-1　数を表す要素は、単位の変わり目の後ろで切る。
【例】
｜延喜｜五年‖四月‖十八日｜に｜、｜
｜三史‖五経｜

(8)-2　数を表す要素の前で切る。
【例】
｜延喜‖五年｜四月｜十八日｜に｜、｜
｜心‖ひとつ｜を｜定めかね｜つる｜

(8)-3　数を表す要素とそれを受ける体言・接辞とは切り離さない。
【例】
｜延喜｜五=年｜四=月｜十八=日｜に｜、｜
｜四位五位=がち｜にて｜
｜ひと=つ=心｜ぞ｜

(9) 付録2に挙げた連語、1短単位として認定された「―が～」「―つ～」「―の～」及びそれらを含む結合体は、全体で1長単位とする。
【例】
〔連　語〕｜我は顔｜にて｜家｜の｜内｜を｜飾り｜、｜

〔一が〜〕｜かりがね｜は｜今｜ぞ｜鳴く｜なる｜
〔一つ〜〕｜わたつうみ｜の｜波｜の｜花｜に｜ぞ｜秋｜なかり｜ける｜
〔一の〜〕｜寝殿｜に｜女一の宮｜、｜女三の宮｜の｜おはします｜、｜

以上の規定によって長単位を認定した例を次に示す。

｜いづれ｜の｜御時｜に｜か｜、｜女御｜、｜更衣｜あまた｜さぶらひたまひ｜ける｜中｜に｜、｜いと｜やむごとなき｜際｜に｜は｜あら｜ぬ｜が｜、｜すぐれ｜て｜時めきたまふ｜あり｜けり｜。｜はじめ｜より｜我｜は｜と｜思ひあがりたまへ｜る｜御方々｜、｜めざましき｜もの｜に｜おとしめそねみたまふ｜。｜同じ｜ほど｜、｜それ｜より｜下﨟｜の｜更衣たち｜は｜まして｜やすから｜ず｜。｜朝夕｜の｜宮仕｜に｜つけ｜て｜も｜、｜人｜の｜心｜を｜のみ｜動かし｜、｜恨み｜を｜負ふ｜つもり｜に｜や｜あり｜けん｜、｜いと｜あつしく｜なりゆき｜、｜もの心細げ｜に｜里がち｜なる｜を｜、｜いよいよ｜あか｜ず｜あはれ｜なる｜もの｜に｜思ほし｜て｜、｜人｜の｜譏り｜を｜も｜え｜憚らせたまは｜ず｜、｜世｜の｜例｜に｜も｜なり｜ぬ｜べき｜御もてなし｜なり｜。｜上達部｜、｜上人｜など｜も｜あいなく｜目｜を｜側め｜つつ｜、｜いと｜まばゆき｜人｜の｜御おぼえ｜なり｜。｜唐土｜に｜も｜、｜かかる｜事｜の｜起こり｜に｜こそ｜、｜世｜も｜乱れ｜あしかり｜けれ｜と｜、｜やうやう｜、｜天｜の｜下｜に｜も｜、｜あぢきなう｜人｜の｜もてなやみぐさ｜に｜なり｜て｜、｜楊貴妃｜の｜例｜も｜ひき出で｜つ｜べく｜なりゆく｜に｜、｜いと｜はしたなき｜こと｜多かれ｜ど｜、｜かたじけなき｜御心ばへ｜の｜たぐひなき｜を｜頼み｜に｜て｜まじらひたまふ｜。｜

3.2 短単位

短単位は、言語の形態的側面に着目して規定した言語単位である。

短単位の認定に当たっては、まず現代語において意味を持つ最小の単位（最小単位）を規定する。その上で、最小単位を長単位の範囲内で短単位認定規程に基づいて結合させる（又は結合させない）ことにより、短単位を認定する。そのため、短単位の認定規程は、最小単位と短単位の二つの認定規程から成る。

以下、本節では、最小単位認定規程・短単位認定規程について、その概要を述べる。

3.2.1　最小単位認定規程

最小単位は、現代語において意味を持つ最小の言語単位のことである。『日本語歴史コーパス』においては通時的研究に資するという観点から、現代語との関連を重視して、原則としてBCCWJで適用した現代語を対象とした最小単位認定規程を準用する。現代では用いない語についても、原則として同様の扱いとする。ただし、必要に応じて、中古和文等での使用実態に基づき、個別の判断をすることがある。例えば、次に挙げるような語である。

【例】
　／異／なる／
　　『日本国語大辞典』第2版では、動詞「異なる」の用例は、明治時代からであり、それ以前は、形状詞「異（こと）」＋助動詞「なり」と扱っていることによる。
　／こ／の／
　　「こはいかに」のように「こ」単独の用法があることによる。

最小単位は、和語・漢語・外来語・数・人名・地名の種類ごとに、以下の規定によって認定する。

なお、以下に述べる最小単位は、短単位を認定するために必要な概念として規定するものであり、『日本語歴史コーパス』のデータに最小単位境界を示すことはしない。

（1）和語

　和語の最小単位は、以下のように認定する。

【例】

／母／宮／　／あいだち／なし／　／心／のどか／

／経／箱／　／幾／千／歳／　／瑠璃／色／

／雲／の／あなた／は／春／に／や／ある／らむ／

　融合形は、元の形に戻さずに、融合している複数の最小単位全体で1最小単位とする。

【例】

／人／に／まれ／（もあれ）

／海／に／ざり／ける／（ぞありける）

／もののく／に／て／（物の奥にて）

／なじょう／（何といふ）

／かる／が／ゆえ／に／（かあるがゆえに）

／さ／むばれ／（さもあれ）

／思ひ／けらし／（思ひけるらし）

　撥音便の無表記は、次のように最小単位を認定する。

【例】

／残ら／せ／給へ／めれ／　／大臣／定まり／給へ／なれ／

　副詞「と」「かく」を構成要素に含む語については、副詞「と」「かく」を1最小単位とした上で、他の要素もそれぞれ1最小単位とする。

【例】

／と／かく／　／と／に／も／かく／に／も／

（2）漢語

　漢語（和製漢語を含む。）は、漢字1字で表されるものを1最小単位とする。

【例】

／帝／后／　／調／度／　／大／納／言／　／百／両／

(3) 外来語

　　外来語・外国語は言語で1単語になるものを1最小単位とする。外来語・外国語に漢字を当てたものも外来語・外国語として扱う。
【例】

／阿闍梨／　／菩薩／　／菩提／樹／　／瑠璃／色／

(4) 数

　　数字は1文字に当たるものを1最小単位とする。
【例】

／丑／三／つ／時／　／在／五／中／将／　／み／たり／
／よ／たり／

　　「ひとり」「ふたり」は、中古和文においても全体で1最小単位とする。
【例】

／ひ=とり／　／ふ=たり／

(5) 人名

　　人名は姓を1最小単位、名を1最小単位とする。
【例】

／在原／業平／　／壬生／忠岑／　／王／昭君／

　　姓の略称は1最小単位とする。
【例】

／在／五／中／将／　／清／少／納／言／

　　通称等は、次のように最小単位を認定する。
【例】

／あこぎ／　／紫／の／上／

女房の名前は、次のように最小単位を認定する。
①　地位に由来するものは、和語・漢語の最小単位として扱い、人名としては扱わない。
【例】　／小／式／部／内／侍／
②　地名に由来するものであっても、人名として扱う。
【例】　／伊勢／

(6) 地名
　　地名は、次の規定により最小単位を認定する。

(6)-1　地域・地方を表す地名（通称や呼称などを含む。）は、名を表す部分と類概念を表す部分及び「東・西・南・北」等を分割した上で、名を表す部分を地名の1最小単位いとする。
【例】
／大和／の／国／十市／の／郡／

(6)-2　地形名は、類概念を表す部分を除いた部分を1最小単位とする。
【例】
／比叡／山／　／音羽／山／　／賀茂／川／

　　地形名と類概念を表す部分との間にある読み添えの助詞が本文に表記されている場合は、助詞として扱い、1最小単位とする。
【例】
／音羽／の／山／　／住吉／の／浦／

　以上の規定によって認定された最小単位を、短単位認定のために表1のように分類する。

表1　最小単位の分類

分類		例
一般		和語：春　花　あはれ　言ふ　言葉　…
		漢語：関白　加持　…
		外来語：阿闍梨　菩薩　瑠璃　…
付属要素		接頭的要素：相　御（おおん、ご、み）　打ち　なま　…
		接尾的要素：君（ぎみ）　難し　気（げ）　様（さま）　…
その他	記号	、・。「」…
	数	一　二　十　百　千　…　幾　数　何
	固有名	人名：源　貫之　伊勢　あこぎ　…
		地名：大和　土佐　入間　住吉　吉野　逢坂　…
	助詞・助動詞	の　を　ぞ　こそ　し　る・らる　ず　まじ　まほし　なり　…

3.2.2　短単位認定規程

短単位は、長単位の中で最小単位が以下の規定に基づいて結合した（又は結合しない、これを0回結合と考える。）結合体である。

短単位の認定に関する規定は、表1に示した種類ごとに適用すべき規定が定められている。以下にそれを示す。

(1)　一般

　　原則として、「一般」に分類した和語・漢語の最小単位二つの1次結合は1短単位とする。
【例】
｜母=宮｜　　｜あいだち=なし｜　　｜心=のどか｜
｜法=師｜　　｜帝=后｜　　｜調=度｜　　｜経=箱｜

(1)-1　中古語の動詞連続は、複合動詞と認定すべきか否か判断に迷うものが多い。そのため、『日本語歴史コーパス　平安時代編』の短単位では、複合動詞を認めず、動詞1最小単位を1短単位とする。

【例】
｜歎き｜明かす｜　　｜歎き｜おそる｜　　｜思し｜放つ｜

※一部、分割しない複合動詞がある。

> ・分割した結果、前項・後項に単独での用法がないもの
>   例：もうのぼる、もうく、こぎまう、くづちふす、おいし
>   らう
> ・「〜めす（見るの尊敬語から転じたものが後ろに付き一語
>   となったもの）」
>   例：きこしめす、しろしめす、おぼしめす
> ・「〜まつる」
>   例：つかえまつる

(1)-2　以下に挙げるものは、3最小単位以上の結合であっても全体で1短単位とする。
　①　切る位置が明確でないもの、あるいは切った場合と一まとめにした場合とで意味に大きなずれがあるもの

【例】
｜大殿籠もる｜　　｜上達部｜　　｜返り申し｜

　②　「―が〜」「―つ〜」「―の〜」のうち、以下に挙げたもの
【例】
「―が〜」：雁が音
「―つ〜」：国つ神　　夜去方(ようさつかた)　　わたつみ　　わたつうみ
「―の〜」：天の川　　有りの侭　　斎宮(いつきのみや)　　亥の子　　猪
　　　　　兎の毛　　卯の花　　上の空　　鹿の子　　后宮(きさいのみや)
　　　　　北の方　　言の葉　　このかた(このみ)　　兄　　簧の子
　　　　　兄の君(せきみ)　　帥宮(そちのみや)　　竹の子　　尚侍(ないしのかみ)　　典侍(ないしのすけ)
　　　　　中君(なかのきみ)　　野の宮　　左馬寮(ひだりのつかさ)　　日の本　　書司(ふんのつかさ)
　　　　　目の当たり　　道の辺　　水の面(み も)　　物の奥(く)
　　　　　物の怪　　山の端　　海の原(わた)
以上のほかに、一宮・二宮の類、一君・二君の類、榎・檜の類

を1短単位とする。

(1)-3 以下に挙げるものは、1最小単位を1短単位とする。
　① 外来語・外国語の最小単位
　【例】 ｜瑠璃｜色｜　｜阿闍梨｜　｜菩提｜樹｜

　② 最小単位が三つ以上並列した場合の、それぞれの最小単位
　【例】 ｜仏‖法‖僧｜　｜上‖中‖下｜

　③ 名を表す部分と類概念を表す部分とが結合してできた固有名のうち、名を表す部分・類概念を表す部分が共に1最小単位である場合の、それぞれの最小単位
　【例】 ｜さくら｜屋｜

　ただし、名を表す部分が1字の漢語である場合は、その1次結合体を1短単位とする。
　【例】 ｜仏=教｜

　④ 感動詞
　【例】 ‖いで‖あな‖うれし｜の｜こと｜や｜

　⑤ 規定(1)、(1)-1、(1)-2、(1)-3の①から④によって得られた短単位に、前又は後ろから結合した最小単位
　【例】 ｜大‖納言｜　｜右‖衛門‖府｜　｜舎利‖会｜

　⑥ 単独で文節を構成する最小単位
　【例】 ｜皆人｜涙｜落とし｜たまふ｜
　　　　｜大蔵｜卿｜くら人｜仕うまつる｜
　　　　｜まして｜しげく｜渡ら｜せ｜たまふ｜御｜方｜は｜

(2) 記号
　記号は、1最小単位を1短単位とする。

【例】

｜、｜　｜。｜　｜「｜　｜＞｜

(3) 数

　　数は、以下の規定によって単位認定する。

(3)-1　数は、ほかの最小単位と結合させない。

【例】

｜二十｜四‖日｜。｜昨日｜の｜同じ｜ところ｜なり｜。｜

｜わが｜みかど‖六十‖余｜国｜の｜なか｜に｜

｜長｜さ‖二十‖丈｜、｜広｜さ‖五‖丈｜ばかり｜なる｜

(3)-2　数の間どうしの結合については、一・十・百・千の桁ごとに1短単位とする。「万」「億」「兆」などの最小単位は、それだけで1短単位とする。

【例】

｜それ｜の｜年｜の‖十‖二‖月｜の‖二十‖日｜あまり‖一‖日｜の｜

｜子‖一‖つ｜より｜丑‖三‖つ｜まで｜ある｜に｜

｜ここ｜にて‖三｜人｜は｜、｜いと｜よく｜見｜はべり｜ぬ｜べし｜

(4) 固有名

　　固有名（人名・地名）は、1最小単位を1短単位とする。

【例】

〔人　名〕　｜紀｜貫之｜　｜清｜少｜納言｜　｜伊勢｜
　　　　　　｜豊雲野｜神｜　｜コノハナサクヤビメ｜
　　　　　　｜絢=姫｜　｜紗夜｜姫｜

〔地域名〕　｜但馬｜　｜摂津｜　｜東海道｜

〔地形名〕　｜比叡｜山｜　｜音羽｜山｜　｜賀茂｜川｜

(5) 付属要素

　　付属要素は、1最小単位を1短単位とする。

『日本語歴史コーパス　平安時代編』の形態論情報　　253

【例】

　｜打ち‖いづる｜　｜御‖時｜　｜者‖ども｜

(6) 助詞・助動詞

　　助詞・助動詞は、1最小単位を1短単位とする。
【例】
　｜雲｜の‖あなた‖は‖春‖に‖や‖ある‖らむ‖
　｜男｜も‖す｜なる‖日記‖と‖いふ｜もの｜を‖

(6)-1　(1)-2の①で、1短単位として認定された「―が〜」「―つ〜」「―の〜」の中の助詞「が」「つ」「の」は、助詞・助動詞として扱わない。

　　以上が短単位認定規程における主要な規定である。その他、短単位の認定に当たって注意すべき事項について規定を示す。

(7) 掛詞

　　原則として、掛詞の後ろの語句とのつながりで解釈する。
　　この原則によっても意味を一つに特定できないときは、文脈全体から自然な解釈を選ぶ。
【例】
　｜いづく｜に｜か｜身｜を｜ば｜捨て｜む｜と｜しら雲｜の｜かから｜ぬ｜山｜も｜泣く泣く｜ぞ｜行く｜

　　※前とのつながりから「｜捨て｜む｜と｜しら（知ら）｜雲｜の｜」と分割するのではなく、後ろとのつながりから上の例のように分割する。

(8) 動詞「―（サ）ス」

　　『日本国語大辞典』第2版において、尊敬の助動詞と認定されている「ス」や、意味の変化を伴い、一語化したとの記述のある「ス」は分割しない。

【例】
｜のたまは=す｜
｜参ら=す｜　（使役される者が表れている場合は分割する）

(9) 短単位認定に当たって問題となる語
　中古語と現代語とで単位認定の異なるもの等、単位認定に当たって問題となる語について、どのように短単位を認定するかを、次に示す。

① 　原則として中古和文では、連体詞を認めないため、現代語で1短単位となるものも、次のように分割する。
　【例】　｜いか｜なる｜　｜こ｜の｜

　※「さる」「同じ」の単位認定は現代語と変わらないが、付与する品詞が異なる。
　　｜さる｜……動詞「然り（さり）」の連体形
　　｜同じ｜……形容詞「同じい」の語幹

　※連体詞として認定しているものは、次に挙げるもののみである。
　　　或る　　なんじょう（なんでふ、なでふ）

② 「〜に」型、「〜て」型の副詞
　「〜」に当たる要素に自立用法があれば、「に」「て」を分割する。
　【例】　｜さすが‖に｜　｜こと‖に｜

　※切った場合と一まとめにした場合とで意味にずれがあるものや、文末と呼応するものは、切らずに全体で1短単位とする。また、現代語とのつながりを考慮して、「に」「て」を切らずに全体で1短単位とするものもある。
　　【例】　｜如何=に｜　｜げ=に｜　｜さら=に｜
　　　　　｜世=に｜　｜さ=て｜　｜かく=て｜　｜と=て｜

『日本語歴史コーパス　平安時代編』の形態論情報　　255

③　接続詞

現代語において接続詞としているものの大部分は、中古和文では、元の語構成に基づいて分割される。そのため、接続詞と認定されるものはわずかである。

【例】　さりとて：｜さり‖とて｜　（動詞＋助詞）
　　　　されど　：｜され‖ど｜　　（動詞＋助詞）

※接続詞と認定しているものは、次に挙げるもののみである。
　　あるいは　　さて　　さはれ　　すなはち　　ただし
　　また

④　助詞

「もが」「もがも」の類については、終助詞「がな」「がも」「もが」のうち、「もが」の一まとまりとすることを優先して単位認定する。

【例】　｜もが‖な｜　　｜もが‖も｜

「てしがな」「にしがな」の類については、以下のように単位認定する。

【例】　｜て‖しが‖な｜　　｜に‖しが‖な｜

⑤　中古語と現代語とで単位認定の異なる語例

【例】　｜子‖ども｜　　｜行く‖末｜
　　　　｜来‖たる｜　（動詞「来る」と助動詞「たり」に分割）
　　　　｜異‖なる｜　（形状詞「異」と助動詞「なり」に分割）
　　　　｜御＝門｜　（「門」の意味でも分割しない。）

以上の規定によって短単位を認定した例を次に示す。

｜いづれ｜の｜御｜時｜に｜か｜、｜女御｜、｜更衣｜あまた｜さぶらひ｜たまひ｜ける｜中に｜、｜いと｜やむごとなき｜際｜に｜は｜あら｜ぬ｜が｜、｜すぐれ｜て｜時｜めき｜たま

ふ｜あり｜けり｜。｜はじめ｜より｜我｜は｜と｜思ひ｜あがり｜たまへ｜る｜御｜方々｜、｜めざましき｜もの｜に｜おとしめ｜そねみ｜たまふ｜。｜同じ｜ほど｜、｜それ｜より｜下臈｜の｜更衣｜たち｜は｜まして｜やすから｜ず｜。｜朝夕｜の｜宮仕｜に｜つけ｜て｜も｜、｜人｜の｜心｜を｜のみ｜動かし｜、｜恨み｜を｜負ふ｜つもり｜に｜や｜あり｜けん｜、｜いと｜あつしく｜なり｜ゆき｜、｜もの｜心細｜げ｜に｜里｜がち｜なる｜を｜、｜いよいよ｜あか｜ず｜あはれ｜なる｜もの｜に｜思ほし｜て｜、｜人｜の｜譏り｜を｜も｜え｜憚ら｜せ｜たまは｜ず｜、｜世｜の｜例｜に｜も｜なり｜ぬ｜べき｜御｜もてなし｜なり｜。｜上達部｜、｜上人｜など｜も｜あいなく｜目｜を｜側め｜つつ｜、｜いと｜まばゆき｜人｜の｜御｜おぼえ｜なり｜。｜唐土｜に｜も｜、｜かかる｜事｜の｜起こり｜に｜こそ｜、｜世｜も｜乱れ｜あしかり｜けれ｜と｜、｜やうやう｜、｜天｜の｜下｜に｜も｜、｜あぢきなう｜人｜の｜もて｜なやみぐさ｜に｜なり｜て｜、｜楊｜貴妃｜の｜例｜も｜ひき｜出で｜つ｜べく｜なり｜ゆく｜に｜、｜いと｜はしたなき｜こと｜多かれ｜ど｜、｜かたじけなき｜御｜心ばへ｜の｜たぐひなき｜を｜頼み｜に｜て｜まじらひ｜たまふ｜。｜

3.3　付加情報の概要

　長単位認定規程・短単位認定規程によって認定された各単位に、次にあげる付加情報を付与する。

　以下、本節では長単位・短単位に付与する付加情報について、その概要を述べる。

(1) 語彙素・語彙素読み

　　語彙素・語彙素読みは、同一語の活用変化・表記のゆれ・音の転化・省略・融合等によって生じた異形態や送り仮名の違い等の異表記をグループ化するための情報であり、現代語形で示される。

　　例えば、文語サ変動詞「対面す」の未然形「対面せ」、連用形「対面し」、終止形「対面す」、連体形「対面する」、命令形「対面

せよ」には、いずれも同じ「タイメンスル【対面する】」という語彙素・語彙素読みが付与される。これによって、「対面せ」「対面し」「対面す」「対面する」「対面せよ」の各出現形が、動詞「対面する」という一つの語の活用変化として扱われることになる。また、「会ふ」「あふ」「逢ふ」という各出現形に対して「アウ【会う】」という同一の語彙素・語彙素読みが付与され、一つの語の表記のゆれとして扱われる。表記以外に、音の転化・省略・融合等によって生じた異形態もグループ化される。例えば、「侍り」の異形態「はんべり」についても「はべり」と同様に、「ハベル【侍る】」という語彙素・語彙素読みが付与される。

　語彙素・語彙素読みは、活用型の違いをグループ化しない。例えば、「たまふ」には文語四段活用（尊敬）と文語下二段活用（謙譲）があるが、文語四段活用の「たまふ」には「タマウ【給う】」という語彙素・語彙素読みが付与されるのに対して、文語下二段活用の「たまふ」には「タマエル【給える】」という語彙素・語彙素読みが付与される。これは、文語四段活用については五段化した形式を、文語下二段活用については下一段化した形式を、それぞれ現代語形としたことによる。

出現形	語彙素読み	語彙素
対面せ	タイメンスル	対面する
対面し		
対面す		
対面する		
対面せよ		
会ふ	アウ	会う
あふ		
逢ふ		
はべり	ハベル	侍る
はんべり		

図1　語彙素・語彙素読みの例

また、形容詞「うたてし」のような現代語としては用いられない語については、現代語形を想定し、「ウタテイ【うたてい】」という語彙素・語彙素読みを付与している。
　語彙素・語彙素読みは、原則としてコーパスに出現したすべての単位に付与する。

(2) 語形・語形代表表記

　語形・語形代表表記は、同一語の活用変化・表記のゆれをグループ化するための情報であり、文語形で示される。仮名遣いは現代仮名遣いによる。
　例えば、「対面す」に対して「タイメンス【対面す】」、「会ふ」に対して「アウ【会う】」、「はべり」に対して「ハベリ【侍り】」、「うたてし」に対して「ウタテシ【うたてし】」という語形・語形代表表記が付与される。語形は異形態をグループ化しないため、「侍り」の異形態「はんべり」については、「ハンベリ【侍り】」という語形・語形代表表記が付与され、「ハベリ」と区別される。

出現形	語形	語形代表表記
対面せ		
対面し		
対面す	タイメンス	対面す
対面する		
対面せよ		

会ふ		
あふ	アウ	会う
逢ふ		

はべり	ハベリ	侍り
はんべり	ハンベリ	侍り

たまふ（四）	タマウ	給う
たまふ（下二）	タマウ	給う

図2　語形・語形代表表記の例

語形・語形代表表記は文語形で示されるため、「たまふ」が文語四段活用・文語下二段活用のいずれであっても「タマウ【給う】」となる。

(3) 品詞等の情報

　各単位に品詞を付与する。活用する語には活用型・活用形を付与する。

　短単位と長単位の品詞体系は共通であるが、品詞付与方針が異なる。短単位では曖昧性を持たせた品詞を付与しており、「名詞-普通名詞-形状詞可能」等がある。これに対して長単位では文脈に即して品詞を付与する方針をとり、名詞-普通名詞-〇〇可能といった品詞は設けない。例えば、「哀れ」は短単位では「名詞-普通名詞-形状詞可能」であるが、長単位では文脈に即し「もののあはれ知りすぐし、」の場合は名詞を、「皇子もいとあはれなる句を作りたまへるを」の場合は形状詞を付与する。なお、曖昧性を持たせた品詞は、短単位において、普通名詞以外にも、動詞、形容詞、名詞的接尾辞において設定している。

　また、長単位では合成語を認めるため、「愛敬=づく」のように、合成の結果として品詞が変わることがある。さらに、短単位では接辞を切り離していたのに対して、長単位では「あさましがる」「たへがたし」「うつくしげ」のような接辞を含めた形式が1長単位となり、接辞、主に接尾辞が付加することによって品詞が変わることがある。

　原則として、長単位の品詞・活用型・活用形の情報は、長単位末尾の構成要素となる短単位の品詞・活用型・活用形の情報に基づいて決定される。「逢ひがたみ」「かぎりなるべみ」のようなミ語法は、短単位では「逢ひ｜がた｜み」と分割され、「み」の品詞は「接尾辞-名詞的--一般」となるが、長単位では「逢ひがたみ」で1長単位の形容詞となり、活用型は「文語形容詞-ク」、活用形が「ミ語法」となり、例外的に短単位と長単位で異なる情報を付与している。

　品詞・活用型・活用形の一覧を以下の表2〜4に示す。表中の

表2　品詞一覧

名詞-普通名詞-一般	連体詞	接尾辞-名詞的-一般
名詞-普通名詞-サ変可能△	副詞	接尾辞-名詞的-サ変可能△
名詞-普通名詞-形状詞可能△	接続詞	接尾辞-名詞的-副詞可能△
名詞-普通名詞-サ変形状詞可能△	感動詞-一般	接尾辞-名詞的-助数詞
名詞-普通名詞-副詞可能△	動詞-一般	接尾辞-形状詞的
名詞-普通名詞-助数詞可能△	動詞-非自立可能△	接尾辞-動詞的
名詞-固有名詞-一般	形容詞-一般	接尾辞-形容詞的
名詞-固有名詞-人名-一般	形容詞-非自立可能△	記号-一般
名詞-固有名詞-人名-姓	助動詞	補助記号-一般
名詞-固有名詞-人名-名	助詞-格助詞	補助記号-句点
名詞-固有名詞-地名-一般	助詞-副助詞	補助記号-読点
名詞-固有名詞-地名-国	助詞-係助詞	補助記号-括弧開
名詞-数詞	助詞-接続助詞	補助記号-括弧閉
代名詞	助詞-終助詞	空白
形状詞-一般	助詞-準体助詞	中古解釈不明
形状詞-タリ	接頭辞	漢文

表3　活用型一覧

文語四段-○行	文語助動詞-キ	文語助動詞-ナリ-断定
文語上一段-○行	文語助動詞-ケム	文語助動詞-ヌ
文語上二段-○行	文語助動詞-ケリ	文語助動詞-ベシ
文語下一段-カ行	文語助動詞-コス	文語助動詞-マシ
文語下二段-○行	文語助動詞-ゴトシ	文語助動詞-マジ
文語カ行変格	文語助動詞-ジ	文語助動詞-ム
文語サ行変格	文語助動詞-ズ	文語助動詞-ムズ
文語ナ行変格	文語助動詞-タリ-完了	文語助動詞-メリ
文語ラ行変格	文語助動詞-タリ-断定	文語助動詞-ラシ
文語形容詞-ク	文語助動詞-ツ	文語助動詞-ラム
文語形容詞-シク	文語助動詞-ナリ-伝聞	文語助動詞-リ

表4　活用形一覧

語幹-一般	連用形-ニ	連体形-補助
未然形-サ	連用形-補助	已然形-一般
未然形-一般	終止形-一般	已然形-補助
未然形-補助	終止形-○音便	命令形
連用形-一般	終止形-補助	ク語法
連用形-○音便	連体形-一般	ミ語法◆
連用形-ト	連体形-○音便	

△印は、長単位では適用されないことを、◆印は長単位のみで適用されることを示す。

(4) 語種情報

日本語の語種は一般に、和語、漢語、外来語と、これら3種類の語種のうち異なる2種類以上の語種の語が結合した混種語の4種類に分けられる。この4種類のほかに固有名、記号の2種類を加えた6種類に分類した。各語に語種を付与するに当たっては、〔〕内の略称等を用いた。

(1) 和語〔和〕
日本固有の語。
【例】 美し　言の葉　言ふ
(2) 漢語〔漢〕
近世以前に中国から入った語。
【例】 案内　御覧
和製漢語も漢語とする。
【例】 大根　返事
(3) 外来語〔外〕
梵語等を中国で音訳した語に由来する語など。
【例】 菩薩　阿闍梨
(4) 混種語〔混〕
和語・漢語・外来語のうち異なる2種類以上の語種の語が二つ以上結合した語。
【例】 白菊　然様　案ず
(5) 固有名〔固〕
人名・地名等。品詞が固有名詞となる語
【例】 貫之　大和
(6) 記号〔記号〕
主に句読点・括弧などの補助記号。
【例】 、　。　「　」

4．BCCWJからの変更点

　2節で述べたように、『日本語歴史コーパス　平安時代編』では言語単位としてBCCWJと同じ長単位・短単位を採用した。しかし、長単位・短単位の認定規程は、BCCWJの規定をそのまま用いるのではなく、修正等を行っている。また、付加情報についても、BCCWJとは異なるものとなっている。

　そこで本節では、長単位・短単位及び付加情報で、BCCWJから変更した箇所のうち、主な箇所について述べることとする。

（1）主語・主題

　　BCCWJの長単位・短単位の認定規程は、『日本語話し言葉コーパス』（Corpus of Spontaneous Japanese、以下CSJとする。）の規程を基に、修正・拡張を行ったものである。助詞・助動詞を伴わない自立語に関しては、文節を「主語・主題の後ろで切る」という規定がCSJにあった。これに対して、BCCWJは書き言葉を対象としておりこの規定が適用されることが少なく、「持続可能な」「センス抜群の」のような漢語形状詞を述部に持つものの文節認定の判断が難しいこともあり、規定を削除していた。しかし、中古語においては、助詞を伴わずに主語・主題を示すことが多いため、この規定が再び必要となった。

（2）連体詞

　　現代語と中古語とでは、1語化の度合いや文法的な振る舞いに違いのあるものがある。

　　例えば、BCCWJでは、連体詞「この」「その」を1短単位としている。一方、中古語では「こ」「そ」が「こは忍ぶなり」（伊勢物語）、「そはいかに」（更級日記）のように単独で代名詞として用いられた例があり、「この」「その」がまだ1語化していないと考えられる。このような例を踏まえ、『日本語歴史コーパス　平安時代編』では、「こ」「そ」を代名詞と認め、「の」を付属語の認定規定に基づき1短単位とすることとした。つまり、「｜こ

｜の｜」「｜そ｜の｜」のように2短単位としたのである。また、現代語の連体詞「同じ」は形容詞から転じたものであるが、中古では「同じき花」（源氏物語）のように形容詞として用いられている。そのため、『日本語歴史コーパス　平安時代編』では「同じ」を形容詞とした。これと同様の例としては、「さる（然）」があり、『日本語歴史コーパス　平安時代編』では、「さるかた」のような例については動詞「さり（然有）」の連体形としている。なお、連体詞「さる」を認めず、動詞「さり」を認めることから、接続詞「さりとて」も「｜さり｜とて｜」の2短単位に分割している。

（3）補助用言

　造語力の高い補助用言は単独で1短単位として扱うというのが、短単位における基本的な考え方である。これに則り、BCCWJでは造語力の高い補助用言を付属要素（接尾的要素）として設定していた。「切る（すっかり〜し終えるの意）」「続ける（動作継続の動詞に接続するもの）」「慣れる」「始める」のような語がこれに当たる。これに対して、中古語では、造語力の高い補助用言としてどこまで認定するかという線引きが難しい。その結果として、動詞連続のうち、何を複合動詞と認定すべきか否か判断に迷うものが多かった。そのため、『日本語歴史コーパス　平安時代編』の短単位では、造語力の高い補助用言かどうかという認定をせずに、複合動詞を認めず、動詞1最小単位を1短単位とすることとした。つまり、「歩み行く」という複合動詞であっても、「明けゆく」のような「ゆく（次第に〜になるの意）」という補助用言が付いた形であっても、どちらも2短単位としたのである。

　補助用言については、造語力の高い補助用言かどうかという認定のほかにも問題がある。下二段活用の「給う」（『日本語歴史コーパス　平安時代編』の語彙素では「給える」）は「思ひたまへ棄つ」のように複合動詞の間に挿入される補助用言である。BCCWJのように2最小単位の複合動詞を1短単位とし、造語力の高い補助用言は単独で1短単位として扱うとした場合、「思ひ

たまへ棄つ」のような形式の扱いが問題となる。BCCWJの考え方であれば、「思ひ棄つ」は1短単位となるが、「思ひ棄つ」に下二段活用の「給う」が挿入された場合に「給う」を補助用言として切り出すとなると、「思ひ棄つ」という複合動詞が分割され、不統一が生じることになる。『日本語歴史コーパス　平安時代編』の短単位では動詞1最小単位を1短単位とすることによって、「思ひ｜棄つ」は2短単位、「｜思ひ｜たまへ｜棄つ｜」と3短単位にすることになり、統一的な扱いとなった。

　なお、長単位では「歩み行く」「明けゆく」「思ひ棄つ」「思ひたまへ棄つ」は、いずれも1長単位となる。

(4) 語彙素・語彙素読み、語形・語形代表表記

　『日本語歴史コーパス　平安時代編』では中古語を対象とするが、「語彙素」「語彙素読み」はBCCWJと同様に現代語形で付与され、文語形は「語形」として付与される。BCCWJでは異形態を示していた「語形」が、文語形の見出し語を表す項目という機能をも持つことになった。これに伴い、『日本語歴史コーパス　平安時代編』では「語彙素」「語彙素読み」「語形」のほかに、短単位・長単位ともに、「語形代表表記」という項目を追加した。例えば、動詞「とどむ」の場合、語彙素「留める」、語彙素読み「トドメル」、語形「トドム」、語形代表表記「留む」となる。

　BCCWJで残された課題に一つに、長単位の語彙素・語彙素読みの問題があった。語彙素・語彙素読みについては、表記や語形にかかわらず、同じ語であれば、同一の見出し（語彙素・語彙素読み）を付与するというのが基本的な方針であり、短単位については、そのとおりに設計された。しかしBCCWJの長単位では、語形が異なる場合には、その語形に基づき異なる語彙素・語彙素読みを付与することとした。これにより、BCCWJでは「あまり」と「あんまり」は、短単位では同一語と見なされるが、長単位では別語と見なされることとなった。これは、短単位解析結果を基に長単位を自動構成する際に、「語形」「書字形」の情報を利用したことによる。『日本語歴史コーパス　平安時代編』では、長

単位の語彙素・語彙素読みを、後処理で中古和文 UniDic を逆引きすることによって構成し、BCCWJ で語彙素・語彙素読みとしていた「語形」を利用した情報は「語形」「語形代表表記」として持つこととした。これは、中古和文 UniDic の代表性の整備が進んだことにより可能となったものである。

　この変更によって、『日本語歴史コーパス　平安時代編』では、短単位・長単位とも表記や語形にかかわらず、同じ語であれば、同一の見出し（語彙素・語彙素読み）が付与された状態となっている。また、現代語形で検索したい場合は語彙素・語彙素読みを、文語形で検索したい場合は語形・語形代表表記をと、検索の際の見出し語を選べるようになっている。

(5) 語の読み

　語の読みは、現代語においても問題となるものである。例えば「私」を《ワタクシ》と読むか《ワタシ》と読むか、「重複」を《チョウフク》と読むか《ジュウフク》と読むかなど、読みを定めにくいものがある。このように読みが定めにくいものについて、BCCWJ では、(1)現代における漢字使用の目安である常用漢字表の音訓による、(2)一般に規範的とされる読みを採用するといった基準を立て、それに基づいて一律に読みを決めている。上の例で言えば、「私」は常用漢字表に基づいて《ワタクシ》を、「重複」は規範的な読みである《チョウフク》を一律に採用している。

　中古語でもこれと同様に読みの認定に迷う例がある。例えば、最も読みの定めにくいものとして接頭辞「御」がある。「御」の読みには《オ》《オン》《オオン》《ゴ》《ミ》の五つが考えられるため、基準を立てなければ、不統一が生じやすくなる。

　このような例については、「中古和文 UniDic」でも、現代語と同様に基準を立て、その基準に従って読みを与えることとした。

　「御」については、《オオン》とするのを原則とした。これは、『日本国語大辞典』（日国オンライン）で《オン》は院政期からで、中古は《オオン》という判断をしており、また古典の注釈書類で

も「御」に《オン》という読みを与えたものは見られなかったことによる。しかし《オオン》という読みも、あくまで原則であり、「御」が結合する語によっては《オ》《ゴ》《ミ》などで読むべきものがある。それらについては、個別に検討を加え、別途一覧表を作って、それに従って作業を行うこととした。

　読みの問題については、BCCWJ と『日本語歴史コーパス　平安時代編』で基本的な考え方において同様の方法で対応しているが、個別の語をみると扱いが異なるものがある。個別例については、付録3に挙げる。

(6) 人名

　中古語で扱いが難しい問題の一つに、人名がある。姓や名といった形で人名を表すほかに、官職・地名・建物名・通称等を用いて人名を表すことが多い。特に女性についてこの傾向が顕著である。短単位では文脈に応じて同一の語に複数の品詞を付与することは行わないため、「藤壺」は建物名として「名詞-固有名詞-一般」という品詞が、「中務」は「中務卿」又は「中務省」の略として「名詞-普通名詞-一般」という品詞が付与される。また「四条大納言」「明石の御方」のような複数の語の組み合わせによって表される人名は、短単位では「｜四条｜大｜納言｜」「｜明石｜の｜御｜方｜」と分割される。このような例については長単位において人名であることを示すこととした。

　以下に、人名と認定する範囲の概要を示す。

① 　構成要素に人名-{姓、名、一般}を含むもの
　　これについては、BCCWJ と同様の扱いとした。なお、「清少納言」のような例に対応するために、「清」のような姓（清原）の略称を『日本語歴史コーパス　平安時代編』の短単位では「名詞-普通名詞-人名-姓」とすることとした。
② 　帝・院、その他男性貴族のうち、通称・地名・官位を伴うことで特定の個人を表すもの
　　【例】　ならの帝　　匂宮　　常陸の宮　　桐壺院

　　　　　上野の親王　　梅壺の大将　　堤の中納言の君
③　中宮・女御・更衣・御息所・斎院・斎宮・皇女（みこ）等、これに類する女性のうち、通称・建物名・地名・官位（本人・父・夫）・出自を伴うことで特定の個人を表すもの
　【例】　桐壺更衣　　弘徽殿女御　　王女御　　六条御息所
　　　　斎宮の女御（前斎宮が入内＝特定の個人を表す呼称と考える）
　　　　右大臣の女御（右大臣の娘が入内）
④　「〜の（姫）君」「〜の（姫）宮」で表される女性の呼称のうち、通称・建物名・地名・官位（本人・父・夫）を伴うことで特定の個人を表すもの
　【例】　朝顔の姫君　　内裏の君　　明石の君　　尚侍の君
⑤　女官・侍女のうち、通称・地名・官位（父・夫）・出自を伴うことで特定の個人を表すもの
　【例】　肥後采女　　按察の君　　右近の君　　侍従内侍
　　　　大弐典侍　　中将命婦　　王命婦　　三条　　右近
　　　　小侍従　　式部　　大弐　　中務

　なお、通称・地名・官位を伴わないものは、原則として文脈上個人を特定できたとしても、人名として扱わないこととした。ただし、女官・侍女の場合は、中古語での実態に即し、例外的に通称・地名・官位（父・夫）・出自のみの場合も人名としている。女官・侍女を表す官位名を除く官職・地位の名称、つまり、男性の「太政大臣」「三位中将」「因幡守」、女性の「内侍」「女別当」「宣旨」といった官職・地位の名称は人名ではなく、普通名詞とした。「亭子院」のような場合、「亭子院の御賀つかうまつりたまふ」（大和物語）の場合は人名とするが、「亭子院の御屏風の絵に」（古今和歌集）の場合は建物を表すので普通名詞とするといった、文脈に即した品詞付与を行っている。

5. おわりに

　ここまで、『日本語歴史コーパス　平安時代編』オンライン版（中納言）で形態論情報を活用しようとする研究者の用に資するため、『日本語歴史コーパス　平安時代編』における長短2種類の言語単位の認定規程及び付加情報について概略を紹介してきた。

　形態論情報以外のBCCWJからの変更点として、『日本語歴史コーパス　平安時代編』では新たに「本文情報」が追加されたことをここで紹介しておきたい。本文情報には「本文種別」「話者」「本文属性」がある。「本文種別」は歌・会話・手紙・詞書・古注と地の文を区別する情報である。「話者」は歌の詠み人、会話の話者、手紙の書き手である。これは『日本語歴史コーパス　平安時代編』の本文として用いた新編日本古典文学全集（小学館）に基づく情報で、全ての歌・会話・手紙に付与されているわけではない。「本文属性」には、詞書中の詠み人箇所であることや、新編国歌大観の歌番号といった情報を付与した。この「本文情報」と形態論情報を組み合わせて使うことによって、地の文と会話文との比較といったことが可能になっている。

　『日本語歴史コーパス　平安時代編』ではBCCWJで採用した長単位・短単位を基に、認定規程の修正・拡張を行った。自動解析システム等は共通しているため、規程の修正・拡張は小規模なものとなった。ただし、BCCWJでは認定していた複合辞について、何を複合辞と認定するかの判断が難しいために『日本語歴史コーパス　平安時代編』では認定していないといった、中古語を対象としたことによる課題も残っている。また『日本語歴史コーパス　平安時代編』を活用して研究を進めていく中で新たに見つかることもあると予想される。いずれについても今後、改善を図っていきたい。

参考文献

小木曽智信（2012）「中古和文における語彙の文体差」『通時コーパスと日本語

史研究予稿集』
小椋秀樹・小磯花絵・冨士池優美・宮内佐夜香・小西光・原裕（2011）「『現代日本語書き言葉均衡コーパス』形態論情報規程集第4版（上）（下）」国立国語研究所内部報告書
小椋秀樹・須永哲矢・小木曽智信・近藤明日子・田中牧郎（2011）「「中古和文UniDic」における言語単位の設計」言語処理学会第17回年次大会発表論文集
小椋秀樹・須永哲矢（2012）「中古和文UniDic短単位規程集」基盤研究(C)「和文系資料を対象とした形態素解析辞書の開発」研究成果報告書2
小椋秀樹・冨士池優美（2011）『『現代日本語書き言葉均衡コーパス』利用の手引　第1.0版』「第4章　形態論情報」
須永哲矢（2011）「コロケーション強度を用いた中古語の語認定」『国立国語研究所論集』2
冨士池優美（2012）「中古和文における長単位の概要」『第2回コーパス日本語学ワークショップ予稿集』

参考URL

日本語歴史コーパス「中納言」　　https://maro.ninjal.ac.jp/
中古和文UniDic　　http://www2.ninjal.ac.jp/lrc/index.php?UniDic
中・長単位解析器Comainu　　http://comainu.org/

付録1 要注意語（接頭的要素・接尾的要素）

要注意語のうち、「接頭的要素」「接尾的要素」を掲げる。

接頭的要素

語彙素読み	語彙素	品詞	注記
アイ	相	接頭辞	「相」と1最小単位との結合体が名詞である場合は除く。
ウチ	打ち	接頭辞	
オ	御	接頭辞	次に挙げるものは、後の部分と併せて1最小単位とする。［お鏡］
オオン	御	接頭辞	
カキ	掻き	接頭辞	
コ	故	接頭辞	
ゴ	御	接頭辞	次に挙げるものは、後の部分と併せて1最小単位とする。［御前、御殿、御悩、御覧、御料］
サシ	差し	接頭辞	
ショ	諸	接頭辞	
ナマ	生	接頭辞	
ホノ	仄	接頭辞	「ほのか」「ほのめく」「ほのぼの」「ほのめかす」は除く。
マ	真	接頭辞	
ミ	御	接頭辞	次に挙げるものは後の部分と併せて1最小単位とする。［御門、御酒、御髪、御子、御輿、御言、御簾、御衣、御台、御霊、御堂、御息所、御幸、御代］
モテ	以て	接頭辞	
モノ	物	接頭辞	

接尾的要素

語彙素読み	語彙素	品詞	語義	注記
ウエ	上	接尾辞-名詞的	一般	
ガタイ	難い	接尾辞-形容詞的		
ガチ	勝ち	接尾辞-形状詞的		

『日本語歴史コーパス 平安時代編』の形態論情報

語彙素読み	語彙素	品詞	語義	注記
ガテラ	がてら	接尾辞-名詞的-副詞可能		
ガネ	がね	接尾辞-名詞的-一般		候補者の意
カネル	兼ねる	接尾辞-動詞的		
ガリ	許	接尾辞-名詞的-一般		
ガル	がる	接尾辞-動詞的		
ギミ	君	接尾辞-名詞的-一般		
クサイ	臭い	接尾辞-形容詞的		
ゲ	気	接尾辞-形状詞的		
ゴト	毎	接尾辞-名詞的-一般		
サ	さ	接尾辞-名詞的-一般		ケシ型形容詞に付く「さ」、「憂さ」の「さ」は除く。
サマ	様	名詞-普通名詞-一般		例：横さま、書き様
ザマ	様	接尾辞-名詞的-副詞可能		例：帰りざま
タチ	達	接尾辞-名詞的-一般		例：親たち、友だち
ダツ	立つ	接尾辞-動詞的		
チュウ	中	接尾辞-名詞的-副詞可能		
ドノ	殿	接尾辞-名詞的-一般		
ドモ	共	接尾辞-名詞的-一般		
ニクイ	難い	接尾辞-形容詞的		
バミ	ばみ	接尾辞-名詞的-一般		
バム	ばむ	接尾辞-動詞的		
ブリ	振り	接尾辞-名詞的-一般		
ミ	み	接尾辞-名詞的-一般		ミ語法
ミ	み	接尾辞-名詞的-副詞可能	並列	動詞連用形に付く
メカシイ	めかしい	接尾辞-形容詞的		
メカス	めかす	接尾辞-動詞的		
メク	めく	接尾辞-動詞的		
ヤスイ	易い	接尾辞-形容詞的		
ヨウ	様	接尾辞-名詞的-一般		
ラ	等	接尾辞-名詞的-一般		

付録2　連語

語彙素読み	語彙素	品詞	語彙素読み	語彙素	品詞
イキイカズ	生き生かず	名詞	ソラシラズ	空知らず	名詞
イツマデグサ	何時まで草	名詞	ゾンジノホカ	存知の他	名詞
オトラジガオ	劣らじ顔	名詞	ツカワレビト	使われ人	名詞
オボシシラズガオ	思し知らず顔	名詞	トキシリガオ	時知り顔	名詞
オモイノホカ	思いの他	名詞	トワズガタリ	問わず語り	名詞
オリシリガオ	折知り顔	名詞	ヌワセゴト	縫わせ事	名詞
キカヌガオ	聞かぬ顔	名詞	マケジダマシイ	負けじ魂	名詞
キコエサセドコロ	聞こえさせ所	名詞	ムメノハナガイ	梅の花貝	名詞
ココロノホカ	心の他	名詞	ワガモノガオ	わが物顔	名詞
ココロヨリホカ	心より他	名詞	ワレハガオ	我は顔	名詞
コトナシグサ	事無し草	名詞	ヒトノクニガチ	人の国勝ち	形状詞
コトノホカ	事の他	名詞	ミマクホシ	見まくほし	形容詞
コトノホカ	異の他	名詞	アリアリテ	有り有りて	副詞
コノハガクレ	木の葉隠れ	名詞	ココロト	心と	副詞
コノモカノモ	是の面彼の面	名詞	ミココロト	御心と	副詞
シラズガオ	知らず顔	名詞	ワガココロト	わが心と	副詞
シラズヨミ	知らず読み	名詞	ワレト	我と	副詞
シラセガオ	知らせ顔	名詞			

付録3　読み統一の方針

1．「御」の読み

　最も基本的な読みを「オオン」とし、例外的に「ミ」「ゴ」「オ」と読むべき語を別途定めることにした。

（1）原則

　　中古和文での「御」の読みは「オオン」を基本とし、「オン」は用いない。

(2)「ミ」と読むもの

現時点で「ミ」の読みを与えるのは以下の語の前の「御」とする。

【例】 有様　占（うら）　弟　垣　神楽　几帳　国　車　気色
　　　格子　心　心〜　随身　誦経　厨子　修法　庄（そう）
　　　荘（そう）　曹司　障子　館（たち）　手水　局　弟子　寺
　　　読経　導師　名　墓　佩刀　階（はし）　屏風　船
　　　女（むすめ）　社　湯

(3)「ゴ」と読むもの

現時点で「ゴ」の読みを与えるのは以下の語の前の「御」とする。

【例】 椅子（いし）　恩　禊（けい）　産（さん）　前（ぜん）
　　　盤（ばん）　房・坊　本性（ほんじょう）

(4)「オ」と読むもの

現時点で「オ」の読みを与えるのは以下の語の前の「御」とする。

【例】 前（まえ）　座（まし）　座所（ましどころ）　物（もの）
　　　許（もと；「…のおもと」の形で女房などの名前、または職名の下に付く）

(5)「御衣」の読み

「御衣」については「オンゾ」と読んでおく。ただし、ルビに従い「ミソ（ミゾ）」の読みを与えた箇所も存在する。

2．音変化

(1) 撥音・促音・長音の有無

撥音・促音・長音が入り得るものについては、撥音・促音・長音を添えた形の読みを基本とする。

【例】 案内（アンナイ）　東（ヒンガシ）　日記（ニッキ）
　　　別当（ベットウ）　家司（ケイシ）　主（シュウ）

※撥音・促音・長音なしの形が古形であると確認できるものについては、撥音・促音・長音を入れずに読む。

【例】　三日（ミカ）　　刀自（トジ）

　　※以下に例外とする例を示す。
　　　懸想（ケソウ）
　　　副詞「なぞ」　　「ナンゾ」とは読まず、「ナゾ」と読む。

(2) 直音化、連声
　　直音化・連声化し得るものは直音化・連声化した読みを基本とする。
　【例】　阿闍梨（アザリ）　　宿世（スクセ）　　三位（サンミ）
　　　　親王（シンノウ）

　　※以下に例外とする例を示す。
　　　罫（ケ）　　　直音無しの形が古形と確認できるので「ケイ」としない。
　　　受領（リョウ）　「ズロウ」としない。

(3) 連濁
　　仮名表記の出現形に対し、現代語で濁音化するところに濁点がついていないという場合の処理に関しては、『日本国語大辞典』第2版で古くは清音であったとの記述が確認できる限り、別語形として清音形を登録し、清音で読む。
　【例】　むずかる→むつかる　　かがやく→かかやく

(4) 語頭の濁音化
　　連濁でなく、語頭が濁音化し得るものは、濁音化した読みを基本とする。
　【例】　見参（ゲンザン）　　服（ブク）

(5) 語末の「ク」と「コ」、「ツ」と「チ」の交替
　　語末の「ク」と「コ」、「ツ」と「チ」の交替形がある場合は、「コ」「チ」の読みを基本とする。

【例】 消息（ショウソコ）　別（ベチ）

　　※以下に例外とする例を示す。
　　　菩薩（ボサツ）　「ボサチ」としない。

(6) 語頭の「ウ」と「ム」の交替
　　語頭の「ウ」と「ム」の交替形がある場合は、「ム」の読みを基本とする。
　【例】 馬（ムマ）　梅（ムメ）

3．数
(1) 暦の月に関しては、「ムツキ」「キサラギ」…という読みを基本とする。
　【例】 正月（ムツキ）　一月（ムツキ）

(2) 一桁の数、及び十、百、千の桁などでそれ以下の桁に端数のないものの読みは、以下のとおりとする。日数に関しては「〜カ」、年数に関しては「〜トセ」、人数に関しては「〜タリ」と読む。
　【例】 二日（フツカ）　三日（ミカ）　四日（ヨカ）
　　　　六日（ムユカ）　七日（ナヌカ）　九日（ココヌカ）
　　　　二十日（ハツカ）　三十日（ミソカ）
　　　　一年（ヒトトセ）　二年（フタトセ）　三年（ミトセ）
　　　　三人（ミタリ）　四人（ヨタリ）
　　　　八十人（ヤソタリ）　百人（モモタリ）

(3) 十一以上の数は、(2)で示したように下の桁に端数のない場合を除き、数を音読みし、「日」「年」「人」など、助数詞にあたる部分も「ニチ」「ネン」「ニン」など、音読みする。

(4) 概数を表したり、複数の月をまたいだことを表すため、同一桁の複数の数が併記されている場合、数を音読みし、「日」「年」「人」など、助数詞にあたる部分も「ニチ」「ネン」「ニン」など、

音読みする。

※『枕草子』では、(1)(2)に該当するものであっても数を音読みとする場合がある。

4．基本読み一覧

　上で示した方針以外のものについても、できる限り読み方を統一するよう努めた。以下に、上記方針以外で、個別に定めた中古和文での基本読みを示す。

(1) 基本読みを統一したもの

　　以下に挙げるものは、ルビの有無にかかわらず、示すとおりの読みに統一する。

語	読み	注記
侮る	アナズル	
天の下	アメノシタ	
歩く・歩き	アリク・アリキ	
抱く・抱き	イダク・イダキ	
内裏	ウチ	
袿	ウチキ	
祖父	オオジ	
女子	オンナゴ	
容貌	カタチ	
仮名	カナ	
軽し	カロシ	
蔵人	クロウド	
経営	ケイメイ	
煙	ケブリ	
気配／けはひ	ケワイ	
講師	コウジ	
侍	サブライ	
候ふ	サブラウ	

語	読み	注記
四位	シイ	
自然	ジネン	
神璽	シンシ	
随身	ズイジン	
誦ず	ズンズ	「誦す」は「ズス」と読む。
相撲	スマイ	
狭し	セバシ	
先帝	センダイ	
戯る・戯れ	タワブル・タワブレ	
尊し	トウトシ	
眠る・眠り	ネブル・ネブリ	
直衣	ノウシ	
拭う	ノゴウ	
比叡	ヒエ	「〜の山」。「〜山（ザン）」の場合は「ヒエイ」。
隙	ヒマ	
便・不便	ビン・フビン	
塞がる	フタガル	
塞ぐ	フタグ	
変化	ヘンゲ	
反故	ホグ	
本性	ホンジョウ	
真名	マナ	
丸し	マロシ	
転ぶ	マロブ	
皇子	ミコ	
妻	メ	和歌で音数上「ツマ」と読むべきところは除く。
面目	メイボク	
参上る	モウノボル	
母屋	モヤ	
童	ワラワ	

語	読み	注記
童べ・童女	ワラワベ	
酔ふ	エウ	

(2) ルビがない場合の基本読みを統一したもの

　以下に挙げるものは、ルビがある場合はルビに従って読み、ルビがない場合は示すとおりの読みに統一する。

語	読み	注記
門	カド	
前の	サキ	ルビがなく、「先代の」という意味の場合「サキ」。「前○○」も同様。
左右	ソウ	

(3) 使用状況ごとに読みを一つに確定したもの

　中古和文では、読みを複数認めざるを得ないものも多い。その中でも、文脈などの使用状況から読みを区別し、それぞれの場合ごとに読みを一つに確定したものを以下に示す。

語	読み	注記
朝廷	オオヤケ	ルビに従う。ルビがない場合は以下の場合を除き「オオヤケ」とする。
	ミカド	「わが朝廷」「ひとの朝廷」
音	オト	無生物、打楽器、音信
	ネ	生物、笛琴
例	タメシ	ルビに従う。ルビがない場合は以下の場合を除き「タメシ」とする。
	レイ	「例の」「例ならぬ」「例よりも」等
年	トシ	「年」単独
	トセ	「二年」など、数字の後
	ネン	音読み数詞に続く場合
女	オンナ	ルビに従う。
	ムスメ	

『日本語歴史コーパス　平安時代編』の形態論情報　　279

語	読み	注記
魚	イオ	散文
	ウオ	和歌
守	カミ	基本読み、「衛門督」等
	カン	「督の君」
誰	タレ	基本読み。和歌の場合音数により判断。
	タ	「誰が」「誰そ」等。和歌の場合音数により判断。
辺り	アタリ	「辺り」単独
	ワタリ	「〜の辺り」、「○○（地名など）辺り」の場合
男	オトコ	ルビに従う。特に、「宮中に仕える男」の意の場合は「オノコ」とする。
	オノコ	
親王	和語読み：ミコ	基本読み
	漢語読み：シンノウ	漢語・元号に続く場合
皇子	和語読み：ミコ	基本読み
	漢語読み：オウジ	漢語・元号に続く場合
大臣	和語読み：オトド	「大臣」単独の場合、ルビに従い、ルビがない場合は「オトド」とする。「〜大臣」の場合は、「〜」が和語の場合は「オトド」、漢語の場合は「ダイジン」とする。
	漢語読み：ダイジン	
夜行	ヤコウ	夜、行くこと。夜間に出歩いたり活動したりすること。
	ヤギョウ	鬼や化け物が列をなして夜歩くこと。百鬼夜行。
行く	イク	ルビに従う。ルビがない場合「ユク」優先。
	ユク	
夜さり	ヨサリ	ルビに従う。
	ヨウサリ	

あとがき

　本書は、「まえがき」に記す通り、国立国語研究所言語資源研究系による共同研究プロジェクト「通時コーパスの設計」と、同じくコーパス開発センターによる『日本語歴史コーパス』構築の2つの事業から生まれたものである。それぞれの事業の経緯と今後の計画について、述べておきたい。

　1948（昭和23）年に設立された国立国語研究所は、日本語に関して様々な研究を行ってきたが、2009（平成21）年10月に、国内外の研究者が共同研究を行う場を提供する「大学共同利用機関法人」に組織形態が変更になった。そこでは、先進的な研究課題に取り組む「共同研究プロジェクト」が活動の中心に位置付けられ、その1つとして、日本語史研究の基盤となる日本語通時コーパスを設計するプロジェクトが立てられることになった。共同研究プロジェクトには、国語研究所で従来行われてきた研究を継承するものと、所内にはなかった研究を新たに持ち込むものとがあったが、「通時コーパスの設計」プロジェクトは、従来の国語研究所の強みであったコーパス研究を基盤に置き、新たに日本語の歴史的研究を取り込む、2つの性格をともに色濃く持たせたものとして始まった。そして、コーパスによる古典語研究の開拓者であり、日本語史研究の一線で活動する近藤泰弘教授を客員教授に迎え、プロジェクトの指揮を取ってもらうことになった。

　この新プロジェクトの実質的な立ち上げは、2009（平成21）年夏、以前から国語研究所でコーパス研究を行っていた田中牧郎と小木曽智信が、青山学院大学に近藤教授を訪ねるところから始まった。まずは、国内外の日本語史研究者で、コーパス研究に強い意欲を持つ研究者数名を共同研究員に加えること、古典語研究の伝統が最も厚い平安時代和文を対象としたコーパスの試作版を作りながら研究

を進めること、その底本には、現代語コーパスの開発で国語研究所と協力関係にあった小学館の『新編日本古典文学全集』を用いることなど、プロジェクトの基盤を固めるためのいくつかの具体策を決めた。プロジェクトが始まってからは、年に数回の研究発表会を重ね、コーパスを設計し、それを活用した新しい日本語史研究を展望することに、特に重点を置いて活動を行ってきた。2012（平成24）年には、オックスフォード大学の古代日本語研究プロジェクトと共催で国際シンポジウムを開催し、国立情報学研究所の「東ロボ」プロジェクトと研究交流を開始するなど、他機関との連携関係も強化してきた。

「通時コーパスの設計」プロジェクトは、近藤教授の任期満了後の2014（平成26）年4月からは田中がリーダーを引き継ぎ、別プロジェクトで研究を行ってきた近代語コーパスの研究を統合し、2015（平成27）年4月現在、約30名の共同研究員からなる研究グループに発展してきている。本プロジェクトは2016（平成28）年3月で期間が終了するが、その年の4月からは、小木曽がリーダーとなる新しいプロジェクトにバトンを渡す予定である。そこでは、日本語の通史をとらえることのできる「通時コーパス」を形にすることと、それを用いた新しい日本語史研究を本格的に展開することを目指すことになるだろう。

本書が深く関係するもう1つの事業である、『日本語歴史コーパス』の構築は、現代語コーパス構築を通して国語研究所に蓄積されてきたコーパス開発のノウハウや人的資源を継承して始まったものである。「通時コーパスの設計」プロジェクトが始まった当初から2010年ごろまでは、『現代日本語書き言葉均衡コーパス』の構築作業が進行中であり、その構築が完了した2011年の秋ごろから、『日本語歴史コーパス』の構築は本格化した。『日本語歴史コーパス』に専従するプロジェクト研究員や研究補佐員を順次増強し、試作版としてのコーパス作成作業から、完成公開を目指すコーパス構築作業へと展開を図ってきた。

『日本語歴史コーパス』の構築は、『新編日本古典文学全集』の電子テキストを構造化し、マークアップを行い、長短2つの単位で単

語（形態素）に分割し、見出し語・品詞・活用などの形態論情報を付与し、それらの情報を自在に検索・抽出できるWebアプリケーション「中納言」で利用できるところにまで整備を進めてから公開する流れを確立させた。第1弾として、2012（平成24）年12月に、平安和文10作品を対象に短単位情報のみを搭載した『日本語歴史コーパス 平安時代編 先行公開版』を公開した。そして、2014（平成26）年3月に、14作品に増補して短単位・長単位両方の情報を完備した、『日本語歴史コーパス 平安時代編』を完成させた。『新編日本古典文学全集』には適切な資料が収められていない作品については、独自に電子テキストを作成するところからコーパス化を進め、その最初の成果として、室町時代語を反映した虎明本狂言集を対象にした、『日本語歴史コーパス 室町時代編Ⅰ狂言』（底本は、大塚光信編『大蔵虎明能狂言集 翻刻註解』清文堂）を、2015（平成27）年3月に公開した。

　現在、重点的な構築作業を行っているのが、鎌倉時代の随筆や説話を対象とした『日本語歴史コーパス 鎌倉時代編』であり、方丈記、徒然草、今昔物語集、宇治拾遺物語、十訓抄などを含むもの（底本は『新編日本古典文学全集』）が、2016（平成28）年春に公開予定である。ほかに、江戸時代の洒落本（底本は『洒落本大成』中央公論社）にも着手しており、これは『日本語歴史コーパス 江戸時代編』に含まれる予定である。また、旧来の国語研究所で作成しCD-ROMで市販していた近代雑誌『太陽』を対象とした『太陽コーパス』（博文館新社）について、形態論情報を付与して「中納言」で利用できるよう整備を進めている。これは、新しい国語研究所の別のプロジェクトの研究と関連付けて近年公開した、『明六雑誌コーパス』『国民之友コーパス』と統合して、『日本語歴史コーパス 明治大正編』とする計画である。奈良時代については、JSPS科研費「日本語歴史コーパスの多層的拡張による精密化とその活用」により万葉集のコーパス化を進める予定である。鎌倉時代以降は、資料が多種多様になり量も膨大になるため、各時代を代表する資料をグループ化し、グループごとに順次コーパス構築作業を進めて公開する計画を立てている。未着手であるが、著作権処理の問題が大

きい昭和時代についての作業化も重要な課題である。

　コーパスによる日本語史研究においては、コーパス構築とそれを使う研究との結びつきが、コーパス言語学一般の場合に比べて、強いように思われる。なぜなら、日本語史研究は資料研究とともに発展してきたところがあり、コーパスを作ることは、その対象となる資料をよく読み込み、資料について深く研究することにほかならないからである。したがって、日本語史研究がコーパス構築を通していっそう発展することは疑いがなく、多くの日本語史研究者がコーパス研究に関わるようになることは望ましいことだと思う。本書を読んでくださった方々が、『日本語歴史コーパス』をいっそう活用し、さらにはコーパス構築への関心を深めてくださることを願っている。

2015（平成27）年4月1日
田中　牧郎
小木曽智信

索 引

A
annotation 185
argument 182, 191
attestation 190
attribute 180
author 185

B
Bussokuseki-ka（仏足石歌） 178

C
central Old Japanese (cOJ) 191
clause 184
Comainu 238
compound 181

D
derivational morpheme 189

E
Early Middle Japanese (EMJ) 178
Eastern Old Japanese (EOJ) 191
Engishiki Norito（延喜式祝詞） 173, 179
entry 188

F
Fudoki kayō（風土記歌謡） 178
function 181

G
grammatical role 182
Graphviz 25

I
inflection 192

J
Jōgū shōtoku hōō teisetsu（上宮聖徳法王帝説） 179

K
Kojiki kayō（古事記歌謡） 178
kō-otsu（甲乙） 170
kō-otsu syllables（甲乙音節） 169

L
lemma 181, 186
lemmatization 193
lexical information 190
lexicon 184, 187, 190
Log Likelihood Ratio (LLR) 98
logographically 179

M
makura kotaba 186
Man'yōshū（万葉集） 167, 171, 173, 178
MeCab 159, 238
morpheme 180

285

morphological segmentation 169, 171
Moses 160

N

N-gram 14
NGSM 14
Nihon shoki kayō（日本書紀歌謡） 178

O

OCOJ Lexicon 178
OJ texts 178
Old Japanese (OJ) 177
Oxford Corpus of Old Japanese (OCOJ) 177

P

part of speech 180, 190
phonemic transcription 168, 169, 170
phonographically 179
phrase 184
place names 186
Python 10

R

Related forms 188
R 言語 10

S

search 193, 194
semantic role 182
Senmyō（宣命） 173
sentence 184
Shoku Nihongi（続日本紀） 173
Shoku nihongi kayō（続日本紀歌謡） 178
Shoku nihongi Senmyō（続日本紀宣命） 179
sound texture 169, 173
statistics 191

syntactic trees 185

T

TEI P5 12
Text Encoding Initiative (TEI) 167, 179
transcription 167, 168
transitivity 189
translations 187

U

UniDic 238, 266
unique id (UID) 181, 187, 190, 193

V

verb classes 188
Verb semantics and argument realization in pre-modern Japanese (VSARPJ) 177, 187, 194

W

Words 180

X

XML tags 179
xml:id 188

あ

アルイハ 76
アルファ単位 2

い

異形態 257, 258, 259, 265
『和泉式部日記』 237
『伊勢物語』 237
異表記 257
意味の対立 131

『岩波古典文学大系』 2

う

『宇治拾遺物語』 21, 56
『牛店雑談安愚楽鍋用語索引』 1
歌 269
歌物語 79, 89

お

送り仮名 257
『落窪物語』 59, 237
『オックスフォード上代日本語コーパス』 11
重み付け 25

か

カ 37
会話 269
会話文の特徴語 102
ガ格名詞句 39
「カカリ」系 82, 90
係助詞 37
カカルホドニ 84
カカレバ 82
格 37
カク・サ 74
掛詞 254
「かしこし（畏）」 56
歌題 115
活用型 260
活用形 260
活用変化 257, 259
含意関係認識 159
感情形容詞 67, 131
感情動詞 131
漢の表現 125
漢文訓読語 119
漢文訓読文 120

き

機械翻訳モデル 157, 159
『城の崎にて』 1
紀貫之 80
基本読み一覧 277
狂言（虎明本） 3
共時 19, 23, 24
共出現パターン 24
強調点 44

く

グラフ 26
グラフ理論 25
訓読系の接続詞 72
訓読系の接続表現 73, 80

け

敬語 113
形式基盤型研究 54
形態素解析 151
形態論情報 4
形容詞 114
「形容詞＋コト」型名詞句 65
系列比較モデル 21, 30
言語的発想法 66
検索条件式 8
検索履歴 7
『源氏物語』 21, 237

こ

語彙コード 28
語彙素 257, 265, 266
語彙素読み 257, 265, 266
甲類・乙類→kō-otsu
コード体系 28
コーパス・ロボット 24
語義曖昧性解消 153
『古今和歌集』 26, 237
語形 265, 266

索引　287

コサイン類似度　161
語種　130, 262
コソ　37
コト名詞句　66
『今昔物語集』　21, 120

さ

最小単位　246
最小単位認定規程　246
最小単位の分類　250
「桜」　26
サテ　76, 79
『讃岐典侍日記』　237
サハレ　76
差分　19, 20, 25
『更級日記』　237
サラバ　82, 87
「サリ」系　84
サレド　82, 87
サレバ　82

し

時間軸　19, 20
シソーラス　28, 29, 30
地の文　99, 269
地の文の特徴語　99
写像　22
『洒落本大成』　3
集合　20
終止なり　61
主語・主題　240, 263
受諾　57
受諾場面　53
述語項構造解析　154
照合　29
助詞　110
助動詞　112
人工頭脳プロジェクト「ロボットは東大に入れるか」　149
『新古今和歌集』　26
心情推定　156

『新編日本古典文学全集』　3, 94, 157
人名　267, 268

す

スナハチ　76

せ

セグメント　160
世俗部特徴語　121
接続詞　76, 256, 264
接続表現　71
接続表現の出現率　88
接頭的要素　271
接尾的要素　271
説話内容の違いに基づく特徴語　122

そ

ゾ　37
層　19
ソエニ　76

た

大学入試センター試験　149
対数尤度比　97, 98
対訳コーパス　157
対立語　125
『竹取物語』　6, 59, 237
タダシ　76
短単位　237, 245
短単位検索　4
短単位認定規程　250

ち

中古和文 UniDic　159
「中納言」　237
長単位　108, 237, 265, 267
長単位検索　6
長単位認定規程　242

つ

通時　19, 24
『堤中納言物語』　237

て

定型化　58
定型的表現　62
程度表現　65
手紙　269

と

動的変化　20
特徴語　99, 102, 104, 108
特徴語抽出　97
『土佐日記』　80, 237

な

内省　18, 19
内容理解　156, 159
ナム　37

に

二形対立　119, 132
二十一代集　29
日記　89

ね

ネットワーク　26

は

配慮表現　53
パターン　25, 26, 29
八代集　25
話し言葉　66
パロール　18
反特徴語　97, 106

ひ

ピボットテーブル　9
評価形容詞　55, 67
表記のゆれ　257, 258, 259
品詞　130, 260
品詞付与方針　260

ふ

複合辞　269
複合動詞　251, 264
複雑系　17, 18
副助詞　37
付属語　243
仏法部特徴語　121
文節　239
文節認定規程　239
文体　94
文体的価値の硬軟の段階差　133
文体的対立　132
文体的な段階差　130
文体の違いに基づく特徴語　125
文法史　54
分類語彙番号　123
分類語彙表　28

へ

『平中物語』　78, 79, 84, 88, 237
ベータ単位　2
変化量　19, 20

ほ

補助用言　264
本文種別　269
本文情報　269
本文属性　269
翻訳態度　22

索引　289

ま

マークアップ 2
『枕草子』 66, 237
マタ 76, 78

み

ミ語法 260

む

『紫式部日記』 237

め

名詞句 38
名詞句＋係助詞 37
メタコード 28

も

網羅的 18

や

ヤ 37
「やすし」 53
「やすし（易）」 56
『大和物語』 237

よ

要注意語 271
「よかなり」 61
「よし」 53, 57
「吉野」 26
読み統一の方針 273

ら

ラング 18

れ

連語 273
連体詞 255, 263

わ

和歌の特徴語 104
和語系の接続詞 71
話者 269
和の表現 127
和文 120
和文語 119

を

ヲ格名詞句 39

執筆者一覧　　Bjarke Frellesvig
アルファベット順

　　　　　　　Professor of Japanese Linguistics, Faculty of Oriental Studies, University of Oxford

　　　　　　　A History of the Japanese Language. (Cambridge University Press, 2010), *Proto-Japanese: Issues and Prospects.* (Edited, with John Whitman, John Benjamins, 2008)

冨士池優美（ふじいけ　ゆみ）

　　　　　　　中央大学文学部特任准教授

　　　　　　　「平安時代和歌の語彙の量的構造」（『文学・語学』211、2014）、「枕草子の語彙―章段分類に注目して―」（『国語語彙史の研究』33、2014）

Stephen Wright Horn

　　　　　　　National Institute for Japanese Language and Linguistics, Invited Researcher, Hakuho Foundation

　　　　　　　「日本語のいわゆる〈主語から目的語への繰り上げ構文〉」（『属性叙述の世界』くろしお出版、2012）、"Projections of subordinate clauses in Old Japanese: Corpus-based groundwork on inflectional types."（国立国語研究所論集7、2014）

近藤泰弘（こんどう　やすひろ）

　　　　　　　青山学院大学文学部教授

　　　　　　　『日本語記述文法の理論』（ひつじ書房、2000）、『日本語の歴史』（共編、放送大学教育振興会、2005）

鴻野知暁（こうの　ともあき）

　　　　　　　国立国語研究所コーパス開発センター非常勤研究員

　　　　　　　「ゾの係り結びの発生について」（『国語国文』79(12)、2010）、「助詞コソの文末における一用法」（『言語情報科学』10、2012）

間淵洋子（まぶち ようこ）
　国立国語研究所コーパス開発センター非常勤研究員
　「格助詞『で』の意味拡張に関する一考察」（『國語學』51(1)、2000）、「第5章　コーパスを利用した研究例」（『コーパスの作成と活用』明治書院、2011）

小木曽智信（おぎそ としのぶ）
　国立国語研究所言語資源研究系准教授
　「中古仮名文学作品の形態素解析」（『日本語の研究』9(4)、2013）、『講座日本語コーパス　書き言葉コーパス─設計と構築─』（共著、朝倉書店、2014）

岡﨑友子（おかざき ともこ）
　東洋大学文学部教授
　「指示詞再考─コロケーション強度からみる中古のコノ・ソノ・カノ＋名詞句─」（『日本語学』33(14)、2014）、『日本語指示詞の歴史的研究』（ひつじ書房、2010）

Kerri L. Russell
　Departmental Lecturer in Japanese Linguistics, Faculty of Oriental Studies, University of Oxford
　The Oxford Corpus of Old Japanese. Frellesvig, Bjarke, Stephen W. Horn, Kerri L. Russell, and Peter Sells. 2011-Present. http://vsarpj.orinst.ox.ac.uk/corpus/corpus.html
　"Provisional and Conditional Clauses in Old Japanese." (Frellesvig, Bjarke, Stephen W. Horn and Peter Sells. *MIT Working Papers in Linguistics*, 67, 2013)

高山善行（たかやま よしゆき）
　福井大学教育地域科学部教授
　『日本語モダリティの史的研究』（ひつじ書房、2002）、『日本語文法史研究1』（共編、ひつじ書房、2012）

田中牧郎（たなか まきろう）

明治大学国際日本学部教授

『近代書き言葉はこうしてできた』（岩波書店、2013）、「『日本語歴史コーパス』の構築」（『日本語学』33(14)、2014）

山田昌裕（やまだ まさひろ）

恵泉女学園大学人文学部教授

『格助詞「ガ」の通時的研究』（ひつじ書房、2010）、「原刊本『捷解新語』の「変」な主格表示「ガ」―17世紀の日本語における位置づけ―」『日本近代語研究4―飛田良文博士古稀記念―』（ひつじ書房、2005）

山元啓史（やまもと ひろふみ）

東京工業大学リベラル・アーツ研究教育院准教授

'A Mathematical Analysis of the Connotations of Classical Japanese Poetic Vocabulary' (Ph. D. thesis, Australian National University, 2005), *Japanese: A Comprehensive Grammar* (Routledge Comprehensive Grammar) (2nd Edition, 共著, Taylor and Francis, 2013)

横野光（よこの ひかる）

国立情報学研究所社会共有知研究センター特任助教

"A Framework of Recognizing Physical Situation in Text Description with Physics Simulation."（共著、ISEEE2014、2014）、「テキスト結束性を考慮したentity gridに基づく局所的一貫性モデル」（共著、自然言語処理17(1)、2010）

ひつじ研究叢書〈言語編〉第127巻
コーパスと日本語史研究
Text Corpora and Japanese Historical Linguistics
Edited by Yasuhiro Kondo, Makiro Tanaka
and Toshinobu Ogiso

発行	2015年10月28日 初版1刷
定価	6800円+税
編者	©近藤泰弘・田中牧郎・小木曽智信
発行者	松本功
ブックデザイン	白井敬尚形成事務所
印刷所	三美印刷株式会社
製本所	株式会社 星共社
発行所	株式会社 ひつじ書房

〒112-0011 東京都文京区千石2-1-2 大和ビル2階
Tel: 03-5319-4916   Fax: 03-5319-4917
郵便振替 00120-8-142852
toiawase@hituzi.co.jp   http://www.hituzi.co.jp/

ISBN978-4-89476-751-5

造本には充分注意しておりますが、落丁・乱丁などがございましたら、小社かお買上げ書店にておとりかえいたします。
ご意見、ご感想など、小社までお寄せ下されば幸いです。

刊行のご案内

〈ひつじ研究叢書（言語編） 第121巻〉
テキストマイニングによる言語研究
岸江信介・田畑智司 編　定価6,700円+税

〈ひつじ研究叢書（言語編） 第122巻〉
話し言葉と書き言葉の接点
石黒圭・橋本行洋 編　定価5,600円+税

Rで学ぶ日本語テキストマイニング
石田基広・小林雄一郎 著　定価2,600円+税

言語研究のための正規表現によるコーパス検索
大名力 著　定価2,800円+税